序言

　　故宫是古老的，又是年轻的；是神秘的，也是鲜活的。这是故宫固有生命力的生动体现。作为文化遗产的故宫，对其遗产真实性、完整性的保护，则是维持其生命力的有力保证。故宫博物院成立近90年来，一代代故宫人为了保护故宫，弘扬故宫文化精神，在时代所给予的条件下，做出了新的努力和贡献。

　　我有幸在故宫博物院工作近10年。历史的机遇、前人的基础、各方的支持，使故宫保护与博物院发展进入新的历史时期。路是一步步走过来的，新的任务、新的探索、新的努力，其中有进步、有经验，当然也有教训。

　　近10年历程，可以从不同方面去认识、去叙说、去解读。从2004年开始，故宫博物院每年编印年鉴，重要的历史事件、活动，都可以从中看到。这里，我试图用自己的99篇文章，为这近10年勾勒出一个轮廓，记录前行的轨迹。这99篇，有专为报刊写的文章近40篇；有在多种会议、活动上的讲话稿，也近40篇；还有为图书写的序言20余篇。这100篇文章，正式发表的约80篇。

　　我的这些文章，时间最早的一篇是2002年10月15日在故宫修缮工程武英殿区开工仪式上的讲话稿，最晚的一篇是2012年2月28日在阎崇年先生《大故宫》一书发行仪式上的讲话稿。我的这些讲话稿，一般都很短，但却做了认真准备，或者记录了某个重大事件，或者具有重要的历史文献价值，也有的看上去平常，但在当时特定的环境中，却具有深意，所谓"如鱼饮水，冷暖自知"。这些文章，长短不一，反映的内容相当丰富，近10年的主要工作、重要活动，几乎都有所体现。但这毕竟不是工作历程的全面总结，只是自己留下的文字的汇编，因此缺失之处不少；同时由于文章体裁的不同，着重点的不同，有些事件或活动，对其来龙去脉也交代得不够全面。但正因为是不同体裁的文章，正因为多是从具体事或人着眼，也就保持了它的丰富性与生动性，可使读者看到故宫工作的鲜活性。我想，这应该是它的价值所在。

　　为了便于阅读，我把99篇文章分为四编：

　　第一编，25篇，关于故宫博物院的历史以及近10年间的重要活动。故宫博物院与故宫自身的内涵价值不可分，《谈谈故宫文化》就集中探讨了故宫文化的特点以及今天如何正确对待它。故宫与央视合拍的12集系列片《故宫》，至今仍受到好评，《为什么要拍摄〈故宫〉》就是当初我在签约仪式上的讲话稿。我仍记得那是一个盛夏的黄昏，故宫的大门已经关闭，我们在空寂的太和殿广场举行了签约仪式，宫殿沐浴在夕阳的余晖中，大家都很激动，感到责任的重大，决心把这一电视系列片拍好。《摄影语言》是紫禁城国际摄影大赛活动的记录，这一由社会力量参与主办的重大活动打开了故宫对外合作开放的大门，在故宫博物院史上应有一定的意义。连续举办5年的故宫"太和邀月"活动，在社会上曾引起相当影响，《人和邀月》就是这一活动的诗文集的序言。《超越时空的紫禁城》是故宫与IBM合作的记录，反映了"数字故宫"的发展历程。《让故宫在社会关注下发展》，叙说着故宫志愿者的风貌。通过《故宫文化普及的尝试》，则可看到故宫博物院在向少年儿童宣传故宫知识方面的努力。台湾汉唐乐府南音乐舞《韩熙载夜宴图》与《洛神赋》在故宫的演出，是一次大胆的探索，把非物质文化遗产与物质遗产保护结合起来，把演出与研讨结合起来，实践证明是成功的。

第二编，21篇，关于故宫古建筑研究与故宫保护。《紫禁城肇建600周年的思考》是对紫禁城修建与维修保护过程的回顾和总结。百年大修是进入21世纪以来故宫保护的一件大事，海内外高度关注，2002年10月17日在武英殿宣布工程正式开始试点，《百年大修的序幕》就是在这个仪式上的讲话稿。故宫中轴线工程的开工，标志着大修的全面展开，《故宫中轴线周边建筑修缮工程的意义》就是在太和门内弘义阁前举行的一个仪式上的讲话稿。对于故宫维修，国内外曾有过争议，平息这场争议，最后取得共识是在"东亚地区文物建筑保护理念与实践国际研讨会"，当时我以文化部副部长、故宫博物院院长的身份向大会致辞，讲稿最后一段有这么一句："没有理论指导的实践是盲目的实践，不能应用的理论也不是真正的理论。"谁也不能说这句话不妥，但在当时特殊的气氛中，我在临讲前把这句话删去了，现在则在《东亚理念与国际视野》一文中恢复了原貌。与香港中国文物保护基金会合作的建福宫花园的复建工程，既使故宫以完整的面貌示人，也是对中国传统古建工艺的记录和保护；与美国世界建筑文物保护基金会合作的倦勤斋保护工程，是故宫博物院成立以来首次大规模对室内装饰装修进行的保护工程；故宫博物院古建筑保护研究中心的成立是故宫古建保护事业发展的又一个重大事件；而故宫世界文化遗产监测中心的成立则标志着故宫保护进入了一个新的阶段。这些都在《建福宫花园的复建》《倦勤斋探秘》《任重道远的故宫古建保护研究》《故宫的世界文化遗产监测中心》等文章中有所述说。

第三编，37篇，关于故宫学及故宫的学术研究。这部分文章数量最多。故宫学的提出是故宫研究由自发走向自觉的反映。笔者关于故宫学的研究成果，主要集中在《故宫与故宫学初集》一书中。2004年《故宫学刊》创办，至今已连续出刊10年，《〈故宫学刊〉发刊词》

的宗旨得到了坚持。《故宫是一个文化整体》与《"大故宫"理念》两篇文章所提出的观点，在故宫学的形成与完善中具有重要意义。《故宫专家与故宫发展》《探索故宫治学之道》《故宫的学术沙龙》《故宫博物院的图书出版》等文章，从不同方面谈到故宫的学术传统、学术环境及学术发展的趋势。浙江大学成立故宫学研究中心，台湾清华大学设立"故宫学概论"课程，中国社会科学院研究生院等三所高校招收故宫学方向研究生，成为故宫学发展的新契机，《愿故宫学在高校参与下更好地发展》《祝贺浙大故宫学研究中心成立》阐述了高校参与故宫学研究的意义。故宫博物院与国家清史编纂委员会的合作，在《清史研究的新成果》《故宫与清史研究界》《故宫学与清史研究》等文章中都有所反映。《"明清史学术文库"序言》《"明代宫廷史丛书"序言》，或与故宫学有关，或是故宫学研究的新成果，两套书的序言对此做了介绍。从2005年以来，故宫博物院陆续成立了古书画、古陶瓷、古建筑保护、藏传佛教文物、明清宫廷史5个研究中心，这是推进故宫学研究的重要举措，几篇文章对成立这些中心的必要性、有利条件及中心的任务、活动方式等都有充分的论说。故宫学不只是一个学术概念，作为一种理念，对故宫保护与故宫博物院建设也发挥着积极作用。《故宫学与故宫文物清理》一文，对此做了详细介绍。

第四编，16篇，记述了16位与故宫博物院有关的人物。故宫博物院成立近90周年，与其有关的人物自是不少。我曾有专文写过易培基、马衡、郑振铎、沈从文等，这些文章篇幅都较长，收入《故宫与故宫学初集》一书中。这16位人物，与故宫的关系可分为三类：一是本身为故宫同人，或在故宫工作过。其中有为保全新生故宫博物院做出巨大贡献的庄蕴宽先生，有在早期故宫博物院发展中恪尽职守、竭尽全力而又蒙冤受屈的吴瀛先生。有人写了一本记述庄蕴宽先生生平的书——《国士无双——庄蕴宽传》，庄先生的孙女庄研女士写信给我，嘱我为此书作序，我感到义不容辞。吴仲超当院长长达30年，可惜对他的研究还很不够，《吴仲超院长的贡献》谈了我对吴院长的突出印象。单士元、朱家溍、冯忠莲以及徐邦达等，都是蜚声文博界的专家学者，我怀着深深的敬意写下了对他们的怀念。王世襄先生曾在故宫工作，后被迫离开，"故宫情结"伴随其一生。他曾希望我写一篇全面、客观评价他在故宫的文章，我也答应了，但至今未能完成。《此身曾是故宫人》回忆了我与世襄老人的交往。还有台北故宫博物院前院长秦孝仪先生，他与我有过来往，诗词酬唱，我感受到中国传统文化在海峡两岸的根基和氛围，体味到传统文人间那种雅意与温情的余响，《短简小诗忆旧游》详细记述了我们的文字之交。二是虽未在故宫工作过，但积极参与故宫保护与故宫博物院建设。主要是罗哲文先生，他生前任故宫修缮工程专家咨询委员会主任，为故宫维修做出了重大贡献。三是与故宫存在其他关系。例如美国总统奥巴马上任后到中国访问，为国际社会所关注，他曾参观故宫，由我陪同。因我是全国政协委员，《人民政协报》向我约稿，我便写了《奥巴马总统的故宫之行》。

近10年间，故宫的工作、故宫发生的事当然不止这些。在编《故宫纪事》的同时，我还把这期间有关文物藏品介绍的文章编为《故宫识珍》，故宫出版社也协助我把近几年接受多种媒体访谈的文章辑为《故宫答问》，此前又有《守望经典——郑欣淼谈故宫》一书出版，其实这些都是有关故宫的"纪事"。事物是相互联系的，也是变动不居的。时代大潮，紫垣烟云，转眼成了雪泥鸿爪，或浅或深，或多或少，但仍历历可寻。

回顾是为了前进，鉴往则可以知来。看看路是怎么走过来的，有什么得失，从具体的事情中受到教益，获得启发，使我们变得聪明一些，这是实践的赐予，也是整理编印《故宫纪事》的初衷。

郑欣淼
二〇一三年一月于御史衙门

CONTENTS

第二编

第三编

第一编

　　故宫博物院是世界上极少数同时具备艺术博物馆、建筑博物馆、历史博物馆、宫廷文化博物馆等特色，符合国际公认的「原址保护」「原状陈列」基本原则的博物馆和文化遗产。

　　故宫只有一个，故宫博物院却有两个。海峡两岸两个故宫博物院有着割不断的联系，其实质是中华文化精神的联系，是两岸同胞的普遍心声。两岸故宫的交流，就是中华文化血脉的交融。

故宫博物院

在中国首都北京的中心，有一座无比壮丽的古老宫城——紫禁城。

紫禁城作为中国漫长帝制时代最后两个朝代的皇宫，始建于明代永乐四年（1406年），至永乐十八年（1420年）落成。在其后近500年的时间内，明、清两代24位皇帝在此居住、执政。

发生于1911年的辛亥革命彻底终结了中国的封建统治。1925年，以明、清皇宫和宫廷旧藏文物为基础，故宫博物院正式成立。

昔日戒备森严的皇宫变成人民自由出入的博物院，的确是中国历史巨变的缩影，也是除旧布新的历史进程中保护人类文化遗产的最佳选择。

拥有世界上现存规模最大、保存最完整、结构最精致的古代宫殿建筑群，拥有150余万件（套）历代文物典籍和艺术工艺珍品，故宫博物院因此而举世闻名。无与伦比的文化遗产及其无比丰富的历史、科学、艺术价值，不仅属于中国人民，也属于世界人民。

承担着保护文化遗产、承传人类文明、开展文化交流和文明对话使命的故宫博物院，每年要迎接800余万来自世界各地的参观者。故宫博物院的珍贵文物在紫禁城内和世界各地不断展出。越来越多的人从伟大的紫禁城建筑中，从丰富的藏品中，从中华民族的文化瑰宝中，从来自故宫博物院的所有信息中，学习、思考、认识和总结历史的经验，汲取创造新生活的智慧和力量。

　　我十分乐意和世界上所有对故宫博物院怀有浓厚兴趣的朋友分享保护文化遗产和承传人类文明的乐趣。

　　　　　　　　　　　（《故宫博物院》前言，紫禁城出版社，2005年）

故宫博物院的历史与现在

　　故宫博物院是以明清皇宫紫禁城以及宫廷珍藏为基础建立起来的博物馆。1911年的辛亥革命不仅推翻了统治中国260多年的清王朝，而且结束了延续2000多年的封建君主专制制度。这一历史巨变开启了中国的共和时代。紫禁城分外朝、内廷两大部分。相比之下，内廷比外朝更为重要，且皇家珍藏主要集中在这里。中华民国成立了，外朝交给了北洋政府，成立了古物陈列所，清宫的一部分已向民众开放。但是根据清室优待条件，最后一个皇帝仍居住在内廷，且一住就是13年。

　　时代的洪流是阻挡不住的。1924年第二次直奉战争中，冯玉祥将军发动了"北京政变"，修改清室优待条件，驱逐溥仪出宫，并组织清室善后委员会，开始查点清宫物品，为成立博物院做了充分准备。1925年10月10日，即中华民国的国庆节，故宫博物院正式宣告成立。故宫博物院的成立有三方面的意义：其一，民主共和政体是辛亥革命的最重要成果，驱逐溥仪出宫并成立故宫博物院，使皇权最重要象征的紫禁城内廷向普通民众开放，对于强化民主共和观念，彻底粉碎国内复辟帝制思潮有着标志性意义。其二，皇家收藏有其特殊内涵，故宫博物院的成立，使象征皇权统治继承性、合法性的清宫旧藏成为人民共有共享的文化财产，并赋予而且不断强化着其民族文化血脉的新意义，对于促进中华民族的文化认同具有重要作用。其三，故宫及其藏品的特殊价值，决定了故宫博物院的使命与地位，也使故宫博物院的成立在中国博物馆事业上具有里程碑意义，是我国文化艺术史上的一个伟大业绩。

故宫博物院从成立伊始就具有很高的社会地位和重要影响。1928年，国民政府接管了故宫博物院，故宫直属国民政府。第一届理事会的成员包括当时全国政界、军界、文化界、宗教界及其他方面的众多知名人士，这样的阵容成为中国博物馆历史上绝无仅有的一大盛事。创办初期的故宫博物院在文物保护、陈列展览、档案整理、文物文献刊布等方面做出了显著成绩，产生了重大影响。

抗日战争期间，约13000箱故宫文物南迁，辗转十余省市，前后十余年，历尽艰辛。抗战胜利是中华民族走向振兴的伟大转折。故宫文物是源远流长且从未中断的中华文明的载体与见证，是中华民族重要的文化根脉。文物南迁为社会高度关注，人们把文物的一次次化险为夷归结为"国家的福命""古物有灵"，其实就是把故宫文物与中华民族的命运连在了一起，与民族独立、民族尊严连在了一起，其中倾注了深沉的民族感情。故宫文物的保护过程，对于抗战精神的形成、民族认同感的增强起到了积极的作用。同样，伟大壮烈的抗日战争也为这些珍贵的皇家收藏赋予了不同寻常的意义。

故宫博物院有着丰富的内涵，可以将它看成一个博物馆群，它是世界上极少数同时具备艺术博物馆、建筑博物馆、历史博物馆、宫廷文化博物馆等特色，并且符合国际公认的"原址保护""原状陈列"基本原则的博物馆和文化遗产。故宫博物院在新中国成立以来得到持续的发展。近些年来，故宫博物院在古建筑维修、文物藏品管理、陈列展览、学术研究、对外交流以及两岸故宫博物院的交流与合作等方面，都有了重要的进展，取得了明显的成果。

一、故宫百年大修与整体保护

故宫是中国古代宫城发展史上现存的唯一实例和最高典范，雄伟壮丽的紫禁城作为中国古代宫殿建筑的集大成者，在建筑技术和建筑艺术上代表了中国古代官式建筑的最高水平。故宫又是世界文化遗产，国家对故宫古建筑的保护十分重视。保护好故宫古建筑是故宫博物院重要的责任。2001年11月，国务院提出整体维修故宫的历史任务，按照每年大约1亿元的资金规模，分阶段进行。根据《故宫保护总体规划大纲》的规划分期，故宫保护工程以2003年至2008年为近期，2009年至2014年为中期，2015年至2020年为远期。到2020年紫禁城建成600周年的时候，全面完成维修任务。2003年，故宫开始了大规模的修缮工程，目前已完成中轴线及其周边部分重要建筑的维修工作，维修面积达4万多平方米，扩大开放面积约3万平方米。至此，故宫总开放面积已达329717平方米，占总面积的45.79%。这次维修，不仅使故宫恢复了庄严、肃穆、辉煌的历史面貌，而且是中国古代建筑营造技艺的一次大力传承，维修的实践与探索也丰富了国际文化遗产保护的理论。

故宫是一个文化整体和一个完整的建筑群，必须进行完整保护。20世纪30年代，故宫博物院就提出了"完整保护故宫"的概念。2010年年底，大高玄殿回归故宫博物院进行保护管理。2011年，端门及其朝房也正式由故宫博物院收回并进行保护管理。最近，北京市委下发《关于制定北京市国民经济和社会发展第十二个五年规划的建议》，将"推动故宫周边地区、城市中轴线、皇家园林、坛庙进入《世界遗产名录》"纳入工作目标。进一步实现完整保护故宫对于这个工作目标的达成无疑是一个积极措施。

二、故宫文物收藏与文物清理

中国古代宫廷有收藏文物珍品的传统，清代乾隆年间达到极盛。清宫旧藏的来源主要有历代皇家收藏的承袭、清宫的征集、清宫制作、清宫编刻书籍和明清档案等五个方面。清宫藏品虽经清末民初的大量流失，但仍留下了丰富的遗产。故宫博物院成立时，经初步清点后登记的藏品即达110多万件（套）。故宫的藏品包括了古代艺术品的所有门类，具有品级上、品类上、数量上的优势。其历史文化内涵更涉及建筑、园林、历史、地理、文献、文物、考古、美术、宗教、民族、礼俗等诸多学科，在中国历史文化遗产中具有突出的历史价值、科学价值和艺术价值。故宫收藏显示了中华民族五千年的文明是一条绵延不断的历史长河。中华民族绵延不断的历史文化在故宫的各类文物藏品里均得到充分的印证。

自2004年开始，故宫博物院开展为期7年的文物大清理工作。这次文物清理是在文物认识视野不断开拓并日益取得共识的基础上进行的，凡是反映宫廷历史文化的物品都有其价值，都得到了保存。通过认真清查，截至目前，故宫收藏文物共1807558件（套），85%以上为清宫旧藏和遗存。故宫博物院在认真进行院藏文物清查的同时，陆续编辑出版《故宫博物院藏品大系》及《故宫博物院藏品总目》等书籍，公开文物信息，更好地为公众服务。

三、故宫的陈列展览与公众服务

故宫博物院拥有包括宫廷原状陈列、固定专题展馆和临时专题展览在内的完整展览体系。故宫博物院重视发展与国际博物馆界的交流，与世界上多座重要和著名的博物馆签署了长期的合作协议，不断增强日常的业务往来和人员交流。以展览的交流为例：近年来，故宫博物院每年赴海外举办约10个展览，如2005年赴英国"盛世华章展"，2006年赴丹麦"中国之梦展"，2007年赴澳大利亚"晶莹的世界——故宫藏中国古代玉器展"等；引进一些国外展览，如2005年的"瑞典藏中国陶瓷展"，2006年的"克里姆林宫珍品展"，2007年的"中国·比利时绘画500年展""西班牙骑士文化与艺术展"，2008年的"卢浮宫·拿破仑一世展"，2009年的"卡地亚珍宝艺术展"等。2011年在法国卢浮宫举办了"重扉轻启——明清宫廷生活文物展"。

故宫是中国重要的爱国主义教育基地，是具有世界影响的中国历史文化遗产的重要传播场所。故宫博物院每年接待参观者人数不断上升，从1949年到2010年的62年中，除1968年至1970年因故闭馆外，共接待购票入院观众3.12亿人次，年入院人数由1949年的100.9万人次猛增到2010年的1283万人次。其中1/6为国外游客。近10年每年接待约40批次外国国家元首和政府首脑等贵宾。

在参观讲解上，故宫组建了一支由专职讲解员、兼职讲解员、志愿者组成的讲解队伍，每年为数十万观众提供优质服务；同时开发出能用40多种语言讲解故宫的自动语音讲解器，这在国内外博物馆是名列前茅的。

近年来，故宫博物院充分利用自身优势，整合馆藏文物资源、学术资源、展览场地，贯彻落实文化"走出去"战略，发挥文化文物交流在对外交往中的独特作用。先后与法国卢浮宫博物馆、美国大都会艺术博物馆、英国大英博物馆、俄罗斯埃尔米塔日博物馆、德国德累斯顿艺术收藏馆、日本东京国立博物馆等世界知名博物馆签署合作协议，深化馆际合作与交流，打造对外交往长期合作机制。在项目合作上，故宫博物院积极与国外相关博物馆和科研院所合作，吸收世界最新的博物馆学理念，努力学习先进的文物保护科技，对外的交流与合作向着多方面、深层次方向发展。

四、故宫学的提出与发展

故宫学是在2003年10月提出的，是以故宫及其丰富的历史文化内涵为研究对象的一门学科。故宫学的研究对象包括紫禁城宫殿建筑群、文物典藏、宫廷历史文化遗存、明清档案、清宫典籍及故宫博物院历史六个方面。故宫学既是一个学术概念，也成为指导故宫博物院工作的一个重要理念。

提出并确立故宫学，主要有以下四个方面的意义：其一，故宫学要求把故宫作为一个文化整体对待，作为一个大文物对待，同时要求把故宫作为一个文化整体，作为一个大文物来全面保护。其二，故宫学要求把馆藏文物、古建筑和宫廷史迹作为相互联系的整体来研究，有利于打破故宫文物研究的学科界限，深化和拓展对故宫历史文化的研究。其三，故宫学的提出，将使散存海内外的清宫旧藏有个"学术归宿"。其四，故宫学的提出有利于吸收社会上多种专业的机构与人员加入故宫研究。

故宫学提出后，在海内外博物馆界和学术界引发了广泛关注。包括中国台湾高校在内的一些大学相继开设故宫学方面的课程，培养故宫学方面的人才，或建立"故宫学研究中心"等研究机构。

五、两岸故宫博物院的交流与合作

文物南迁客观上形成一个故宫、两个博物院的局面。台北故宫博物院成立于1965年，现有文物65万件，其中南迁文物59万余件。两个故宫博物院有着割不断的联系：其一，两个故宫博物院的藏品都主要来自清宫旧藏，收藏的都是中华民族文化的遗产且都具有世界影响，又都在弘扬着中华文化。台北故宫博物院的清宫文物占92%，北京故宫博物院的达到85%。两岸故宫博物院藏品有着很强的互补性，既各有千秋，又不可能孤立存在。例如许多互有关联的书画、器物分藏两岸故宫。其二，两个博物院共同拥有从1925年至1948年这一长达24年的院史，而这24年中，又有16年是文物南迁时期。其三，两个博物院的一批元老级人物，都曾是国宝播迁中相濡以沫的同事和战友，都曾有过深厚的情谊。在地覆天翻的历史转折关头，个人的作用总是微弱的，故宫同人在去与留的抉择中，道路不同，信念却依然相同，那就是"和文物在一起"。

两岸故宫博物院的交流开端于2009年台北故宫博物院举办"雍正——清世宗文物大展"向北京故宫借展，接着两岸院长互相访问，达成多项合作交流协议。其特点是双方都拥有进行合作的愿望，从彼此可以接受的情况出发，达成共识，并且逐步向制度化方面发展。

两岸故宫博物院交流有三个层面上的意义：第一，从两个博物院来说，加强交流合作是双方事业发展的需要，对两院的发展有很大助推作用。第二，两个故宫博物院的交流与合作，是两岸同胞的福祉。两个故宫博物院交流和合作可以向两岸同胞共同展示故宫的全貌，这也是民众的文化权利。第三，两岸故宫博物院的交流与合作，对于在世界上弘扬中华文明亦有积极意义，可以使世界人民更深入、更全面地认识中华文明的丰富博大，而且这种交流合作体现了中华文化中刚健、坚韧、包容、和合等精神内涵，显示着中华文化的旺盛生命力。

紫禁城建成已591年，故宫博物院成立也已86年。作为中华文明的重要载体和中国历史文化的典型象征，故宫发挥着不可替代的作用。今天的故宫博物院肩负着时代赋予的新任务，在为传承、弘扬中华文化方面做出新的贡献的同时，也正通过不懈的努力使故宫成为一个永远充满生机的故宫。

（日本"日中国交正常化40周年·东京国立博物馆140周年特别展"，
《北京故宫博物院200选》总论，东京国立博物馆、朝日新闻社
等编，2012年1月）

故宫里绵延不断的中华历史文化

古建筑、文物收藏、博物院三个部分共同造就了故宫无与伦比的价值与非同寻常的地位。

故宫作为文化遗产的价值与地位，是由其丰富的内涵所决定的。故宫包括古建筑、文物收藏、博物院三个部分。这三部分既各有其独立的价值，又互相联系，共同造就了故宫无与伦比的价值与非同寻常的地位。

故宫古建筑是中国明清两代的皇宫，已有近600年历史，为中国第一批列入《世界遗产名录》的单位之一。

故宫古建筑的价值主要体现在四个方面。

首先，它在中国建筑史上具有重要的意义。宫殿是中国古代建筑中发展最为成熟、成就最高的一类建筑，故宫则是历代宫殿建筑的集大成者，也是我国古代宫城发展史上现存的唯一实例和最高典范。故宫从1420年建成至今虽经多次重修和扩建，但仍保持了初建时的格局。故宫至今保留的建筑面积约16万平方米，是世界上现存规模最大、保存最完整的古代宫殿建筑群。

故宫古建筑在建造、维修的过程中，在中国古建营造技术的基础上，形成了一套完整的、具有严格形制的宫殿建筑施工技艺，被称为"官式古建筑营造技艺"。这种技艺不仅使故宫古建筑保持着历史原貌，而且直接影响着整个中国古建筑营造技术的发展。2008年，故宫"官式古建筑营造技艺"被国务院公布为国家级非物质文化遗产项目。故宫不仅是北京的中心，是历史文化名城北京的丰富内涵的核心，也是最有代表性的中华文化的象征物。

其次，故宫古建筑蕴含着丰富的中国传统文化。在规划设计上，故宫充分体现了儒家的礼制，反映了皇权至上的伦理观念。其主要建筑，则是附会《周礼·考工记》"前朝后寝""左祖右社""五门三朝"而布置的。而风水、阴阳、五行等的影响，在方位的选定、环境的处理、建筑的装饰、色彩的运用等方面都有所体现。

再次，作为长达491年的明清两代皇宫，先后有24位皇帝在此生活居住并掌权执政，这里是国家政治中心、权力中枢，曾发生过无数惊心动魄的军国大事，还有扑朔迷离的宫闱秘闻以及权力斗争的刀光剑影。养心殿、军机处值房、文渊阁、武英殿等都有大量遗物，有着丰富的历史故事；文物藏品与帝王，宫廷遗存与典章制度，宫廷文化与时代风貌，都有着不可分割的关系。

最后，故宫与北京城市规划和其他明清皇家建筑有着密不可分的关系。明清北京城的布局是以故宫为中心，在元大都的基础上进一步完善的，鲜明地体现了中国古代社会以宫室为主体的城市规划思想。以故宫为中心的中轴线向南北延伸，长达7.5公里，成为北京最明显的标志，使城市布局更为稳定，也从形象上强化了"面南而王""唯我独尊"的帝王意识。北京现有全国重点文物保护单位60处，其中明清皇家宫殿、园林、陵墓、寺观等相关建筑物29处，占到近一半。中国的世界文化遗产及世界文化和自然双遗产共29处，其中故宫及颐和园、避暑山庄、天坛、明清皇家陵寝等皇家建筑就占到近1/5。因此，故宫不仅是北京的中心，是历史文化名城北京的丰富内涵的核心，也是最有代表性的中华文化的象征物。

故宫文物在战火中迁徙避寇，创造了第二次世界大战中人类保护历史文化遗产的奇迹，故宫文物与中华民族共命运。

故宫文物主要是清宫收藏及遗存。虽然清宫收藏在清末期遭到抢掠、盗窃、损毁等，但仍然留下了大量珍贵的文物藏品。现在北京故宫博物院150余万件藏品中，85%为清宫旧藏及遗存。

故宫文物收藏具有以下特点：

其一，故宫藏品具有国宝意义。清宫藏品承袭了中国历代皇宫的收藏。皇宫收藏与王朝命运紧密联系，其藏品成为皇权的象征，即"国宝"。故宫博物院的成立，使象征君主法统的清宫旧藏为人民所共有并共享，为其国宝意义赋予了维系中华民族文化、传续中华文明血脉的新内涵。

其二，故宫是世界上最丰富、最重要的中国古代艺术品的宝库。故宫的藏品包括了中国古代艺术品的所有门类，具有品级上、品类上、数量上的优势，许多藏品在中国文化史、艺术史上占有重要的地位。故宫庋藏的各主要类别文物，其本身就完整地记录了各该类文物从萌生、发展到辉煌的文化链。

其三，1933年，为了保护民族文化瑰宝，故宫约13000箱文物南迁避寇，抗战全面爆发后又向西疏散，辗转奔波，备尝艰辛，创造了第二次世界大战中人类保护历史文化遗产的奇迹。故宫文物与中华民族共命运。

中华文明是世界四大古老文明中唯一的未曾中断过的文明，绵延不断的历史文化在故宫文物藏品中得到充分印证。

故宫博物院有三个明显特点：

其一，北京故宫博物院是世界上极少数同时具备艺术博物馆、建筑博物馆、历史博物馆、宫廷文化博物馆等特色，符合国际公认的"原址保护""原状陈列"基本原则的博物馆和文化遗产。

其二，故宫博物院是专门收藏中国历代艺术品最为丰富的博物院，充分反映了中华文明五千年灿烂辉煌的历史。世界四大古老文明中，与古埃及、古印度、古巴比伦等文明相比，中华文明的起源不能算是最早的，但中华文明是唯一的未曾中断过的文明。今天生活在这片土地上的人就是那些创造古老文明的先民的后裔，在这片土地上是同一种文明按照自己的逻辑演进、发展，并一直延续下来。其他的古老文明数千年前就相继干涸了，这些国家的博物馆和收藏这些国家文物的西方博物馆所展现的文明历史是中断了的，而不是延续的。而中华民族绵延不断的历史文化在故宫的各类文物藏品里均得到充分的印证。

其三，一个故宫，两个博物院。故宫南迁文物的1/4运台后，于1965年建立了台北故宫博物院。海峡两岸从此各有了一个故宫博物院。两个故宫博物院同根同源。基于虽有两个故宫博物院但故宫只有一个的中华民族文化认同感，以及两个博物院的收藏都是中华民族文化遗产的事实，努力保护好这笔丰厚的文化遗产，并为弘扬中华传统文化、使中华文明赓续不断而努力，就成为两个故宫博物院庄严而神圣的历史使命。2009年，分隔60年的两岸故宫博物院开始了交流与合作，共同举办"雍正——清世宗文物大展"，引起海内外高度关注，为两岸的文化交流做出了积极的努力。

今天，我们从故宫古建筑、故宫文物收藏、故宫博物院这三个方面，可以看到故宫作为文化遗产的特殊地位。这个地位是历史形成的，其价值是不断积累的，是不可替代的。故宫又具有象征意义。故宫从物质层面看只是一座古建筑，但它是皇宫。中国历来讲究器以载道，故宫及其皇家收藏凝固了传统的特别是封建社会辉煌时期的中华文化，是几千年中国的器用典章、国家制度、意识形态、科学技术等积累的结晶，是中华传统文化的精神，因而也成为中华传统文化最有代表性的象征物。

（原载《光明日报》，2010年1月22日）

谈谈故宫文化

　　故宫作为世界文化遗产与国际著名的博物馆，每天吸引着一批又一批中外游客。2009年达1186万人次，2010年接近1300万人次。这些都是惊人的数字。人们争相到故宫看什么？看雄伟的宫殿，看精美的文物展览，从中感受中华文明，了解中国的历史和文化。

　　故宫有着深厚的历史文化内涵，人们可以从不同角度去研究和认识。但是不管怎么说，都无法回避它作为皇宫时特有的价值与意义。故宫曾是明清两代的皇宫，当时叫紫禁城，在491年的岁月里先后有24位皇帝在此居住、执政。这里是封建王朝的权力中枢，在国家历史中曾起过非常重要的作用。从文化的角度看待故宫，或者说了解故宫文化，对我们认识故宫也是很有裨益的。

　　故宫文化就是宫廷文化，是作为紫禁城皇宫时的文化。故宫文化也是丰富多样的，这里主要介绍宫殿建筑、宫廷收藏以及宫中的文化活动，当然这些都离不开宫廷的各种人物，特别是紫禁城的主人——贵为天子的皇帝。

　　宫殿是中国古代最重要的建筑类型，故宫则是历代宫殿建筑的集大成者，也是我国古代宫城发展史上现存的唯一实例和最高典范，在建筑技术和建筑艺术上代表了中国古代官式建筑的最高水平。故宫的规划设计依据的是《周礼·考工记》，从中可见"五门三朝""前朝后寝""左祖右社"等儒家思想和封建礼制。故宫蕴含着深刻的政治、文化意义。从政治上讲，故宫既是至高无上的皇帝威权的反映，也是中国古代中央集权和国家统一的重要象征，是一个政治符号。在中国历史上，坚持传统的宫殿制度又与政权的继承性、正统性联系在一起。因而少数民族建立的全国政权，为争取汉族上层分子的支持与合作并减少汉族民众的反抗，在所建政权的形式和宫殿及都城、礼仪等典章制度方面，都不同程度地比附、效法汉族传统，尊崇儒家，以表明自己的正统地位。元新建的大都及宫殿就是如此，而清人则完全使用了明朝的宫殿。当然，历代在宫殿建设上也会有其自身的一些特色，但基本格局则是逐渐形成并不断完善的。

从文化上讲，中国的传统思想文化包括阴阳五行学说及审美观念等，都能通过故宫建筑语言得到充分体现。例如故宫匾额楹联相当多，因宫殿使用功能的差异，各处风格不尽相同。太和、中和、保和三大殿，是故宫最重要的宫殿，明初的殿名分别为奉天、华盖、谨身，体现了奉天承运的主旨；嘉靖时改为皇极、中极、建极，突出了皇权的至高无上；现在的名称则是清兵入关后第一位皇帝顺治帝改的，希望以"和"为准则，反映了其作为少数民族的治国理念和政治意愿，顺治的年号也体现了这一含义。1915年袁世凯复辟帝制，又拟改三大殿名为承运、体元、建极，取"承天建极，传之万世"之意。这也是故宫匾额名称的政治文化内涵。

中国古代皇室有着收藏文物珍品的传统。皇室文物收藏与承袭，与王朝的"奉天承运"的统治的合法性更是密切相关。皇权高于一切，君主能调动全国的资源来为宫廷服务。宫廷既是政治中心，也是文化艺术品的中心，有着大量珍贵的文物收藏。一般来说，这些收藏代表着当时社会文化艺术发展的最高水平。清代帝王重视文物收藏，特别是乾隆皇帝，更使宫廷收藏达到了极盛。《秘殿珠林》《石渠宝笈》《西清古鉴》《西清砚谱》等就是宫中收藏书画、铜器、古砚的目录。这些收藏品，一是包括了中国传统文化艺术的各个门类；二是数量宏丰，且多是精品；三是反映了各个重要艺术门类从发生、发展到成熟的过程，体现了中华文明五千年不间断的历史。例如，中国历史上最重要的书画作品，现基本上都存藏在两岸故宫博物院。浙江大学正在编印一部《宋画全集》，包括流散世界各地的宋人绘画，共1000余件，其中一多半分藏在两个故宫博物院，又多是最有影响的名迹精品。

宫廷不仅承袭前代王朝的收藏，还大量制作各类精美的工艺品。故宫博物院去年办了一个"明永乐宣德文物特展"，就有随郑和下西洋的宝船远走南洋诸国的花色繁多的瓷器、色泽润美的雕漆、婉丽飘逸的台阁体书法、笔墨工谨的院体绘画等。清宫内务府更设造办处，从全国各地选拔技艺高超的工匠，在宫廷内造作各种物件，多不惜工本，精益求精，设立的各种作坊最多时达到41座，每月仅领1两钱粮的各项匠役曾达595名。在画院处有外国传教士画师，造佛像处有来自尼泊尔与西藏地区的匠人。这些人常年按照御旨制作独有清代皇家风范的艺术品、工艺品和各种精美的日用品。明清宫廷还编刻了大量的图书典籍，明代最著名的是大型百科全书《永乐大典》。清康熙时把武英殿作为清代内务府专门的修、刻书机构，内务府主持编纂、刊刻和抄写了许多大部头的图书，《古今图书集成》《四库全书》《四库全书荟要》等，在中国图书史上占有极为重要的位置。

明清两代帝王，不少人有着很高的文化素养和艺术天分。例如明宣宗擅长诗文书画，故宫现存有他的5幅绘画作品，而明神宗的书法、明熹宗的木工，也都是帝王的韵事。清代皇帝更是受到良好的教育，多有御制诗文集刻印。故宫现收藏清代从顺治帝到光绪帝等帝王及后妃的书画作品2.4万件。康熙皇帝学习兴趣广泛，努力学习西方自然科学知识，曾组织了一次大规模的、在当时来说是史无前例的全国地理测绘，绘制了《皇舆全览图》。乾隆皇帝更是博学多才，有着很高的艺术鉴赏力。明清两朝许多著名的工艺品，如成化斗彩瓷器、康雍乾珐琅彩及其他官窑瓷器、清宫玉器、文玩等，都与皇帝的推崇或参与有直接关系。近年来，凡是与乾隆皇帝有关的工艺品在拍卖行价格不断攀高，动辄上亿元，2010年11月，一对乾隆时期的瓷器以5.5亿元天价成交，这其中固然有多方面原因，但乾隆时期工艺品的精美应是重要因素。

中国传统思想文化的一个重要特点是儒、释、道的逐渐合流。在紫禁城内，明清两代都重视多种宗教的并存。在清代，虽以藏传佛教为主，但也重视汉传佛教，每天宫中都有吹吹打打的佛事活动；坤宁宫每天也必有满族萨满教祭祀，要宰4头猪；道教有钦安殿、玄穹宝殿及神武门西北面的大高玄殿；乾清宫东庑则有祀孔处；城内西北角有城隍庙，奉紫禁城城隍之神；城隍庙东为祀马神之所，乾隆皇帝曾下谕旨："朕所乘之马，祭祀甚属紧要。"

明清两代，演戏是宫中的重要文化活动。特别是清代，戏曲演出成为朝廷仪典，新年、除夕、万寿节、各个节令及每月的初一、十五都有较为固定的戏曲演出活动，内廷喜事如皇子出生、册封嫔妃，也都要唱戏以示庆贺。清宫中有特设的演戏机构，并有专供演出所需戏具的制造机构。故宫博物院现收藏各类戏衣8000余件、盔头道具类文物4600余件、戏本1万余册，保存大小戏台4座。

故宫文化大致有这么四个特点：

其一，文化人类学有一个大传统与小传统的概念，主要研究一个文化中上层文化和民间文化的关系。以此来看，故宫文化属于大传统，是上层的、主流的文化。中国历来讲究器以载道，故宫及其皇家收藏凝聚了传统的特别是辉煌时期的中国文化，是几千年来中国的器用典章、国家制度、意识形态、科学技术等积累的结晶。

其二，故宫文化的整体性。故宫文化虽然相当丰富，涉及许多方面，但这些方面之间不是杂乱的毫无关联的，而是有着紧密的内在联系，是一个文化整体。这种文化整体性是故宫学得以提出的重要依据。

其三，故宫文化虽属上层文化，但又与民间文化、地区文化相互影响。皇帝的爱好，宫中的习尚，往往对整个社会产生极大的影响。如清宫重视戏曲活动，对京剧的形成就起了推波助澜的作用，特别是乾隆时期四大徽班进京，直接引导了京剧的诞生。反过来，宫中的节庆活动，也吸收民间的传统习俗，如端午龙舟竞渡、七夕祭牛女星君、中秋节祭月、重阳登高、腊月二十三日祭灶神等。宫廷音乐与民间音乐也有联系，如宫廷音乐中的《导迎乐》和寺庙中、京剧中的〔朝天子〕以及宫中曲牌〔银纽丝〕与民间音乐《探亲家》同出一辙，宫中曲牌〔海青〕也曾在承德寺庙音乐中出现。

宫廷与地方的技术交流也是一个复杂的问题。近年来，故宫博物院与德国马普科学史研究所合作，完成了"18—19世纪中国宫廷与地方技术交流史"的研究项目，该项目试图从政治、经济、文化甚至审美取向等诸多方面综合考察宫廷与地方对技术的多方面影响，以及这种影响所产生的后果。宫廷文化与民间文化、地区文化的关系，于此可见一斑。

其四，故宫文化也包括中外文化交流以及国内各民族文化交流融合的成果。

故宫文化虽有以上特点，但同时又应看到，它充分体现了至高无上的帝王威权，封建主义的专制统治，皇室的奢侈、腐朽以及宫闱政治斗争的残酷性等。即如为人所称道的《四库全书》的编纂，就与"寓禁于征"及大兴文字狱结合在一起。这些都是不容讳言的。

随着封建帝制的推翻，故宫博物院的成立，使昔日帝王禁垣与象征君主法统的清宫旧藏为人民所共有并共享，这些凝聚着中华民族智慧和创造力的宫殿建筑与文物藏品被赋予了维系中华民族文化、传承中华文明血脉的新内涵。

故宫博物院成立85年来，围绕着故宫及其藏品发生过多次重要争论，例如有人提出要废除故宫博物院、拍卖故宫藏品，有的说故宫"封建落后，地广物稀"，要对它进行改造等。在这些人看来，故宫等同于封建主义，故宫文化是需要彻底打倒的。他们不懂得历史唯物主义，不知道故宫代表着我们民族的历史文化，我们的新的政权就是从这里走来的，故宫文化与今天的文化建设也有着深刻的联系。

当然，这只是少数人的认识，我们今天对待故宫文化，不是要一味说好，而应科学对待，认真研究，分清其精华与糟粕。随着全社会文化遗产观念的进一步提升，人们会更加关注故宫、爱护故宫，从以故宫为代表的文化遗产中吸取创造新生活的智慧，去建设更加美好的未来。

（原载《党建》，2011年第1期）

故宫博物院八十年

各位领导，各位嘉宾：

在这个深秋的夜晚，我们在此庆祝故宫博物院建立80周年。各级领导，海内外有关专家学者，国内外博物馆同人，以及各位特邀嘉宾，大家欢聚一堂，我谨代表故宫博物院对各位的光临表示热烈的欢迎！

中共中央政治局李长春常委热情洋溢的贺信，让我们再一次感受到党中央对故宫的关怀。陈至立国务委员亲临纪念大会，是对我们的鼓舞和鞭策。故宫博物院的重大发展决策，包括正在进行的百年大修，都是党中央、国务院做出的。我们决心以加倍的努力，以更为出色的成绩，让中央放心，让人民满意。

为了庆贺故宫博物院80周年华诞，一些机构和个人向我院发来了贺电、贺信，以及捐赠礼品等。我们充分感受到了同行的深情厚意，感受到了社会对故宫的期望和信任，对此，我们表示衷心的感谢！

故宫是个说不完的话题。在它成为博物院的80年中，经历了艰难曲折，也取得了令人瞩目的成就，值得认真回顾总结。

故宫博物院是中国近现代社会变革、文化转型的产物。禁宫深苑成为平民自由出入的公共文化场所，既是中国民主革命的又一胜利，又是文化艺术史上的一个伟大业绩。故宫建成博物院后，与我们民族共命运，见证了时代的风雨。为人们所熟知的故宫文物南迁，反映出故宫同人在抗日战争中为抢救和保护民族文化遗产做出的巨大贡献。1945年10月10日在故宫太和殿举行的北平战区对日军的受降典礼，说明作为中华传统文化载体的故宫对前进中的中华民族仍是一种文化象征。80年的历程，也是人们不断加深对故宫价值认识的过程。从20世纪20年代有人提出废除故宫博物院的议案，到20世纪60年代有人以故宫"封建落后，地广物稀"为由提出要对故宫进行改造的主张，说明对故宫的认识，实质是如何正确评价我们的历史、如何正确评价传统文化的问题。所幸的是，人们的认识在不断提高。今天它作为中华民族历史和传统的重要象征，正为全社会所深刻认识和空前重视。

故宫博物院经过80年来几代人的努力，今天以崭新的面貌，从整体上反映着中国博物馆事业的发展水平。150万件左右的丰富藏品，使故宫成为名副其实的中国历代文化艺术的最大宝库；故宫形成了由宫廷原状陈列、固定专题展馆和临时专题展览构成的展览体系，不断提高展览水平，增强为观众服务的意识；作为全国学术研究的重地，故宫拥有一大批专家学者，产生过众多研究成果，并在中国博物馆学诞生和发展过程中发挥着重要作用，在明清历史和宫廷文化研究、文物保护与鉴定等领域占有重要而独特的地位。故宫现在每年吸引着800万左右的观众，其中1/6是海外客人，向全世界传播着源远流长的中华文明。

故宫博物院始终恪尽着保护故宫古建筑这一神圣而艰巨的职守，对故宫价值的认识以及保护故宫的努力，是中国世界文化遗产保护意识与保护水平不断提高的体现，也是世界文化遗产保护理论与实践的宝贵财富。

要完全列举80年间故宫发生的事件和它的变化是困难的，但有一点我这里要特别提出，就是故宫与社会、与人民群众始终有着密切的关系。博物馆是公共文化机构，这实质上是建立在民主、平等基础上的文化共享与文化参与，又由于故宫的特殊地位，故宫博物院一直受到社会的关注与关爱。

今天，我与我的故宫同人特别感谢那些历史上曾为故宫的生存、发展呼吁奔走并做出贡献的各界人士，他们以社会良知和对中华传统文化的感情，留下了为后人所感佩的事迹。

我们感谢那些把自己的来之不易的文物收藏，不少是价值连城的国之瑰宝，慷慨地捐献给故宫博物院的众多的海内外人士，他们化私为公，以自己的行动和人格，树起了令人永远景仰的丰碑。

我们感谢那些志愿者，感谢他们把宝贵的时间、精力和爱心，奉献给故宫博物院和广大观众。

我们感谢那些对作为世界文化遗产的故宫的维护给予支持和帮助的海内外的机构和人士，在我们的共同努力下，故宫得到前所未有的良好保护。

我们感谢国内外博物馆界、文物保护界的同行和朋友，在文物保护、学术研究以及科学管理等诸多领域的交流与合作，给故宫博物院带来了清新的空气，带来了活力。

当然我们也感谢文化部的领导，感谢国家文物局的支持，但我们总感到，这种心情绝不是用"感谢"两个字所能表达的。

特别感谢的远不止以上所述，还有对故宫工作提出批评、进行监督的社会各界人士，包括新闻媒体。

我们深知，故宫是中国人民的，也是世界人民的。作为承担保护任务的故宫博物院，理所当然地应该接受人们的监督和批评，认真听取各种意见。

纪念过去，面对的却是未来。为期一年多的庆祝活动，今天晚上就要落下帷幕，这是一个阶段的结束，同时又是新的时期的开始。

我们清醒地看到，故宫博物院面临的大好机遇与有力挑战。我们已制定了《故宫博物院2003—2020年发展总体规划纲要》，提出了新世纪头20年的发展方向、目标和任务；制定了《故宫保护总体规划大纲》，明确了故宫保护与利用的指导思想、基本对策和措施；同时制订了为期7年的藏品管理工作规划；正在制订人才建设、学术研究等专项规划。这些规划的全面实施，必将使故宫博物院进入一个全新的阶段。

故宫要做的事很多，正在重点抓的是：加强文物的保护与清理，坚持搞好基础建设；重视开放展览工作，更好地为公众服务；树立更为开放的意识，扩大对外合作与交流；加快信息化建设，打造"数字故宫"；推进故宫学研究，增强发展实力与后劲。

故宫博物院蕴含着中华5000年文明，承载着紫禁城近600年历史，经过了80年的发展，正处在继往开来的关键时期。回顾80年，有曲折，更有启迪；展望前程，有困难，但更充满信心和希望。故宫博物院决心在各方面的帮助和支持下，经过不懈的努力，实现保护好民族瑰宝并创建世界一流博物馆的目标。

"月白风清，如此良夜何？"这是苏东坡的名句。在这个美好的夜晚，在这个特殊的地方，我希望各位能在这别有情致的纪念活动中，在精美的建筑与文物的品味中，在回望历史、与我们的先人对话中，对故宫之夜留下深刻的印象。

谢谢各位。

（2005年10月10日晚在故宫宁寿门广场举办的"故宫博物院
建院八十周年纪念大会"上的讲话）

故宫博物院八十五年

女士们，先生们，朋友们：

晚上好！

5年前，在这样的地方，在这样的时候，以这样的方式庆贺故宫博物院建院80周年；5年后的今天，在同样的地方，同样的时候，以同样的"太和邀月"的方式庆贺故宫博物院建院85周年，同时纪念紫禁城落成590年。

紫禁城作为封建帝王统治中心的政治功能早已被作为公益性的博物馆的文化功能取代了。拥有现存世界上规模最大保存最完整的古代建筑群、拥有150多万件历代文物典籍和艺术工艺精品、拥有每年1000多万来自世界各地的观众，故宫博物院无与伦比的文化遗产及其无比丰富的历史、科学、艺术价值，不仅属于中国人民，也属于世界人民。全面完整地保护好故宫，发挥好故宫博物院多方面的作用，是我们必须承担的历史责任和文化使命。

85年来，故宫博物院尽职尽责地承担着保护文化遗产、传承人类文明、推进学术研究、开展文化交流和文明对话的历史使命。越来越多的人不断地从伟大的紫禁城建筑中，从丰富珍贵的藏品中，从来自故宫的所有信息中，学习、思考、认识和总结历史的经验，汲取创造新生活的智慧和力量。故宫博物院在满足中国人民和世界人民日益增长的精神文化需求方面发挥着重要作用。

今天上午举行的故宫学讨论会，今天下午开幕的"故宫文物南迁档案史料展""明永乐宣德文物特展"，明天、后天将要召开的紫禁城建筑、明代宫廷史、宋代官窑三个学术研讨会，以及刚刚成立的故宫学研究所和即将成立的北京故宫文物保护基金会，正是我们和社会各界一起，为保护、研究、传播中华文化遗产所做的不懈努力。用这样的方式来庆祝故宫博物院成立85年、纪念紫禁城建成590年，是特别有意义的。

从5年前庆祝故宫博物院建院80年开始，由故宫博物院与中国美术家协会、中国书法家协会共同举办的"太和邀月"金秋招待会已历时5载，不只书画名家灵感迸发，参与招待会的各位亦诗兴大发，文思泉涌，情不自禁地在古老的紫禁城中，在壮丽雄伟的金水桥畔、太和门前，用各自的诗文新作与所有来故宫的新朋老友共赏明月，同邀太和，共创诗文书画艺术与古老宫殿交相辉映的盛世佳境。

值故宫博物院建院85年、紫禁城落成590年、"太和邀月"活动5周年时，我们收集各位诗文，结集成册，以记、以助盛事，由此成《太和邀月——紫禁城诗文集》，与书画名家作品展一起，献给第五载"太和邀月"，献给紫禁城590年，献给故宫博物院85年，献给出席今天"太和邀月"金秋招待会的各位。

愿各位度过一个美好的夜晚。

谢谢各位。

（2010年9月26日在"金秋在故宫——2010年故宫金秋招待会"上的讲话）

永远的故宫　世代的呵护

　　故宫博物院已走过81年历程，回眸检视，这是一段不平凡的岁月，时代的风雨使它留下了太多曲折而又始终前进的印痕，也记载着中华民族对自己的历史记忆和文化遗产的认识过程。今天的故宫博物院正努力开创新的局面，迎来一个重要的发展时期，在我们科学地传承文明、再创文化辉煌中发挥着特有的作用。

一、从皇宫到故宫，从故宫到故宫博物院

　　在近代欧洲许多国家，以革命手段推翻旧的封建专制政权后，宫殿连同宫廷收藏往往随之变为国立博物馆，但在中国，由皇宫变为博物馆却经历了一个较长的过程。辛亥革命推翻了封建帝制，结束了清王朝的统治，但根据清室优待条件中清室"暂居宫禁""日后迁居颐和园"的规定，以溥仪为首的逊清皇室仍在内廷苟延残喘了13年。溥仪享受北洋政府对待外国君主之礼遇，在宫内不仅"大清皇帝"尊号仍旧，且继续使用宣统年号，并在北洋政府的庇护下不断进行与民国法令相抵触的活动。许多遗老遗少都把居住内廷的溥仪作为图谋复辟的希望，而且大量珍贵文物以各种方式流出宫外，建福宫花园及所藏的珍宝被付之一炬。

　　1924年10月，冯玉祥将军借第二次直奉战争之机，发动了震惊中外的"北京政变"，溥仪遂于11月5日交出"皇帝之宝""宣统之宝"

御玺两方并偕同眷属迁出宫禁。冯玉祥曾说过："民国六年张勋复辟,破坏共和,捣乱虽在张逆,祸根实在清廷。看样子不取消清室优待条件,不把逊帝那小孩子请出宫,今后难免有人再搞复辟,今后共和政体势难安宁!"冯玉祥的话一语中的。接着成立的清室善后委员会在清宫物品点查中,就发现清室密谋复辟的函件。这使人们进一步看到冯玉祥将军驱逐溥仪出宫是正确的。鉴于当时的紧迫形势,善后委员会认为,要使清室善后之事成为公开局面,杜绝清室方面的复辟妄想,必须迅速成立博物院。经过一系列紧张的筹备工作,故宫博物院终于在1925年10月10日宣告建立。

皇宫成了故宫,成了故宫博物院,深宫禁苑向平民百姓开放,这是民主革命的又一胜利。皇宫变成博物院,不只是重大的历史变革,而且具有用新文化的思想审视、研究传统文化的意义。

二、见证历史,传承文化

故宫建成博物院后,与我们民族共命运,见证了时代的风雨。1931年"九一八"事变后,为了保护中华民族的珍贵文化遗产,故宫博物院数十万件文物迁往南京。抗日战争全面爆发后,又分三路西迁四川,历时十余年,行程数万里,虽艰苦卓绝,但文物基本无损,创造了第二次世界大战中保护人类文化遗产的奇迹,也是故宫同人对抗战的巨大贡献。抗日战争胜利后,北平战区的受降典礼在故宫太和殿前举行。1945年10月10日,第11战区司令长官孙连仲将军接受日军华北司令官根本博中将的降书,根本博等日军代表又将他们手中沾满中国人民鲜血的战刀放置在受降桌上。当时前来观礼的北平民众达10万余。这一天又恰逢故宫博物院建院20周年。古老的紫禁城,恢宏的太和殿,被选择成为这一辉煌的历史性受降典礼之地,更说明作为中华民族传统文化载体的故宫对前进中的中华民族仍是一种文化象征。

故宫曾是中国最后两个封建王朝的皇宫。封建专制时代随历史潮流结束了,但故宫仍有重要的研究价值和象征意义。它代表了中国的过去，新的政权就是在这个历史基础上建立起来的。它是中国传统文化的重要载体。传统文化既有糟粕，又有精华，人们只有在扬弃传统文化的基础上，才能创造新的文化。因此，我们只有摒弃以阶级斗争为纲和历史虚无主义的史观，坚持唯物辩证法，才能正确地评估历史，才能正确地评价传统文化，也才能看清故宫的重要价值。这个认识是在曲折发展的历史中逐步形成的，并且正在转化成巨大的物质力量。故宫博物院自20世纪80年代以来发展较快，得到党中央、国务院及社会各界的重视和支持，就与社会上对其认识的不断提高密切相关。

三、遗产保护，文化提升

故宫博物院始终恪守保护故宫古建筑的职责，对故宫价值的认识以及保护故宫的努力，是中国世界文化遗产保护意识与保护水平不断提高的体现，也是世界文化遗产保护理论与实践的宝贵财富。故宫博物院是依托故宫古建筑建立起来的，"掌理故宫及所属各处之建筑物、古物、图书、档案之保管、开放及传布事宜"。保护故宫古建筑是博物院的极其重要的任务。81年来，故宫博物院对故宫进行了认真而卓有成效的维护与管理。溥仪被驱逐出宫时，故宫内的建筑物除溥仪及其妻妾居住使用过的少数宫殿尚不十分破旧外，其余大多数都已年久失修，破损严重，有的甚至倾圮。建院初期，依靠发售印刷品及门票收入，加上一些捐款，有重点地陆续修好了一些亟须修缮的宫殿、宫墙、殿顶、栏杆，其中工程较大、用工较多的是东六宫与斋宫，景山山顶的5座亭子和绮望楼也是这时修缮的。当时许多修缮项目又是结合开辟陈列室而进行的。1932年开始在院内重点地区安装消防管道和消火栓，这是保护古建筑采用先进消防设施的开端。在抗战沦陷期间，因经费困难，各项应修缮的较大工程均无力施工，只在可能范围内进行一些零星的维修工程。

中华人民共和国成立后，故宫的古建管理维修被摆到了重要地位，组建了专门的施工队伍，成立了修建处与建筑研究室，确定了"全面规划，逐步实施""着重保护，重点修缮"的方针与原则，制订了维修保护的近期计划与长远规划。从1953年到1966年"文革"前，大小维修工程有100多项。结合古建修缮，又开展院内环境清理、搬运垃圾渣土、保护庭院古树等工作。从1956年起，陆续为宫内建筑物设计并安装防雷装置。1972年引进热力工程系统，告别了用煤取暖的历史。1982年又开始了消防安全一期工程，把古建安全保护工作提到重要位置。1988年由国务院领导同志主持召开了研究故宫问题的专题会议，形成了《关于研究故宫博物院消防安全问题的会议纪要》（简称《纪要》）。《纪要》中说："故宫是特殊的建筑群，是祖国宝贵的文化遗产，因此必须有个综合、安全、万无一失的保护方案。"会后成立的故宫安全工程领导小组，对故宫消防安全工程的实施进行具体落实。20世纪80年代前后，故宫完成的修缮工程有翻建、修缮、保养、油饰彩画、地面铺墁等60余个项目。这一系列措施和坚持不懈的努力，基本保证了故宫古建筑的安全。

应当指出的是，在很长一个时期，故宫博物院对故宫古建筑虽然重视，也认识到它在建筑上的价值，但为了适应展览陈列形式的要求，对一些文物建筑格局进行了"改造"，例如"文革"期间为了展出著名的雕塑《收租院》，工字形的奉先殿被改建成了方形大殿。这种对故宫本身特殊文物价值的认识不足，也影响到故宫博物院的定位。20世纪50年代，故宫博物院就被定位为古代艺术类博物院，更多地突出了对馆藏文物的保管、陈列的功能。多年来，故宫人也在思考故宫的价值。1961年3月，故宫被公布为第一批全国重点文物保护单位之一。1987年12月，故宫成为中国首批列入《世界遗产名录》的文化遗产之一。人们对故宫价值的认识在逐步加深。

世界遗产委员会对故宫的总体评价是："紫禁城是中国5个多世纪以来的最高权力中心，它以园林景观和容纳了家具及工艺品的9000多个房间的庞大建筑群，成为明清时代中国文明无价的历史见证。"故宫具有高度的文物价值，正如《故宫保护总体规划大纲》所归纳的：故宫是我国古代宫城发展史上现存的唯一实例和最高典范，也是世界上现存规模最大、保存最完整的古代宫殿建筑群；故宫是民族文化的重要载体和历史缩影，是中国封建社会后期明清两代的皇宫，是当时国家的政治中心、封建权力的中枢所在地；故宫是我国具有世界影响的、历史信息含量最丰富的重大文化遗产之一，遗产内容以建筑群为主，藏品包括了古代艺术品的所有门类，具有品级上、品类上、数量上的优势，其历史文化内涵更涉及建筑、园林、历史、地理、文献、文物、考古、美学、宗教、民族、礼俗等诸多学科，在我国历史文化遗产中具有突出的历史价值、科学价值和艺术价值，是中国皇家收藏传统的延续和仅存硕果，与故宫不可移动文化遗产共同构成了世界遗产价值。今日故宫还具有重大的社会价值。故宫是我国重要的爱国主义教育基地，是具有世界影响的中国历史文化遗产的重要传播场所。故宫又是历史文化名城北京的核心所在。故宫更是优质的国有资产。

在故宫被确定为世界文化遗产以来的19年间，社会对故宫保护给予了更多的关注。1990年倡议、1995年正式成立的中国紫禁城学会，其成员包括了全国与明清皇家建筑有关的主要单位，汇聚了全国古建筑方面的硕彦泰斗及知名人士，学会宗旨是"联络国内外中国古建筑及有关历史、艺术、自然科学等相关学科研究力量，加强对故宫这一国家重点文物保护单位、世界文化遗产保护项目进行广泛深入研究"。学会的一系列活动有声有色，在社会上产生了广泛影响。故宫不只是中国的，还是世界的。近些年来，国内外参与故宫保护项目的有关组织和机构越来越多，例如香港中国文物保护基金会参与了建福宫花园复建工程，美国世界建筑文物保护基金会参与了倦勤斋内装修复原工程，意大利政府参与了太和殿保护项目等。它们带来的不只是技术和资金，更是对故宫、对中华民族历史文化的尊重，这一切都激励着故宫人更好地珍护这个民族的瑰宝。

努力接受先进的文化遗产保护理念，促进了故宫保护水平的不断提高。过去人们只重视对故宫本体的保护，后来认识到，与皇宫连在一起的护城河也是皇宫的组成部分，必须治理。这就有了20世纪90

年代投资6亿费时3年的故宫护城河治理工程，该工程一举改变了那里脏、乱、差的面貌。根据世界遗产委员会的要求，在文化遗产地的周边必须划定"缓冲区"。这使人们认识到，故宫不是孤立的，应保持其周边原有的历史风貌和环境，才有利于保护故宫的完整性和真实性。北京市曾把拟订的缓冲区的大、小两个方案在网上公布，征求意见，引起很大反响，许多人积极参与，提出意见。自2003年至2005年，世界遗产委员会连续3年对故宫保护现状进行审议，主要原因是担心城市发展对故宫及周边环境的保护造成压力。北京故宫缓冲区方案在2005年第29届世界遗产委员会大会上获得赞赏。这一缓冲区连同紫禁城在内，总面积达到1463万平方米。这一方案的实施，将使故宫外围环境的传统风貌和历史真实性得到有效保护。不仅如此，人们更认识到，保护故宫不仅要有缓冲区，还与历史文化名城北京的保护关系甚大。著名建筑学家梁思成先生在谈到北京城的布局时曾说过："一根长达八公里，全世界最长，也是最伟大的南北中轴线穿过了全城。"北京独有的壮美秩序便是由这根中轴线的建立而产生的。故宫就坐落在中轴线上。北京旧城的整体保护必须重视作为中心区域的故宫的保护。故宫的古建筑是一个整体，有着不可分割的关系。完整保护故宫是几代故宫人为之努力并得到社会大力支持的一件大事。现在还有一些单位占据着故宫的一部分建筑物，其中有的建筑物处于危殆状况，存在着隐患，也影响着故宫的整体保护。许多知名人士近年大声疾呼，要求这些单位尽快搬迁，以保持故宫的完整，维护世界遗产的尊严。在故宫保护中不断提升的这种文物保护意识与理念，从一个方面反映出了我国世界遗产保护的水平，是极为宝贵的精神财富。

四、百年大修，神韵重现

为了保护好故宫并充分发挥故宫博物院的功能，2002年10月17日开始的故宫百年来的大规模修缮，就与以往的维修有着很大的不同。这一次保护维修的原则是"完整保护，整体维修"。保护工程有五大任务：保护故宫整体布局，彻底整治故宫的内外环境；保护故宫的文物建筑，通过合理和恰当的技术手段，全面保护其蕴含的文物价值；系统改善和配置基础设施；合理利用并发挥文物建筑的功能；改善文物展陈、保存环境，提高展陈质量。到2008年，故宫中轴线核心建筑太和殿及太和门维修将基本结束，2020年故宫建成600周年时，这项旷日持久的大修将全部结束，故宫保护与故宫博物院发展也将进入一个新的时期。

正是对故宫价值的深层次挖掘，使故宫人进一步认清了故宫博物院的内涵，以及故宫与故宫博物院的密切关系。首先，故宫博物院是建立在明清两代皇宫的基础上，融建筑、藏品与蕴含其中的丰富的宫廷历史文化为一体的中国最大的博物馆，也是世界上极少数同时具备艺术博物馆、建筑博物馆、历史博物馆、宫廷文化博物馆等特色，并且符合国际公认的"原址保护""原状陈列"基本原则的博物馆和文化遗产之一。这一特殊地位，使故宫成为最有代表性的中华文明的象征。其次，故宫及其藏品的最大特色，是反映中国古代王朝的宫廷典章制度及日常活动的宫廷历史文化。再次，故宫博物院负有让人们更好地了解故宫以及故宫藏品的责任：既要在认真保护的基础上，使故宫有计划地扩大开放，让更多的人更深入地了解故宫的内涵，又要充分展示故宫收藏的古代艺术精品以及宫廷历史文化。最后，故宫还拥有丰富的无形文化遗产，也要抓好保护与延续，这项工作同时也是一种展示。这是博物馆的基本功能。

故宫博物院蕴含着中华5000年文明，承载着紫禁城近600年历史，经过了81年的发展，正处在继往开来的关键时期。回顾过去的81年，有曲折，更有启迪；展望前程，有困难，但更充满信心和希望。故宫博物院决心在各方面的帮助和支持下，经过不懈努力，实现保护好民族瑰宝并创建世界一流博物馆的目标。

（原载《台声》，2006年第9期）

紫禁城出版社的潜力

认识一个出版社，了解它的实力和影响，主要是看它的出版物，看它出的好书、有影响的书多不多。紫禁城出版社成立20年了，出的书不算多，但有一些还是好的，不管是学术著作，还是普及性读物，对于宣传故宫，反映故宫博物院的研究成果，起了积极的作用。例如《故宫博物院藏明初青花瓷》，我曾作为礼品送给台北故宫博物院；"故宫博物院学术文库"已出了几本，坚持下去，对于我院学术积累意义很大；"中国考古文物通论"规模较大，引起的反响也大；朱诚如同志主编的《清朝通史》与《清史图典》，利用故宫大量文物资料，颇具特色。但总的来说，出的好书、有影响的书还太少，加上体制不顺，出版社始终没有大的发展，社会效益与经济效益尚难如人意。

全国2000多家博物馆，有出版社的唯独故宫博物院一家，这是故宫的地位与实力所决定的，故宫人理应为此自豪。但是全国600多家出版社，日子不大好过的没有几家，紫禁城出版社即为其中之一，我们也应为此感到不安。

紫禁城出版社虽然面临不少困难，但潜力很大，仍大有可为。首先，故宫百万件文物藏品、丰富独有的宫廷遗存，以及规模宏大的皇宫建筑群，它们所蕴含的巨大价值，不仅是人们探求知识的海洋，也是出版社赖以发展的一片沃土、用之不尽的宝库。对故宫这一特有的资源优势，要知道多少出版社是欣羡不已的，关键是我们如何开发和利用。其次，院领导对出版社的工作很重视，这次让李文儒副院长兼任社长，就表明了院里的决心。文儒同志对新闻出版工作很熟悉，有经验，有魄力，视野开阔。他在任中国文物报社社长期间，报纸面貌变化很大，为文博界所称道，而《文物天地》改版后的焕然一新，已使这个刊物在大的书店有了一席之地。在报社期间，文儒同志策划、组织编写了十多本书，如《中国十年百大考古新发现》等，都很有影响。他作为副院长，主管的工作本来很多，但既然让他兼任出版社社长，就不是挂个名而已，而要亲自过问社里大事，与大家一起，研究并推动出版社的改革、发展。相信在他的领导下，在院里的支持下，出版社在不长的时间内面貌会有大的改观。最后，经过20年的发展，出版社有了一支好的队伍，大家勤勤恳恳工作，并有一些业务骨干，这是今后继续发展的基础。另外，出版社离退休人员都由院里负责，出版社如果独立经营，没有什么包袱，没有后顾之忧，能够很快起步。这一点也很重要。

党的十六大提出积极发展文化事业和文化产业的任务，这对我们出版社也是打翻身仗的契机。要明确方向，理顺思路。出版物是文化的重要载体，反映人的思想，对社会发生重大影响，这是它的意识形态性；但它的载体又与一般商品相同，它的物质形式在生产过程与流通过程中受经济规律的支配。因此，出版业是文化事业，也是文化产业。既要发展社会主义先进文化，又要发展出版产业。还要明确，出版产业不同于一般的工商服务产业，不能以追求经济效益为最终目的，而要把社会效益放在首位。

从传承文化是出版的基本社会功能出发，我认为，紫禁城出版社应有一个明晰的办社理念，即"树立故宫美好形象，传播中华传统文化"，从这一理念出发，紫禁城的出版物可以有三个层面。首先，作为故宫的出版社理所当然要为宣传故宫服务，多出反映故宫研究水平的成果，有文化积累、文化传播价值的著作，多出版文物图录以及介绍故宫的普及性读物。这就要求和院里的中心工作、业务工作结合起来。要看到这是一种互动的关系：一方面，已有的研究成果尽快问世，有利于人才的成长、学术的积累；另一方面，出版社也可根据社会的需要以及故宫的实际，策划一些选题或者组织院内外研究人员进行合作，反过来对故宫业务工作也是个推动。出文物图录要增强学术含量，体现研究水平，不能简单草率。从故宫博物院来说，要把学术研究与出版统筹考虑，有个长远的计划。其次，要面向全国文博系统。全国文博系统仅有文物与紫禁城两家出版社，当然文物出版社是老大哥，我们要向他们学习。文博界每年要出版很多东西，我们应积极主动地为各地服务。最后，要从整个社会的要求出发，尽量多出一些文史方面的书籍，不囿于一宫，天地自然就会宽起来。要出经典性的、学术性的，也要出大众的、普及性的，即使是大众的、普及性的，也要精心策划，精心编印。

紫禁城出版社是在我国改革开放之初诞生的，这20年，是我国改革开放不断发展的20年。紫禁城出版社要走出困境，获得新生，就必须加快改革步伐。出版社要和院里逐步脱钩，成为自主经营、自负盈亏的独立法人单位。社里现有人才的素质要提高，也要引进人才，引进高学历的人才、适用的人才，要大胆起用年轻人，把这支队伍建设好。要搞活机制，公平竞争，多劳多得，调动社内人员的积极性。要面向社会，重视市场的调查研究，认真选题和策划。有时一本书出好了，成了精品，引起轰动，就能创造很大的效益。例如河北教育出版社，重视选题，出了好多有分量的书，多次获奖，名气大了，形成了品牌效应，别人不看好的书，他们出了也赚钱。可以请他们来讲课，也可以出去走走，学习别人的做法。在我们基础还不甚好的情况下，可与一些有影响、有实力的出版社合作出书，合作的过程就是找自己不足，向他人取经的过程。即使将来底子厚实了，也要重视与社外的合作，例如4万多通名人尺牍的整理，靠我们自己现有力量显然是有困难的。将来发展了，可以申请音像出版，也可以搞电子版图书。

出版是一项事业，是一种产业，也是一门学问。要研究出版学，编辑、发行、印刷，都是出版学的分支，还有装帧、版式设计等，都要结合实际认真钻研。同时我提请大家多关注出版业的一些新的情况。例如，这些年出版业有一个令人瞩目的现象，即在一些出版社，刊物的地位在快速提升，与图书出版一起形成出版社新的支柱产业，有的称为"社刊工程"。去年12月上海博物馆举办"晋唐宋元书画国宝展"，李副院长负责的《文物天地》为此出了个专刊，在上海博物馆出售，供不应求，先后印了5万多册，纯利润20万元。紫禁城出版社也有两个刊物，一个是《故宫博物院院刊》，一个是《紫禁城》。《院刊》是学术性刊物，发行量不可能太大，但只要办得更好，还可以多争取一些读者；《紫禁城》只要定好位，认真编印，进行市场化运作，发展的空间会更大。现在是季刊，可逐步变成月刊。再如，书店里经常有一些装帧新奇的书籍引起读者的兴趣，这是因为图书出版流程中充分融进了现代材料、现代手段、现代观念，出版物形态变革的这一趋势亦应引起我们的重视，故宫博大精深的传统文化内涵与这些现代的特色结合起来，相信我们的出版物会更有吸引力。

2005年是故宫博物院成立80周年，迎接80年院庆的工作由李副院长抓。院里80年的历史资料，要整理、利用。原来有《故宫周刊》《故宫旬刊》《故宫月刊》等，可选一些作为资料出版。要给故宫的老先生出东西，展示故宫的学术风貌。学术文库的作者可不限于正研究员，也要给有突出学术成果的中青年学者以机会。出版物是院庆活动的一个重要方面，要从整体反映故宫80年成就，有收藏品，有古建筑，有老专家的东西，以及80年历程的图册。这是院里确定的重要任务，也是出版社发展的一个好机会。

故宫有个武英殿，曾是明末农民起义领袖李自成登基当皇帝的地方，但它更为知识界、出版界所看重的是，中国出版史上有名的"殿本"书就是在这里刊印的。这些书开本之大方，写刻之工致，纸质之优良，墨色之光泽，堪称尽善尽美。特别是清乾隆十二年（1747年）

前武英殿所刻之书更是如此。故宫至今保留的"殿版"仍有30万块。当代印刷业飞速发展，昔日"殿本"的印刷方式是无法与其比拟的。但我认为，殿本书编、校、印、装所体现的认真精细、求全责备的精神，是中国传统出版文化的精华，今天无疑仍有借鉴、启发作用。作为故宫博物院的出版社，作为名叫"紫禁城"而且在紫禁城里办公的出版社，弘扬武英殿殿本书的传统精神，应是更有意义的事情了。出版社现在有不少困难，院里会帮助解决。院里也坚决支持出版社通过改革克服困难，走出新路。路要一步一步走，坚持下去，出版社是有大希望的。

[2003年7月22日在紫禁城出版社调研时的讲话，原载《故宫人》（内部刊物），第156期]

为什么要拍摄《故宫》

由中央电视台和故宫博物院联合拍摄大型电视系列片《故宫》的摄制工作，今天就要正式启动了。在此喜庆时刻，我代表文化部及孙家正部长、故宫博物院领导班子，向大家表示衷心的感谢！

众所周知，由于当代中国的飞速发展，以及中华文明的持久魅力，全世界范围内都在掀起一股"中华文明热"，越来越多的国际友人对中国这个古老而神秘的东方国度产生了浓厚兴趣，他们不仅想知道中国过去的一切，还想了解中国当代的实际情况。以故宫为主题的这部电视系列片《故宫》，不仅顺应了世界各国人民对中华文明关注的这一时代潮流，而且会进一步推动这股"中华文明热"的发展，更好地服务于当前改革开放，建设中国特色社会主义物质文明、政治文明和精神文明的大局。

中华文化源远流长，博大精深，故宫则是中华文化最重要的载体。它不仅是中国古代宫殿建筑的集大成者，集中、全面地反映了中国古代特别是明清时期的科学技术水平和文化艺术风格，还是中国封建社会皇权政治的具体体现，凝结着"大一统"的传统政治伦理精神、天人合一的哲学思想，以及多民族国家的宗教观念等，因而值得各方面的专家学者进行认真的研究。

在明清两朝长达500多年的统治历史中，共有24个皇帝生活居住在紫禁城里，演绎出一幕幕兴衰史剧；由能工巧匠和艺术家们所建造的这些巍峨宫阙、朱红高墙、御苑琼台，述说着500多年的历史沧桑。几乎每一座宫殿、每一个院落、每一处山石，甚至每一口水井、一床一案，都有一段不寻常的经历，引人入胜，发人深思。

这里曾经进行过历史上最大规模的文献整理工作，《四库全书》就是在这里编纂完成的。这里有中国古代最为完备的国家档案馆皇史宬，收藏着明清时期政治、经济、文化等各个方面的完备资料。这里的收藏品，不仅有汉民族的文化创造，还包括大量的其他民族文物，全面记载着我们这个统一多民族国家形成的真实历史，它们是中华民族共有的最宝贵的文化遗产。这里还保留着明代以来世界各国流传到中国的工艺品、科学仪器、艺术作品，它们是中国人民与世界各国友好交往最直接的证物。

而今，故宫以其独特而宏伟的建筑、丰富而珍贵的收藏，雄踞世界著名的皇宫之林。1961年，国务院将故宫列为全国重点文物保护单位。1987年，联合国教科文组织又把故宫列入《世界遗产名录》，使这座昔日的皇宫成为享誉世界的历史、艺术博物馆和最著名的旅游胜地之一。

全面展示故宫神秘沧桑的宫廷建筑、馆藏文物，讲述宫闱内不为人知、真实鲜活的人物命运、历史事件和宫廷生活，从一个崭新的角度，反映我国明清以来重要的历史事件、社会综合状态、中西交流情况，从中折射出中华民族灿烂辉煌的艺术、哲学、政治、文化传统，对于弘扬中国优秀传统文化，增强民族自信心，振奋民族精神，推动中国特色社会主义精神文明建设，无疑具有特别重要的意义。

正是基于以上的认识，我们对拍摄电视系列片《故宫》非常重视，不仅要在文物保护法规定范围内尽力提供拍摄方便，还调动全院的专家学者积极参与策划、撰稿等工作。

在此，我想提出以下几点希望：

第一，坚持思想性。在这部反映中华文明历史的作品中，要努力提炼出在当今时代仍然具有先进意义的文化思想和传统民族精神，切实起到增强全民族文化自豪感和自信心的作用。

第二，坚持科学性。务必以严谨、认真的治学态度投入创作，凸显许多已有的和最新的学术研究成果，纠正当前一些电视剧对历史的歪曲，真实、准确地反映明清以来中国社会历史状况。

第三，要有艺术性。在表现形式上，要力争有创新，产生强烈的感染力和震撼力，使受众在获得文化知识的同时，获得真正审美意义上的艺术享受和感悟。

我们相信，在中央电视台领导的大力支持下，通过我们双方专家学者和艺术家们的精诚合作和辛勤劳动，电视系列片《故宫》的拍摄工作一定会取得圆满成功！

（2003年7月16日在中央电视台与故宫博物院联合拍摄电视系列片《故宫》合作协议签字仪式上的讲话）

故宫文化展示与数字信息技术

听到故宫博物院和全球知名的信息技术公司IBM（国际商业机器有限公司）就名为"超越时空的紫禁城"的文化展示项目即将开展合作时，我想诸位和我一样都是深感振奋的。大家知道，故宫博物院的"数字故宫"建设不久前获得了中国文化部的首届创新奖。"超越时空的紫禁城"这一新项目的确定表明了故宫人又在向新的目标迈进。

同样，选择与故宫这一中华文化遗产精华进行合作，表现了IBM对文化的热忱，以及对科技应用与发展的远见卓识。先进的科技与丰厚的文化这两种优势一旦结合起来，是可以相互激发、共同提升的。这样的合作对于双方来说都是难得的机遇。好的技术寻找到真正丰厚和有价值的文化资源，英雄才有用武之地，而一个能够真正造福人类文化的公司才是"伟大的公司"。我们对IBM积极参与和帮助文博事业的举动深表赞赏！我相信，"超越时空的紫禁城"项目将实现的不仅是激动人心的文化展示，更带给我们一些有益的启示。

首先，文化事业与科技产业的联手显示出社会文化的进步趋势。在今天，现代信息科技产业积极参与文化建设，特别是传统文化的信息传承，对于中国这样文明悠久、遗产丰厚的国家具有特别重要的意义。我国正在步入一个文化创新的时代，文化事业与科技产业的协同合作表明了双方都在寻找突破和共同创新，可以预期，这样的协同合作将会产生双方都受益的双赢局面。

　　其次，这是又一次古代传统文化与现代科技的对话。中华民族历来珍视传统文化遗产的保护和继承。在日新月异的时代，对各种有形或无形的珍贵遗产的保护和传扬更成为社会主义文化建设中的重要任务。现在我们已经身处所谓数字化时代，在信息化大潮中，如何利用数字信息技术更好地传播古代的传统文化艺术，使中华文化遗产的精粹为世人所了解并深入人心，正是我们所面临的挑战。

　　最后，这一项目包含着东方文化与西方理念的对话。它表明，中华文化是开放和包容的文化。今天，中华文化在复兴的进程中要进一步走向世界，我们更要敞开胸怀，学习和利用一切先进技术。因为文化的生命只有通过兼收并蓄和不懈的创新才能保持恒久的活力，在开放和发展中成就其精深和博大。

　　中华文化本身就是超越时空的，是开放和包容性很强的文化。故宫的事业也是开放的。对珍贵传统文化遗产的保护和利用不仅是故宫人的工作，也不仅是中国人的事情，更在国际社会得到积极的反响。我们衷心地欢迎科技产业界的有识之士积极参与到弘扬中华传统文化的伟大事业中来。中华文化在复兴的进程中要进一步走向世界，也更要敞开胸怀，学习和利用一切先进技术，与海内外的创新者同路。

［2006年6月16日在故宫博物院与国际商业机器有限公司（IBM）合作项目"超越时空的紫禁城"启动仪式上的讲话］

超越时空的紫禁城

　　故宫博物院是在明清皇宫的基础上建立起来的博物馆，20世纪初叶，先辈们打开了紫禁城的大门，将昔日的皇家禁地向民众、向世界开放，并不断丰富着我们的馆藏，努力将其建设成一座闻名世界的博物馆，成为向群众进行文化传播的场所。近年来，我们正在致力于博物馆的现代化。引进数字技术，提升我院的管理和展示水平是我们采取的重要举措。让没有来过故宫的人们知道故宫，让来到故宫的人们更好地认识故宫，让站在故宫博物院展出的每件精美展品和每座宏伟建筑前面的观众更多地了解它背后蕴含的历史和文化，是我们建设文化展示数字平台的目标。

　　今天，我们不仅在院内，也在世界各地展出故宫珍藏的文物。我们不仅在这辉煌的宫殿里展出这些精美的历史文化遗产，同时也通过与国内外高科技公司的合作，采用现代的高新技术让这些珍宝更加贴近普通的观众，将盛世宫殿的壮美妩媚再现于观众眼前。美国IBM在我们推进这项伟大创新工作的时刻，给我们提供了慷慨的帮助。这次大家看到的"超越时空的紫禁城"项目就是我们与美国IBM精诚合作的成果。

　　我想，诸位中有不少在前年6月曾见证了故宫博物院与IBM合作项目"超越时空的紫禁城"的启动仪式，倾听了以"超越时空·激活历史"为话题的畅想，并从贵宾楼饭店的高楼上俯瞰了辉煌的紫禁城宫殿群。今天，我们不仅把大家请进现实的紫禁城，还与IBM一起将大家请进搭建在网络上的"超越时空的紫禁城"。这座虚拟的紫禁城不是明清皇帝所营建，是我们故宫博物院和IBM的合作团队用了3年多的时间，以当前最新的科学技术打造的数字宫殿。现在我们看到，它与我们身处其中的紫禁城宫阙几乎是一模一样的。我想这座网络上的宫阙是别有天地、别开生面的。我们可以在里面更加自由地排演、复原古代帝王生活的情景，可以让每一个参与其中的人体验中国传统的皇家游戏，操练古老的技艺。大家也可以在游历这座虚拟宫殿的同时，与远在天边的同伴进行交流和互动。更加令人激动的是，即使在万里之外、异国他乡也可以体验来到紫禁城宫殿游览的乐趣。

在国际互联网上搭建的这座虚拟的紫禁城宫殿可以供身处世界各地的朋友登录游览故宫博物院，这也使传统的故宫迈向更深层次的开放。"超越时空的紫禁城"开辟了一个新鲜而奇妙的平台，让我们能和全世界更多的朋友进一步分享壮丽的中华文化遗产。

我想，在IBM的支持和帮助下，"超越时空的紫禁城"项目还会继续完善，不断扩展成果，在不断的升级、更新中使这座虚拟的宫阙更加辉煌壮美、意趣横生。我祝愿在座的各位和全球各地的人们，登录数字世界的虚拟紫禁城，在尽情游览的过程中，享受其带来的乐趣！也欢迎各位莅临我们现实的博物院参观和游览。

随着时间的推移，紫禁城的历史会越来越悠久。而随着新技术的不断引进，故宫博物院将会更加开放，越来越焕发出青春的活力。

[2008年10月10日在故宫博物院与国际商业机器有限公司（IBM）合作项目"超越时空的紫禁城"（首期）发布仪式上的讲话]

故宫的法律工作

　　"故宫博物院法律工作会议"不仅是对故宫博物院10年来法律工作的总结与回顾，也将是我国博物馆界法律工作的一次交流和检阅，相信对进一步推动我院文博法律工作会起到积极的作用。

　　故宫博物院的文博事业是我国文博事业中的重要组成部分，在新时期我国社会主义文化文物事业建设中，发挥着越来越重要的影响和窗口作用。故宫博物院不仅保管着150万件（套）以上的文物，16万平方米的明清古建筑群，而且坚持全年365天对外开放。在新时期新形势下，在已有83年建院史的基础上，在进一步服务国内外观众的文化需求、研究和传播以故宫学为核心的我国优秀传统文化上，故宫博物院必将发挥更大的影响和作用。把故宫博物院的事业又好又快地向前推进，确保故宫文物安全万无一失，是历代故宫人和历届班子义不容辞的责任，也是党和人民托付的重要任务。

　　按照科学发展观的要求，开展故宫古建、文物保护、研究、开放等各项工作，必须首先认真贯彻落实党和国家有关文博事业的政策和法律规定，做到全面依法依规，必须时刻认识到依法治院是确保故宫文博事业健康发展的根本之路。

　　近年来，在故宫的文博事业中，法律工作适应中心工作发展的要求，由小到大，由点到面，迅速、有效地开展起来。我院的法律工作，在我国文博系统开展得最早，在一定意义上也是我国文博事业法律保障和服务职能发挥的一个缩影，对兄弟文博单位可以起到相应的启发、借鉴作用。10年来，法律工作在故宫多方向、多领域和多层次地全面开展，从法律保障服务角度生动具体地说明了故宫落实"保护为主、抢救第一、合理利用、加强管理"这一文博工作方针的过程。故宫的法律工作思路明确、职责清晰、工作连续，不断向专业化、规范化的方向发展，发挥了较好的咨询、保障、服务的基本功能和作用。服务范围从围绕故宫古建大修、文物清理、开放宣传、风险预防、著作权保护、产业开发，到向非物质文化遗产保护等领域扩展，各项工作和服务始终按照法制化、标准化、规范化的要求努力进行。通过对院内外各种新的情况和问题不断大胆探索，我们积累了一定的工作经验，也有不少教训，先后完成了2000余份合同审核和近30起诉讼代理，形成了目前相对固定的工作格局和程序，也初步形成了与院采购委、审计审核和监察监督部门之间良性互动的制约关系。这是10年来全院上下共同努力的结果，也是文化部、国家文物局及其政策法规部门悉心指导和大力支持的结果。

故宫的法律服务工作已经走过了10年历程，目前与今后的工作仍然十分繁杂和富有挑战性，因此非常有必要适时地对以往的经验和教训加以总结、反思和再认识，不断强化依法、依规开展法律工作的意识，强化风险意识和创新意识，继续落实科学发展观对我院文博事业提出的具体要求，注意发挥法律工作的全面审核、监督与制约的功能，进一步完善工作流程和审核方法，通过总结过去，促进法律工作今后在故宫文博事业中更好地发挥其应有的作用。

今后，希望院从事法律工作的同志，要特别注意向行业主管和国家司法主管单位多学习、多请示，注意向兄弟文博单位从事法律服务工作的同志多学习、多请教，也要注意对国外发达国家和地区博物馆管理中的先进经验和做法多学习、多借鉴，继续坚持已有的工作宗旨和工作思路，以及好的做法，加强学习，改进不足，不断努力。

最后，我祝贺"博物馆与法律论坛"圆满结束，并祝贺"故宫博物院法律工作会议"举办成功！希望我国文博法律工作在保障和促进新时期文博事业健康发展中发挥更大作用、做出更大贡献！

（2008年11月5日在"故宫博物院法律工作会议"上的讲话）

南音乐舞《韩熙载夜宴图》

　　金秋的紫禁城，将要举办一场以故宫名画《韩熙载夜宴图》为底本的大型古典南音乐舞戏的观摩演出，这是很有意义的一件事。

　　《韩熙载夜宴图》是五代南唐画院待诏顾闳中的作品。该画描绘了韩熙载及其宾客们宴乐的盛况，人物性格鲜明，情态生动，主人公韩熙载超脱不羁而又郁郁寡欢的复杂内心，刻画得尤为深入。以屏风做间隔的连续构图，线条工整精细，敷色绚丽清雅，显示出高超的艺术水平。这幅画在中国绘画史上占有重要地位，也是故宫博物院的珍藏。

　　南音是中国现存最古老的乐种之一，是中原移民把音乐文化带入以泉州为中心的闽南地区，并与当地民间音乐相融合所形成的具有中原古乐遗韵的文化表现形式。南音艺术是一部立体生动的中国古代音乐史，它典雅优美，情韵深沉，雅俗共赏，独具魅力，为闽南侨乡民众所喜闻乐见，并远播到中国港澳台地区和东南亚等地，成为港澳台同胞和海外侨胞世代珍视、竞相传唱的乡音，是海峡两岸血脉相连的历史见证。它以自己特有的价值被列入第一批国家级非物质文化遗产名录。

　　进行此次演出的"汉唐乐府"，是来自中国台湾地区的专业南音艺术团体。该团体1983年由台湾著名的南音艺术家陈美娥女士创办于台北，一向主张两岸统一，秉持"立足传统、创新传统"的宗旨，致力于学术研析，以传承与推广南音艺术为使命，坚持将华夏正声、中原乐舞弘扬到世界各地。20余年来，汉唐乐府融合南音古乐及梨园乐舞，屡屡推出惊世之作，蜚声国际。

《韩熙载夜宴图》属物质文化遗产，南音是非物质文化遗产，故宫是世界文化遗产，三者的完美结合，使其有理由成为象征华夏文明一脉相承的艺术精品。演出中占重要角色的茶道、花道、香道，皆源自汉代以来的文人传统。起源于中原古老传统，生根于台湾的汉唐梨园乐舞，在中华文明重要象征的故宫内演出，其回归文化根源的历史意义不言而喻。

《韩熙载夜宴图》描绘的是南唐时期的宫廷生活，在故宫这个最为典型的古代宫廷建筑中再现中国古代的宫廷生活，运用代表中原古乐、华夏正声的唐宋遗音再现南唐时期的宴乐场面，可说是最大限度地利用了艺术的表现形式。它使人们聆赏到南音古乐的清幽素雅、梨园乐舞的典雅艳丽，同时也是用一种生动立体的形式对《韩熙载夜宴图》进行推广和宣传，是对故宫深厚文化底蕴进行发掘与弘扬的一个积极探索。

更为重要的是在演出的同时，还将举行一场由中国艺术研究院与故宫博物院主办、有国内外专家学者参加的学术研讨会。会议将从历史、文化、艺术（包括音乐、美术、舞蹈等）各个方面对故宫藏品《韩熙载夜宴图》进行研讨，对南音这一非物质文化遗产的更好传承进行研讨。把现场观摩与学术研讨结合起来，对于保护中国珍贵的传统文化遗产，弘扬传统文化精髓，无疑是一次很好的尝试。

《韩熙载夜宴图》是千古不磨的绘画珍品，也希望红氍毹上的《韩熙载夜宴图》成为广受欢迎的艺术珍品！

（原载2007年南音乐舞《韩熙载夜宴图》介绍册页）

"洛神"在紫禁城

去岁金秋，台湾汉唐乐府在北京故宫上演了一出富丽堂皇、如梦如幻的南音乐舞《韩熙载夜宴图》。今年10月，台湾汉唐乐府又将在北京故宫上演一出浪漫缠绵、如泣如诉的南音乐舞《洛神赋》。此二出风格完全不同的南音乐舞先后在北京故宫上演，具有非同寻常的意义。

首先，《洛神赋图》相传为东晋画家顾恺之的代表作，《韩熙载夜宴图》相传为南唐画家顾闳中的代表作，作者均为顾姓。二顾同属江南大族，其姓旧列东吴四姓（顾、陆、朱、张）之首，应有一定渊源。二顾原图虽然均已亡佚，但今存宋人摹本，又都藏于北京故宫博物院，又都被台湾汉唐乐府选中演绎经典南音乐舞。如此巧合，应有一种机缘。

其次，北京故宫属于世界著名物质文化遗产，南音属于国家级非物质文化遗产。北京故宫博物院以守护故宫、弘扬故宫文化为职责，台湾汉唐乐府以传承南音、振兴南音乐舞为使命。《洛神赋图》和《韩熙载夜宴图》既是北京故宫博物院珍藏的国宝级文物，又是台湾汉唐乐府蜚声国际、屡演不衰的南音乐舞品牌节目。如此巧合，也是一种机缘。

最后，我去岁曾为南音乐舞《韩熙载夜宴图》作序，记录盛世和声，今年又为南音乐舞《洛神赋》作序，再记梨园雅韵，也是一种机缘。重复的话无须多说，这里谈一点感想。

北京故宫博物院珍藏的宋人摹本《洛神赋图》，取材于曹植的《洛神赋》，系根据不同情节组成的连环故事长卷。该图描绘魏黄初三年（222年）曹植从京师回东藩，路经洛水遇见洛神宓妃的爱情故事。关于洛神宓妃的神话，虽然司马相如的《上林赋》、扬雄的《甘泉赋》都曾提及，但直到曹植专门撰写《洛神赋》，才广为传诵。于是，我开始考虑，不同的艺术形式有不同的艺术表现方法，同一题材如何表现，恐怕是一个颇有难度的问题。

譬如文字和图画。《洛神赋》记洛神之来，"凌波微步，罗袜生尘"，号称千古名句。温庭筠的《莲花》诗这样理解："应为洛神波上袜，至今莲蕊有香尘。"尚未失真。而《洛神赋图》就很难描绘这种动感和美感。那么，南音乐舞呢？

据相关介绍，台湾汉唐乐府似已解决了这个问题。他们在南音乐舞《洛神赋》中，尝试运用了最尖端的新媒体技术，将乐舞与古迹、古画、古诗赋、古书法交相融合，力图全方位、多层次地表现这个凄美的爱情故事。不仅如此，该节目还由法国导演卢卡斯·汉柏（Lukas Hemleb）先生与台湾汉唐乐府艺术总监陈美娥女士共同执导，中西文化的交融也将成为一大看点。文字、图画与中西舞台艺术的全面契合，效果如何？令人充满期待。

此外，在演出的同时，有关方面还将举行"《洛神赋》诗、书、画、乐、舞学术研讨会"和"企业与文化高峰论坛"，探讨艺术与学术、文化与企业如何相辅相成等课题，这必将促进社会各界为传统文化艺术的当代发展提供前进方向和正确方法。

在中华文明重要象征的北京故宫演出南音乐舞《洛神赋》，同时举行相关研讨会和高峰论坛，为繁荣传统文化艺术群策群力，堪称乐舞盛事和文化雅聚。让我们预祝南音乐舞《洛神赋》演出成功！预祝研讨会和高峰论坛取得硕果！

（原载2008年南音乐舞《洛神赋》介绍册页）

摄影语言

　　故宫博物院在迎接建院80周年华诞的前夕，以"文明对话"为主题举办紫禁城国际摄影大展。这本摄影画册就是参展作品的选集，收录了全球40多位著名摄影家300多幅优秀作品，其中不少是传世之作。

　　这些摄影家的作品取材于世界不同的国家和地区，带有不同的文明背景和不同的风格特征，但深切的人文关怀是他们共同的视角。对人类命运与前途的探索是他们共同的焦点。用摄影语言做文明的对话，使我们有机会通过这些令人震撼、感动的画面更加真切地认识世界，更加细致地观察不同文明的生存现状，从而引发我们关注人类文明的历史和未来的更大激情。

　　故宫博物院为什么要举办以"文明对话"为主题的国际摄影大展？为什么要以这样的方式拉开庆祝她80周年华诞的序幕？这恐怕是翻开这本摄影画册的读者都禁不住要问的问题。答案很简单，故宫博物院80年的历史，就是文明对话的历史。

　　80年来，故宫博物院一直以促进文明对话、促进东西文明的互相理解为己任，开展了数以百计的国际性展览和文化交流活动。早在故宫博物院建院初期的1932年，故宫博物院就以精选的65件（册）书画复制品参加芝加哥世博会，首次走出国门。1935年又以700多件精美的文物参加了伦敦中国艺术国际展览会，在西方引起极大轰动，并形成了持久的中国艺术热。

当人类进入21世纪的时候，故宫博物院组织的凝聚着中华文明的多种文物展览，已经走遍了世界五大洲。与此同时，故宫博物院打开紫禁城的大门，引进多个国家的多种文物展览。来自世界各地的各具特色的文明与中华文明在中国的紫禁城中交相辉映。

作为文明对话的一种特殊形式，从中华人民共和国成立之初到现在的50多年间，故宫博物院接待了全世界几乎所有国家的元首，总计240多人次。时至今日，凡是与中国友好交往的国家，其国家元首访问中国时，几乎无一例外地会参观访问故宫博物院，这已经成了中国和世界外交活动领域的一个重要内容。文明对话从当初打破政治僵局、缓和紧张气氛的一缕清香，进而成为增进了解、达成谅解、结成友谊的纽带和桥梁。这种世界政治文化现象充分说明，以一个国家一个民族最具有代表性的文化遗产为媒介的文明对话，在世界和平与人类进步的事业中发挥着极其重要的作用，不只是举足轻重的外国政要，包括来自世界任何一个地方的普通公民，都可以作为各自文明的使者，通过参观访问故宫来和东方及中华文明平等对话，他们用这种特殊的方式来表达对中华文明的尊重和对中国人民的友好感情，故宫博物院也因此成为人类文明对话的重要舞台和吉祥胜境。

摄影所运用的图画语言，是人类最古老的语言，也是当今最鲜活的语言。摄影语言没有国界，不受民族语言的局限，无论老人还是小孩，无论文盲还是知识分子，都能从优秀的摄影画面中感受到对和平的渴望、对成长的希望、对美好明天的盼望和对真善美的共同追求。因此，我们希望通过紫禁城国际摄影大展，既让世界通过摄影大师的镜头更好地了解故宫，了解博大精深的中华文化，同时也让中国人民透过摄影大师的作品，更真切地感受与我们同时代的外部世界的律动。

故宫博物院所在的紫禁城，从1420年建成到20世纪初的近500年间，是24位皇帝的禁宫，从1925年建立故宫博物院之日起至今的80

年，这座世界上规模最大、保存最完整的皇宫及其丰富的珍宝属于人民，这里的文化成为中华民族的宝贵精神财富。1987年，故宫作为人类文化遗产被联合国教科文组织列入《世界遗产名录》，这意味着紫禁城作为全人类的文化遗产，在人类文明及其对话中具有了新的历史地位。

21世纪的紫禁城，21世纪的故宫博物院，对人类文明的传承和世界的和平与进步要承担起更大的责任。

我们因此以"文明对话"为主题举办紫禁城国际摄影大展而承前启后，并以这本摄影画册向世界打开紫禁城的大门。

（《影像的力量：紫禁城国际摄影大展作品选集》序言，紫禁城出版社，2004年）

太和邀月

海上生明月，天涯共此时。

举杯邀明月，对影成三人。

中国诗、书、画大约是和明月一起升起来的。

在金风送爽，中秋月圆之际，由故宫博物院与中国美术家协会、中国书法家协会联合主办的"太和邀月"金秋招待会，已连续数届。金水桥畔、太和门前，旧雨新知，同邀明月，不啻书家画师灵感迸发，骚人词客亦兴味倍增。诗情文思，皆如泉涌；精义妙品，纷至沓来。

不少朋友倡议："太和邀月"活动5周年，正值故宫博物院建院85周年、紫禁城落成590周年，何不借此良辰，搜求历届与会诗文，结集成册，以记盛事，以襄盛典？此议若成，则本届"太和邀月"，既能谈今，亦可话昔，诸君兴会，更无前矣！

欣淼以为此议甚佳。故诚请数年来已参加或拟参加"太和邀月"活动之领导、朋友，慨然惠赐佳作。文体不拘，诗文词赋、古体今体皆收；内容不限，吟诵紫禁城、联系紫禁城抒发独特感受均可。唯求真情实感，以短小精练不超过千字为宜。

承蒙诸位响应，清词丽句，彩笔妙墨，共创诗文书画艺术与古老宫殿交相辉映的盛世佳境。于是有《太和邀月——紫禁城诗文集》问世。斯编既是对故宫与故宫博物院佳节的祝贺，亦是对我们伟大祖国的祝福，明月年年有，但愿人长久！

（《太和邀月——紫禁城诗文集》序言，紫禁城出版社，2010年）

畅想故宫

古老的故宫承载着中华民族久远的历史和辉煌的文明，而作为未来与希望的青少年在很大程度上肩负着国家昌盛、民族复兴的重托。故宫博物院有责任让更多的青少年感受自己国家和民族的历史和文明。基于此，2004年3月，故宫博物院在全国率先对中小学生实行免费参观和义务讲解。2004年，共接待来自包括香港、台湾在内的14个省区市的231批学生团体27145人；2005年则有20个省区市的362批学生团体60997人。

中小学生参观故宫的踊跃和认真感动着我们，也启发着我们。由于多种原因，要满足所有中小学生来故宫参观的愿望是不可能的。但是，我们是否可以通过一些活动，让更多的青少年关注故宫、了解故宫？"全国少年儿童'故宫畅想'征文和知识竞赛"活动，就是我们的一次尝试。在故宫博物院建院80周年的日子，作为院庆系列活动的一部分，故宫与中国少年儿童新闻出版总社共同主办了这一活动，在全国中小学生的广泛参与下，活动取得了圆满的成功。

这项活动于2005年4月20日正式启动，至9月29日颁奖大会结束，历时162天，吸引了来自全国31个省、自治区、直辖市的共6万多名中小学生参加。最小的参赛者仅六岁半，上小学一年级，用拼音填写答案；最大的参赛者17岁，是一名高二学生，用诗歌表达了对故宫的向往。由于活动声势浩大，有些成年人也向组委会寄来答卷，表达了对故宫文化的向往和参加竞赛的愿望。可以说，该活动以一种前所未有的广度和深度，在全国中小学生当中，进行了一次关于故宫知识和传统文化的大宣传。通过传播故宫文化，使广大少年儿童加深了对故宫与故宫博物院的了解，增强了文物保护意识，提升了民族自信心和自豪感，强化了历史使命感。

作为故宫博物院院长，我出席了该活动的颁奖仪式。站在孩子们中间，面对一张张天真的笑脸，系着孩子们为我佩戴的红领巾，我完全感受到了来自少年儿童身上的那种蓬勃向上的朝气与活力。

故宫，一个凝聚着中华传统文化的艺术宝库，一直以来，似乎总有着一种高高在上和不可捉摸的感觉。于孩子，尤其于一些生长于偏远地区的孩子，故宫更只能是他们的图画中的美丽天堂、梦想中的神秘世界。

我们不能让孩子们仅仅靠梦想去追求故宫中蕴含的传统文化精髓。我们有责任送给孩子们一个全面的故宫、真实的故宫。于是，在整个活动的策划和开展过程中，读书、看报、答题、作文，以及在故宫的赞助下，参加夏令营并亲临故宫、长城参观等一系列活动，成就了许多孩子对故宫的梦想。原本只是畅想故宫，想象故宫恢宏的建筑，想象故宫无数的游龙。如今却可以在故宫畅游、畅想，在畅游中印证历史，畅想未来。

这本小册子，就是这次活动评选出的优秀征文的汇编。一篇篇的文字，虽显幼稚，却也不乏令我们这些大人惊讶的视点。论历史，述功过，谈文物保护，讲科技文博，许多时下文博界流行的课题，在这些小作者的文章中都可略见一斑，由此也可见时下孩子们的认知能力和对周边事物的敏感度。

翻阅这本小册子，我有一种强烈的感受，那就是作为文物博物馆工作者的使命感和责任感。宣传教育，从来都应该是多样的和多渠道的。"全国少年儿童'故宫畅想'征文和知识竞赛"活动的开展，在针对中小学生进行传统文化宣传教育方面，做了一次比较成功、非常有意义的尝试。当然，故宫会在这次活动的基础上，在今后的工作中，更多地开展多种形式的针对青少年的爱国主义教育活动，让故宫真正成为孩子们的故宫，成为青少年接受中国优秀传统文化的大课堂。

本次征文活动的评委、儿童文学作家金本同志写了一首题为《你，不再是你》的诗，对这次活动的意义做了形象的概括，感情充沛，意境开阔，我很喜欢。我愿把诗的开首和结尾推荐给诸位，让我们共飨：

当你从故宫的大门走进，

再从故宫的大门走出，

你，便不再是你。

你不再是你，你究竟是谁？

你是胸中跳荡着中国心的中华少年。

……

有一天，当你为中华大厦创造了辉煌的时候，

请你不要忘记：是2005年的一次活动，

给了你一把开启成功大门的钥匙。

你要永远珍惜它，它的名字叫——故宫！

（《故宫畅想》序言，紫禁城出版社，2006年）

让故宫在社会关注下发展

故宫是社会的故宫，故宫的长远发展离不开社会的关注与支持。

故宫博物院开展志愿者工作，也是故宫与社会联系的表现形式之一。志愿者作为故宫文化的传播者和享有者，在推动故宫博物院与广大社会公众的联系上做出了重要贡献。

2003年10月，我在庆祝南京博物院成立70周年举办的馆长论坛上提出了故宫学的概念，时至今日，伴着故宫博物院的发展，故宫学也在越来越多学人和社会公众的关注下，逐渐向着多学科、多领域并由浅入深地发展着。在某种意义上说，学术的发展与文化在大众之间的普及是密不可分的，这一点在故宫和故宫学的发展上尤为突出。

近几年来，随着社会公众对传统文化和文物兴趣的提高，博物馆的功能越来越多地体现在与公众的交流和互动中。学术研究也在这样一种积极的环境下发展起来。故宫学的诸多层面如宫廷历史、馆藏文物、古代建筑、科技保护等，都与大众所关注的问题紧密相关。故宫的历史文化如何传承？故宫的文物如何向世人展示？故宫的宫殿建筑如何修复保护？这既是学术研究的内容，也与人们对博物馆的兴趣指向相一致。

故宫志愿者在故宫的两年多时间里，直接经历着这里发生的故事，感受着这里发生的变化，最早接触到这里的学术讲座……然后，他们便把这些，以一种执着的热情，以一种对故宫真诚的爱，讲述给来到这里的八方游客。同时，他们也在以一种自觉不自觉的方式，对故宫的学问精心地钻研着。于是，就有了这本《撷芳致远》。我翻看了，有文物、有历史、有建筑，都收在了这本书的《笃学之德》专栏中，《讲解文萃》专栏中作为讲解比赛的讲稿，也对每一件文物，有着不同一般的介绍和解读。

我了解到，志愿者中也不乏一些专家学者，有教授，也有工程师。志愿者金志强教授结合专业特点撰写发表在核心刊物上的《故宫汉白玉的清洗、防护与修补》一文，就让故宫的学问以一种普通社会公众参与并关注的形式，有了更有意义的发展。当然，志愿者作为社会公众的特殊群体，对故宫发展所起到的促进作用，并不仅仅在于对故宫历史文化的探究，而更多的在于他们对故宫这样一笔丰富的文化遗产的兴趣和热情，这样的兴趣和热情，在一定程度上代表和反映了社会公众对故宫的关心与关注，从而促使故宫人、故宫学人将故宫的工作和故宫的研究做得更好，做得更深入。

最后，想借用这本志愿者集子的名字《撷芳致远》，来祝愿故宫的志愿者工作越做越好，祝愿故宫能够在公众的关注下，撷数百年之芳华，致未来久远之发展！

[《撷芳致远》（内部读物）序言，2008年]

故宫文化普及的尝试

故宫的收藏丰富而广博。

故宫的文化厚重而精深。

由文物进而文化，是几代故宫人保管、研究的真谛！说到文化，我们就有必要提一提文化的普及和推广了。几年前，我提出了故宫学这一概念。于故宫而言，故宫学是有关故宫的学问，当然也包括故宫文化的普及和推广。

故宫每年有过千万的观众，于大多数观众来讲，故宫的建筑、历史、文物、展览，是他们了解故宫文化或更宽泛地讲是了解中国传统文化的一个途径。但他们不是专家，因而很多专业领域的研究成果、专业的表述方式并不完全适用于大众传播。从这方面看，故宫宣教部这几年做的一些公众教育活动形式不错，一改单一的说教与讲解的传统模式，让观众不仅喜欢，而且有参与的热情，效果很好。据说在现今流行的网络社区和家长团当中都很有影响。

为了给《宫廷活计快乐学》一书作序，我翻看了其中的文字和图片。文字一改长篇大论的方式，而代以短而精的表述，强调知识性的同时，也兼顾了趣味性。《石鼓装箱"穿"纸衣》，这样的标题让一些故宫人早已熟知的文保故事突然有了新鲜的感觉，更有了要去阅读的欲望。老师带着孩子们在石鼓馆的展厅内，专注地观察和听讲的场景让我很是惊讶；在进入展厅前几个孩子攒在一起为了完成一幅拼图而煞有介事地商量和讨论，也能让成年人有参与其中的冲动……

为这本书作序，我更愿意把自己当成一位普通的读者，来阅读其中的篇章与段落。这是一本给孩子和家长们看的书，是一本向普通大众介绍故宫知识与文化的书。我想，故宫的出版物中，以后会很欢迎这样的作品。故宫的宣教工作，也可以多开阔一下思路。正如书中的这些活动，尽管是刚刚起步，或许还有些不完美，但重要的是，第一步迈出了，尝试了。

最后，我希望，借助这本小书，让已经在故宫开展了三年多的文化教育推广活动，为故宫带来越来越多的博物馆观众！

（《宫廷活计快乐学》序言，紫禁城出版社，2011年）

把故宫切实办成爱国主义教育基地

　　李长春同志在《保护发展文化遗产　建设共有精神家园》的重要文章中，对文化遗产工作提出了新的要求，其中一条是"突出思想内涵、强化教育功能，充分发挥文化遗产在开展爱国主义教育方面的重要作用"，文章强调文化遗产进校园，把保护、发展文化遗产与加强青少年教育相结合，进一步密切文化遗产单位与学校的联系，使文化遗产成为提高青少年综合素质的重要渠道。

　　青少年是祖国的未来，青少年的素养关乎青少年的健康成长。在青少年的教育中，增加有关中华民族历史文化的内容，培养他们热爱我们的民族，热爱我们的国家，热爱我们的历史文化，提高综合素质，意义是十分重大的。正因为如此，李长春同志所强调的，既是对文化遗产核心价值的认识，也是文化遗产单位所应坚持的服务方向。故宫博物院对此有着深刻的体会。

　　故宫是世界文化遗产，故宫博物院又是在以明清宫廷存藏为主的基础上建立的中国最大的博物馆，故宫还是国家确定的爱国主义教育基地。但是故宫的中外游客近年不断增多，去年达到1180余万人，在巨大的游客压力面前，如何多想办法，力求把工作做细、做深入，更好地发挥故宫的爱国主义教育基地作用，为更多的青少年服务，是我们不断努力与探索的新课题。近年来我们在这方面采取了以下措施：

　　第一，坚持每周二学生团体接待。故宫于2004年3月1日在全国率先做出决定，对有组织的中小学生团体、有组织的有关院系学生团体以及组织参观的老师免费开放，提供讲解。据统计，至今已接待学生团体1407批次275366人，涵盖全国31个省、自治区、直辖市以及港澳台地区，如台北中心女中、香港学生交流考察团等。

第二，成立故宫青少年活动中心。该中心位于太和门内的昭德门东侧崇楼内，于2007年5月18日正式启用。中心面积近1000平方米，能同时接待100名左右的青少年参观。中心除用于接待青少年参观团队外，还接待跟随亲人参观的零散青少年观众。中心至今已举办了一系列活动，如2008年配合"天朝衣冠——故宫博物院藏清代宫廷服饰精品展"的宣传，举办了11场"霓裳彩绘——自己动手画龙袍"活动。故宫博物院员工子女、服装学院学生、驻华使馆及外企员工子女等约400人参与了该项活动。

第三，举办"故宫知识课堂"活动。该活动从2005年开始，时间主要安排在学生放寒假期间。活动内容包括：在报告厅举办故宫知识讲座；去珍宝、钟表两大专馆参观、听讲解，看钟表演示；开放爱国主义教育基地教室，供学生们参观学习。据统计，活动共接待学生及家长67100余人。

第四，在北京高校举办"永远的故宫"系列讲座。此项活动从2006年开始，由故宫与北京各大高校联合主办，先后有25位故宫专家在北京大学、清华大学、中国人民大学、北京师范大学等13所高校讲了34场，有5000余名学生聆听讲座。内容包括博物馆研究与比较、明清古建筑、清代宫廷生活、文物珍赏等各个方面，通过专家学者深入浅出的讲授，加上电子演示文稿（PPT）的辅助，使学科建设、历史、博物馆研究、建筑、文物等方面原本学术性极强的内容，易于为学生所接受，从而在学术普及的同时，扩大了故宫学的传播，增强了学生对故宫内涵的认识。

第五，举办"紫禁城图片展"进校园活动。制作了48张大型图片，通过故宫的精美文物和古建筑，简洁而又系统地介绍了故宫与故宫博物院。自2007年开始，先后在中央民族大学民族学与社会学学院、北京大学考古文博学院、北京财贸职业学院、国防大学、教育学院、中国政法大学、中国石油大学以及中国化工大学等展出。专程参观人数约5万人。

第六，重视对中国港澳地区部分大学学生和美国耶鲁大学学生来院实习的安排。自2005年开始，我院每年暑期均接收来自中国香港、澳门地区和美国耶鲁大学的实习生来院进行实习活动。截至今年，共有75名学生来院，其中，中国香港和澳门地区的大学生56名，美国耶鲁大学学生19名。他们分别在院办公室、宣教部、图书馆、紫禁城出版社、研究室、古书画部、资料信息中心、文保科技部、保卫处等部门实习，内容包括中英文翻译和校对、开放路线内的问卷调查、书画临摹、文献资料录入、宣传教育活动、问讯岗亭咨询服务等。为了增强实习生对故宫博物院和中国历史、文化的了解，我们还为他们安排了丰富多彩的活动，如院内开放路线的深度参观和未开放区域的特殊参观与讲解，观看"数字故宫"影片，参观在京其他博物馆和文化单位，感受京剧魅力，前往清东陵、清西陵、承德避暑山庄、山海关长城、五台山、灵山、呼和浩特等地参观学习等等，加强沟通和交流。这些都起到了良好的作用。2006年4月21日，胡锦涛主席在耶鲁大学的演讲中还专门提到这些在故宫实习的耶鲁学生。

对青少年的教育是博物馆的永远的任务，我们决心遵照长春同志的指示，加强探索，继续努力，不断取得新的成绩。

（原载《中国文物报》，2010年7月11日）

人间毕竟晴方好

故宫南迁文物中的1/4运往台湾，到今年已整整60载；从1965年于台北外双溪成立台北故宫博物院，两岸两个故宫博物院也并存了44年。沧桑一甲子，忾别的文物为一泓海水阻隔而未能再聚首，两个博物院之间也甚少来往，形同陌路。

"物无不变，变无不通"。2009年，这一局面终于得到改变。2月中旬，台北故宫博物院周功鑫院长率团来北京故宫访问，开始了"破冰"之旅，就两岸故宫博物院交流达成多项共识，举世瞩目；3月初，我率团回访台北故宫博物院，深入并细化了共识，成果颇丰。两个故宫博物院开始迈出切实的交流合作的步伐。

两岸故宫博物院交流是个大事件，而其中的缘起则与雍正皇帝有关。今年10月，台北故宫博物院拟举办"为君难：雍正时代文物特展"，这是一个精心策划的大展。"为君难"是雍正皇帝的一颗玉玺，以此为主题，主要反映雍正皇帝作为一个君主，在强化君权上，其维系父子与兄弟以及整顿吏治间内心的矛盾感情。这颗玉玺存藏于北京故宫博物院。另外，清代皇帝的行乐图，雍正皇帝的最多，也最有特色，达110多幅。画册中的他装扮成各种模样，包括在书房读书的文士、乘槎升仙的道士、身披袈裟的僧人、身着西洋服饰头戴假发的猎人等，从中不仅可窥见他隐秘而丰富的内心世界，对于在清宫中服务的西洋传教士以及中西绘画的结合等，都有研究的价值。这些也藏在北京故宫博物院。台北故宫博物院策展人认为，如能向北京故宫博物院商借若干展件，当可使此展更臻完善。

台北故宫博物院的这一意愿当即得到北京故宫博物院的积极回应，于是你来我往，商谈更为深入，决定交流的范围也越发广泛，开创了两岸故宫博物院交流的崭新局面。

两岸故宫博物院交流，虽发轫于雍正展，但有着必然性，这个必然性，就是两岸故宫博物院的同根同源。

这个根源，首先是文物藏品都主要来自清宫旧藏。北京故宫博物院藏品150万件，85%为清宫旧藏或遗存。台北故宫博物院现有文物65万件，其中故宫南迁文物59.7万件，原中央博物院筹备处文物1.1万件，这两项占到现有文物总数的92%。原中央博物院筹备处的文物来自古物陈列所的南迁文物，而古物陈列所的文物又是民国初年从热河行宫及沈阳故宫运来的，因此也是宫廷文物。

两岸故宫博物院文物藏品不仅都很丰富，也有特点，而且又有很强的互补性。例如有关雍正时期的文物，两院就都有不少，北京故宫博物院除去雍正皇帝的《雍正帝行乐图》外，据不完全统计，尚有雍正朝瓷器文物31521件，其中不少相当珍贵；有雍正帝的名号印、斋堂印、记事及成语印等160余方；有明确纪年的雍正武备文物5件；有雍正朝家具20余件、织绣藏品900余件，雍正帝的服装保存完好，有的还系有黄条，墨书"世宗"，表明为雍正帝的御用服装，等等。很显然，把两岸故宫博物院所藏雍正时期的文物一起来看，才会对雍正时期的宫廷文化及雍正皇帝有较为全面的认识。

两岸故宫博物院的根源，还在于作为博物院，它们有一段共同的历史。当年随部分南迁文物运台的人员，都是故宫南迁文物的维护管理人员，有的是从清室善后委员会点查清宫物品时就投入工作的，例如庄尚严、那志良等先生。从1925年10月10日故宫博物院成立到1933年文物南迁，故宫在文物刊布、陈列展览、档案整理、宫殿维修等方面，都取得了重要成绩，在社会上产生了重大影响。1933年文物南迁到上海，后来保存在南京，1937年11月开始西迁，文物转移储存，直至1947年6月全部东归南京，故宫这批文物经过了10余年的分散保管时期，经历了难以想象的种种困难和艰辛，而文物没有较大的损伤，创造了第二次世界大战时期人类保存文化遗产的奇迹。从1925年至1948年的24年，是两个故宫博物院共同的历史时期。这24年的不平凡岁月，形成了热爱故宫、珍护国宝、严谨认真、无私奉献的故宫精神，并在严格管理、学术公开、社会参与等方面有很好的做法和传统，是重要的遗产。这些精神遗产在两岸故宫博物院的事业发展中是需要继承和弘扬的。

故宫的这些特点决定了两个博物院有着割不断的密切关系。两院在主要类别文物藏品的研究上，都不能不了解对方的藏品及研究状况，这就需要交流；要在某些方面取得更大成果，则离不开合作；而交流与合作的范围，是可以不断扩大、不断深入的。当然，这也取决于人们的认识。即使不借北京故宫博物院的37件文物，台北故宫博物院照样可以办一个像样的雍正展览，但是有了北京故宫博物院这些文物的参与，台北故宫博物院的展览显然会办得更好，影响会更大。反过来，对于北京故宫博物院也是如此。认识到两个故宫博物院的特殊关系，从把事情做得更好的要求着眼，加强交流与合作，无疑是两个博物院新的发展契机。

两岸故宫博物院合作交流，最终形成了8项共识，这是可喜的成果，但亦非易事。首先要求的是诚意，是否真的想开展两个故宫博物院的交流。现在双方都是真心实意，有一个务实的态度，并发挥大家的智慧，克服困难，提出一个个具体可行的措施，从而达到互利双赢的目的。

共识的特点，多是从个案入手，形成在某个方面合作交流的意向，并建立有利于实行的机制。这样，由雍正展发展为建立展览交流机制，由《龙藏经》出版发展为建立使用文物影像互惠机制，由雍正展学术研讨会发展为建立学术研讨会交流机制，此外还有落实双方合作机制、建立两院人员互访机制以及出版品互赠机制等。

今年3月1日至4日，我率北京故宫博物院代表团访问台北故宫博物院，住圆山饭店。从1日到3日，台北或阴或雨，在我离开的那一天，却忽然放晴，艳阳高照，我凑了一首小诗，表达当时的心情：

草自青青花自妍，
别离喜见艳阳天。
人间毕竟晴方好，
放眼圆山云水宽。

"人间毕竟晴方好"，我想这不仅是我个人的感受，恐怕也是人们的普遍意愿。

（原载《中国文物报》，2009年10月2日）

文化血脉的交融

　　故宫只有一个，故宫博物院却有两个。海峡两岸两个故宫博物院在国际上都享有盛名，但相互之间却如同陌路，长期没有正式的来往。

　　2002年我担任北京故宫博物院院长，这一年年底首次赴台，去了台北故宫博物院，会见了时任院长杜正胜，台湾《中国时报》在头版头条以《当故宫遇见故宫　两岸历史性一刻》为题做了报道，并刊登了我在台北故宫博物院观看文物的多张照片。我与《中国时报》总经理的对话——《故宫虽分两地　国宝全民族共享》，也在台湾引起很大反响。2004年，台北故宫博物院继任院长石守谦与我互通信函，他曾派人来北京故宫博物院，就两岸故宫博物院交流问题进行协商，北京故宫博物院也曾草拟了合作交流的"备忘录"，但因多种原因，正式交往的关系仍未建立。

　　其实这是迟早要发生的事。机遇终于来了。2009年初春，暌违一个甲子的两个故宫博物院终于打破坚冰，正式迈开交流合作的步伐。始于台北故宫博物院举办"为君难：雍正时代文物特展"向北京故宫借展。紧接着两岸故宫博物院院长互相访问，达成8项合作交流共识。其特点是：双方都拥有真诚合作的愿望，从彼此可以接受的情况出发，达成共识；从具体事项入手，制定某个方面的互惠机制；从展览交流开始，扩大到信息与教育推广交流、文化创意产品交流等博物馆建设的多个方面，以及学术研讨会交流机制与科研人员互访机制的确立，等等。近4年来，这种交流合作在逐步发展，不断深入，也日益走向规范化。

许多历史似乎都是由偶然性构成的，其实必然性才是巨大的推动力。两岸故宫博物院是割不断的，因为其藏品都主要来自清宫，有很强的互补性，既各有千秋，又不可能孤立存在；不了解故宫，不了解对方的藏品与研究状况，对自己藏品的研究，对自身博物院建设，势必造成很大影响。这是两岸故宫博物院交往的重要动力。但更深入地看，两岸故宫博物院文物藏品的这种联系，其实质是中华文化精神的联系，是两岸同胞的普遍心声。两岸故宫博物院的交流，就是中华文化血脉的交融。

两个故宫博物院的形成，与当年抗日战争时期的文物南迁有关。台北故宫博物院收藏着约1/4的南迁文物。故宫文物南迁是故宫博物院早期院史中的一件大事，也是中华民族在伟大的抗日战争中的一个壮举。这些承载着中华文化血脉、倾注着中华民族感情的故宫文物，在民族危难时刻，与中国人民共同经历了血与火的洗礼，也被赋予了特殊的意义。两个故宫博物院秉承故宫的精神，都在继续弘扬着中华文化。2010年6月，北京故宫博物院的16位人员和台北故宫博物院10位人员参加，开展了长达半个月的"温故知新：重走故宫文物南迁路"考察活动，先后考察了4省8市，探寻了37个重要的故宫文物存放地点，寻找了当年部分运输路线，串联起一条忆旧思今的携手重走之路。早期故宫博物院院史是两岸故宫博物院的根，是共同走过的路，也是共同的财富，对故宫博物院今后的发展有着重要意义。两岸故宫博物院都感到需要认真研究早期院史，还互相交换有关档案资料，并且做出研究的规划。

这3年间，我曾4次赴台交流，其中有许多事，看起来很小，但都使我感动，受到启发和激励。有一次我去台湾政治大学演讲，比约定时间早到了半小时，我刚说"到早了"，接待我的学院院长则说：

"不早不早,已晚了60年!"台北故宫博物院一位吴先生请我为他孙子起名,我选了《周易》中的"大有",对他说,您的孙子出生在两岸故宫博物院交流的好日子,用"大有"做名字,既有纪念意义,更是期望两岸故宫博物院交流继续推进、大有成果,他高兴地接受了。我写的《天府永藏——两岸故宫博物院文物藏品概述》《故宫与故宫学》先后在台湾出版,引起相当反响,台湾清华大学从2009年秋季开始设立"故宫学概论"课程,教材即以我的这两本书为基础。去年11月访台,我先后去了当年迁台文物所到过的基隆港及长期存放地台中市雾峰乡北沟村,陪同的台北故宫博物院同人还专门请来台中市文化局局长,商议北沟旧址的保护问题。对于迁台文物存放地的保护,我也与台北故宫博物院负责人探讨过,都认为值得保护。

两岸故宫博物院交流也为国际社会所瞩目。美国汉学家沈大伟在其所著《中国皇家收藏传奇》中说,国宝长久地分割象征着国家的长期分离,而大量国宝滞留台湾,收存于一个仍然叫作故宫博物院的机构,那就意味着台湾和大陆、和中国的过去联系在一起,它无形中成了一条重要的纽带。我刚收到的日本朝日新闻国际部副部长野岛刚的《两个故宫的离合——历史翻弄下两岸故宫的命运》新作,则以一个外国人的视角,对两岸故宫博物院近年交往的过程做了详细的记述。人们都看到,两岸故宫博物院交流蕴含着深刻的意义,随着时间推移,其意义将会更加彰显。

(原载《光明日报》,2012年9月27日)

两岸故宫一脉相承

2月14日，台北故宫博物院院长周功鑫将率团来北京故宫博物院访问，我也将于3月份访问台北故宫博物院。两岸故宫博物院交流，在牛年的春天出现了新气象。

两岸故宫博物院长时期以来，一直没有正式的交往；两个故宫博物院的藏品，至今仍没有到对方办展览，或者合作办展览。两岸故宫博物院的文物藏品来源是一样的，由于历史的原因"分居"两地，但彼此之间的联系其实是割不断的，也是无法割裂的，这里我要特别说的是这几年对于两岸故宫博物院的合作交流，不光是中国人——大陆（内地）的、台港澳地区的同胞积极关心，还包括国外的朋友，例如日本的平山郁夫先生也非常热心。之前许多人的努力看似没有结果，但事实上还是起着积极的促进作用。对此，我很是感谢。

如今，两岸故宫博物院的交流即将变成现实，这是一个难得的突破。

一位名叫沈大伟的美国汉学家写过一本专门探讨两岸故宫博物院的书——《中国皇家收藏传奇》。他认为，中国国宝分别被收藏在北京的故宫博物院和台北的故宫博物院已达半个多世纪，国宝长久地分割象征着国家的长期分离。既然大量国宝滞留台湾，收存于一个仍然叫作故宫博物院的机构，那就意味着台湾和大陆、和中国的过去是联系在一起的，它无形中成了一条重要的纽带。作者的这个认识是深刻的。

两岸故宫文物的关联性也决定了大家合作办展览是大势所趋。我们一直期待着台北的文物能过来,我们的能过去。一些法律问题和具体问题都可以通过协商解决。台北故宫博物院将在今年秋天办雍正展,他们期待届时北京故宫博物院的相关文物能到台北展览,对此我们抱着积极的态度,不只是文物到台北,而且建议以两岸故宫博物院的名义合作办展览。

当前,北京故宫博物院与香港中华书局合作,正在编写约10卷2500万字的《故宫百科全书》,但是尚没有台北故宫博物院藏品的内容。没有这部分,"全书"就不算全。两岸故宫博物院交流合作,不只是办展览,共同进行故宫学研究也是一项重要内容。

故宫博物院虽然有两个,但故宫只有一个。故宫是中华传统文化的一个代表符号,对两岸同胞的民族认同感意义重大。故宫及其藏品,是中华民族文化的根;它的建筑,它的文物珍品,是中华民族历史文化的结晶;同时它又有象征意义,就像埃及有金字塔、希腊有雅典神庙。

两岸的交流中,文化交流十分重要,故宫博物院的交流又具有标志性意义,它将为两岸更深层次的文化交流带来令人憧憬的浓浓春意……

（原载《人民日报》，2009年2月12日）

两岸故宫的拥抱

20世纪30年代，为躲避日本侵略者的战火，故宫博物院的大批文物迁移到南方，颠沛流离十多年。1949年，其中一部分文物被国民党政权转运到台湾，又于台北成立了故宫博物院。过了整整60年，今年2月中旬，台北故宫博物院院长周功鑫一行来北京故宫博物院访问，商谈交流合作事项，我们在多个方面达成了共识，取得了重要成果，一时成为海内外关注的热门话题。

两个故宫博物院的交流，之所以引起如此巨大的反响，是因为它有着重要的意义，这个意义可从三个层面来认识。

首先，从两个博物院来说，加强交流合作是双方事业发展的需要。两个博物院同根同源。从文物藏品讲，台北故宫博物院92％是清宫旧藏，北京故宫博物院85％是清宫旧藏，两院有着很强的互补性。再从院史上看，两岸故宫博物院都是1925年成立的故宫博物院的延续，都继承着长期形成的故宫精神，甚至都秉持着文物管理上早期形成的一些理念。因此，两个博物院有一种天然的联系，历史形成的阻隔只能是暂时的。例如，两个故宫博物院的研究人员，要研究本院的陶瓷、书法、绘画、铜器、宫廷文物等，如果不了解对方的同类藏品，如果不与宫古建筑结合起来，不与宫廷历史文化结合起来，那就很难深入，很难做好。这次两院所达成的合作意向，包括最大优惠相互提供影像资料用于科研、出版，建立学术人员互访的长期机制，通过互联网实现资源共享等，以及条件成熟时合作举办展览、合开研讨会等，都是从两院的实际出发的，随着这些合作意向的逐步实现，两院的事业无疑会有更大的发展，故宫学研究也会有深入的推进。

其次，两个故宫博物院的交流与合作，是两岸同胞的福祉。国宝长久分隔，故宫的完整性受到影响，又由于长期以来两岸的对立，人们难以全面了解故宫的珍藏。两个故宫博物院的交流与合作，可以向两岸同胞共同展示故宫的全貌，使人们充分认识中华文明的光辉灿烂、一脉相承与源远流长，这也是民众的文化权利。特别是故宫及其文物藏品已成为中华民族文化的重要象征，正如有的论者所说，此次故宫对故宫的交流，非为清代皇家私藏的圆满团聚，而是海峡两岸民众以故宫为起点去拥抱共同的文化、共同的历史。两个故宫博物院的交流与合作，是两岸文化交流中的标志性事件，对于弘扬传统文化、增进同胞情感有着重要的作用。因此，两岸故宫博物院的交流，是中华民族的幸事。

最后，两个故宫博物院的交流与合作，对于在世界上弘扬中华文明亦有积极意义。作为世界文化遗产，故宫及其藏品的价值不仅属于中国人民，也属于世界人民。世界各地越来越多的人，不断地从伟大的紫禁城中，从两院珍贵丰富的藏品中，从来自故宫的所有信息中，受到历史的启迪，汲取创造新生活的智慧和力量。现在两岸故宫博物院的携手合作，不仅可使世界人民更深入、更全面地认识中华文明的丰富博大，而且这种交流、合作体现了中华文化中那种刚健、坚韧、包容、和合等精神内涵，显示着中华文化的旺盛生命力。

两岸同胞对两个故宫博物院的交流寄予了厚望与期待。路要一步一步地走。要有务实的态度，以我们民族的智慧和力量，不断地克服困难，排除阻力，向着既定的方向走下去。

[原载《人民日报》（海外版），2009年3月5日]

重走故宫文物南迁路

今年是紫禁城肇建590周年，是故宫博物院成立85周年，也是中国人民抗日战争胜利65周年。在这具有特殊纪念意义的日子，北京故宫博物院与台北故宫博物院合办"温故知新：重走故宫文物南迁路"的活动。

在抗日战争中，为了避免日寇的劫掠、战火的毁损，故宫博物院的13000箱文物精品从1933年迁存于上海、南京，1937年11月又疏散于西南后方，至1947年6月全部东归南京，在后方整整过了10年，辗转颠沛，备尝艰辛，在社会各界积极支持下，基本完整地保护了这批中华文明的无价瑰宝。

文化遗产是一个国家与民族文明的积淀和载体，也是人类文明的成果。在第二次世界大战中，反对法西斯侵略的各国都为保护本国的文化遗产做了极大的努力。故宫文物保护的艰难及成就，是第二次世界大战中保护人类文化遗产的壮举和奇迹，是中国人民的伟大贡献。

故宫文物南迁使故宫文物与中华民族的命运联系在一起，与民族独立、民族尊严联系在一起，也为这些珍贵的皇家收藏赋予了不同寻常的意义。保护国宝的精神，今天也正在成为中华民族的精神财富。

故宫文物南迁的漫长岁月，培育和形成了勇于奉献、认真负责的故宫精神，这是故宫宝贵的精神财富。

正因为有了文物南迁，才有了今天海峡两岸两个故宫博物院的局面。两个故宫博物院同根同源，不仅在藏品方面互为补充、相互辉映，共同构成中国皇家收藏的完整一体，而且共同拥有一段24年的历史，尤其是文物南迁，既造就了"一宫两院"的独特格局，又构成了它们血脉相连的纽带。

两岸故宫博物院，在弘扬中华文化、增强中华民族凝聚力等方面发挥着独特作用，承担着保护文化遗产，承传中华文明，推进学术研究，开展文化交流的历史使命。因此，文物南迁不仅是故宫人的一段珍贵记忆，还是两岸故宫博物院同根同源、血脉相连的见证，应当深入研究。

"温故而知新，可以为师矣。"这次两岸故宫博物院以"重走"的方式回顾这段不寻常的历史，追寻先辈足迹，让个人记忆变成集体记忆、民族记忆，不仅能够加深认识文物南迁的精神和意义，也必将进一步增加两岸故宫博物院的相互了解，继续推进交流与合作。

（2010年6月3日在"'温故知新：重走故宫文物南迁路'
启动仪式"上的讲话）

第二编

故宫作为世界文化遗产和中华文明的重要载体,它的保护一直受到国内外、社会各界人士的密切关注。故宫的维修是保护古建筑、使其延年益寿的一项经常性的任务。

百年来最大规模的故宫维修,不仅使故宫恢复庄严、肃穆、辉煌的历史面貌,而且是中国古代建筑营造技艺的一次大力传承,维修的实践与探索也丰富了国际文化遗产保护的理论。

紫禁城记

紫禁城作为皇宫，自1420年明成祖建成入住，至1924年清逊帝溥仪出宫，虽然仅有500余年，但经过了明、清易代，封建、共和递嬗，赤马红羊，内忧外患，堪称历尽沧桑。紫禁城作为博物院，自1925年成立至今年为止，虽然仅有80年，但也经过了说不尽的坎坷曲折，数不清的雪雨风霜。所幸建筑保存依然完好，文物和文献庋藏仍极宏富，作为著名世界文化遗产，一直受到国内外高度重视。

紫禁城是世界现存规模最大、保存最完整的古宫殿建筑群。作为明、清中央集权和封建专制的象征，其建筑既继承了前代宫城旧规，又开创了本朝皇家新制。前朝后寝，左祖右社，阴阳燮理，天人感应。其中，前朝以太和、中和、保和三殿为中心，文华、武英二殿为两翼，雕栏玉砌，金碧辉煌，主要为君臣处理军国机要重地。"云移雉尾开宫扇，日绕龙鳞识圣颜"（杜甫《秋兴》之五），备极庄严肃穆。后寝以乾清宫、交泰殿、坤宁宫三宫为中心，东、西六宫及奉先、养心诸殿为两翼，小桥流水，庭园深沉，主要为皇帝与后妃宴乐栖息场所。"云鬓花颜金步摇，芙蓉帐暖度春宵"（白居易《长恨歌》），备极安详宁谧。这些最能反映当时的国、家概念。整个紫禁城的建筑，布局流畅，气势恢宏，堪称世界建筑史上的奇迹。

以紫禁城为依托的故宫博物院，是中国现存艺术珍品数量最多、门类最齐全的博物馆。作为明、清两朝的皇家博物馆，其收藏本就集历代文物之珍品，汇寰宇艺术之英华，加上近几十年的不断征调捐购，使数量更为增加，门类更为系统和完整。上自原始社会，下至清代及近世，历朝历代，均有珍品，从未中断。原始彩陶、碧玉姑且不论，商彝周鼎、秦塑汉俑、魏碑晋帖、隋颂唐卷，可谓应有尽有。自此以还，法书名画、青瓷玄漆、竹木牙骨雕刻、金银铜锡器皿，以及各类服饰、衣料和家具等，数量更为繁多。西方流入的科技文物，外国进贡的工艺珍品，数量亦有不少。整个紫禁城的文物收藏，珠璧交辉，琳琅满目，堪称中华物质文明的见证。

紫禁城是中国现存档案最多、品种最复杂的文化典籍宝库。作为明清两朝的皇家图书馆、档案馆，其贮庋本就集历代文献之善本，汇寰宇典籍之精髓。文渊阁的《四库全书》、昭仁殿的《天禄琳琅》、养心殿的《宛委别藏》，以及武英殿的聚珍版图书等，曾经遐迩蜚声，远近驰名。这些大型丛书，虽因抗战南迁，最终转存台北故宫博物院，但还有被称为近代文化史四大发现之一的大内档案，汉、满、蒙古、藏各种文字俱全，尚未得到充分利用。此外，还有甲骨钟鼎文字、历代碑刻拓片、敦煌吐鲁番文献、明清善本和名家尺牍，以及专供御览的各种抄本等。整个紫禁城的文献贮庋，深如幽谷，浩如烟海，堪称中华精神文明的见证。

紫禁城迎来了建院80周年大庆。我们将紫禁城所存建筑及庋藏的文物珍品、文献典籍，经过精选分别印为图册，不仅以资纪念，亦欲让国内外的老朋友进一步了解紫禁城，与我们共同分享此时此刻的喜悦。青山不老，绿水长流，今人如何对旧有的文明进行叙述，其实也影响着未来。

（《紫禁内外》，紫禁城出版社，2008年）

紫禁城的学问

　　"焕五彩之辉煌，壮九重之严密"。这是明永乐初，文渊阁大学士金幼孜在其长达990字的《皇都大一统赋》中对新建北京宫殿较为贴切的赞语。建成585周年的今天，这座"彤庭玉砌，璧槛华廊"的紫禁城宫殿依然屹立在现代琼楼玉宇的丛林之中，以其和谐、壮丽的本色，与人们共度着当代的中华盛世。

　　紫禁城宫殿建成以来，经明清两代王朝使用，先后有24位皇帝在此登极执政，统治中国达491年之久。1911年辛亥革命胜利，清帝宣布退位，根据当时国民政府对清皇室的优待条件，逊帝溥仪暂居紫禁城后部的"内廷"；前半部的"外朝"部分，于1914年成立了古物陈列所。1924年冯玉祥发动"北京政变"后，将溥仪逐出宫禁，同时成立了"清室善后委员会"，紫禁城改称"故宫"。后又制定并通过了《故宫博物院临时组织大纲》，设临时董事会，负责"议决董事会及各馆提出之重要事项"。1925年10月10日，故宫博物院宣布成立。建院80年来，经历了国内军阀混战、抗日战争、解放战争、中华人民共和国成立等重大历史事件，许多志士仁人为保护中华民族这一文化艺术瑰宝做出了杰出的贡献，故宫也为我国培养了大批文物、古建筑、历史、科学保护、管理等方面的专家和学者。

　　1987年12月，故宫成为中国首批列入《世界遗产名录》的文化遗产。当时，世界遗产委员会给故宫的评价是："紫禁城是中国5个多世纪以来的最高权力中心，它以园林景观和容纳了家具及工艺品的9000多个房间的庞大建筑群，成为明清时代中国文明无价的历史见证。"故宫的文化遗产价值主要体现在以下三个方面：第一，无与伦比的古代建筑杰作。故宫的宫殿建筑，不仅是中国历代帝王宫殿建筑的集大成者，也是世界上现存规模最大、保存最完整的皇宫建筑群。宫殿沿着一条南北向的中轴线排列，左右对称，南达永定门，北到鼓楼、钟楼，贯穿整个紫禁城。规划严整，气魄宏伟，极为壮观。无论平面布局、立体效果，还是形式上的雄伟、堂皇、庄严、和谐，都属无与伦比的杰作。第二，珍稀文物的宝库。故宫博物院是中国收藏文物最为丰富的博物馆，有100多万件古代文化艺术珍品，占全国文物系统馆藏文物的1/10，也是世界著名的古代文化艺术博物馆。第三，丰富的非物质文化遗产，促进世界文化交流的载体。从建院初，故宫博物院就为国际文化界所瞩目。20世纪三四十年代就先后在英国的伦敦和苏联的莫斯科、列宁格勒举办过展览。50年代又在匈牙利、捷克斯洛伐克、波兰、罗马尼亚、德意志民主共和国等东欧国家展览。80年代以来，先后赴欧、亚、美、大洋、非五大洲几十个国家和地区，举办各种展览百余次，宣传了中国灿烂的古代文化和艺术传统，促进了与世界各国的文化交流。故宫近年观众达到七八百万人次，在世界博物馆中名列前茅，其中1/6来自海外。

对于紫禁城的介绍，从明清以来即有一些有关的著述。对明代故宫进行全面记述的著作，首推明末进士、曾任刑科都给事中并任过两地知县的孙承泽所著的《春明梦余录》。全书70卷约97万字，其中有58卷是有关宫阙、坛庙、中央官署的，共85万字，约占总字数的88%，其余各卷亦与明宫有一定干系。他在清顺治年间完成的另一部相似而不同的著作《天府广记》，比《春明梦余录》所记内容更丰富，而且文字更简练。清早期入值南书房的文学大家朱彝尊在为《天府广记》所作的序文中说："北海孙退谷（即孙承泽）先生博学鸿览，多识轶事。初著《春明梦余录》，历载先代典制景物，刊行传世，几使洛阳纸贵。复有《天府广记》，搜采广罗，文献彰著，洵为艺林之大乘，考核家借此以为据信也。"前一部被《四库全书》列入子部杂家类，后一部则列入史部地理类，实际上这两部书均可称为北京志和明宫志的先河。明末太监刘若愚受诬陷被囚禁期间所写的《酌中志》，也是记载紫禁城事物较多的一本书。刘若愚以自己在宫内多年所耳闻目睹的有关皇帝、后妃及内侍的日常生活、宫中规制、内臣执掌以及饮食、服饰等，详细记述了由明代万历至崇祯初年的宫廷事迹，翔实可信。

清康熙初年，朱彝尊编《日下旧闻》，参考前人旧籍1600余种，是研究北京及紫禁城的有价值的一部书。《日下旧闻》成书将近百年时，北京城池、宫殿，尤其是皇家苑囿已有很大变化，乾隆皇帝便命臣下编《日下旧闻考》，与《日下旧闻》相比，内容、篇幅大大增加了。其中有20卷的"国朝宫室"、12卷的"官署"，对紫禁城的记述更为丰富。而"京城总纪""皇城""国朝苑囿"等部分，也有助于对紫禁城的全面了解。由清廷编辑的《国朝宫史》《国朝宫史续编》，是反映宫廷典章制度及宫廷历史文化的重要著述，其中"宫殿"记载宫殿苑囿的建置、沿革，并穿插有文辞精练的景物描绘和御制诗；"书籍"一门，将康、雍、乾时期官修的重要书籍的篇名、编书缘起、内容梗概和御制序文集中在一起，篇幅几乎占到全书的1/4。只是这两部书长期藏在宫廷，在清代向无刻本，20世纪二三十年代才分别印行。此外，《明实录》《明会典》详细记录了明代宫廷史实；《清实录》、《清会典》以及《清会典事例》、《大清会典则例》等，记载了明清两代典章制度的延续与变化、清代帝王的政治活动以及起居生活的方方面面，都成为后人研究紫禁城的珍贵资料和依据。

故宫博物院成立以来的80年，介绍故宫、研究故宫的书刊大量出版。从1925年到1948年，故宫出版了各种书刊500多种，其中各类文物图册395种（其中晋、唐、宋、元至明、清书画真迹占89%），期刊类8种，史料、书目等119种。影响最大的期刊是《故宫月刊》、

《故宫周刊》和《史料旬刊》，至今为业内人传诵。故宫博物院章乃炜等编写的《清宫述闻》《清宫述闻续编》，80余万字，书中所收材料主要选自清宫档案及文献，并以多种其他资料为佐证，是研究清代历史、宫史、人物、制度、建筑、宫中习俗、帝后生活的一部重要参考书。

随着我国改革开放的步伐进一步加快，对故宫的研究和宣传也提升到一个新的水平。20世纪80年代中期出版的3册大型文物图册《紫禁城宫殿》《国宝》《清代宫廷生活》，以图文并茂的形式向国内外展示了故宫的三个主要领域。连过去研究相对较单薄的古建筑、宫廷史两个领域，都出现了初步的繁荣。1990年，第一部以宫廷史为主题的《清代宫廷史》出版，其后出版的100万字的《故宫辞典》也能大略地反映故宫各方面的文化内涵。2005年，按照北京市地方志编纂委员会的要求，故宫博物院又从世界文化遗产的角度，编写出版了近百万字的《故宫志》。

段勇同志撰写的《明清皇宫紫禁城》，在近年来介绍故宫的书籍中具有明显的特点。有了大量从不同方面研究故宫的著述，既为该书提供了很好的基础，也带来了新的挑战。在十来万字的篇幅里，既要有基本知识的介绍，又要有一定的学术含量；既要使普通读者有兴趣，又要让专家学者感到有分量，这确实是不容易的。我看了书稿后，感到作者是下了功夫的。

第一，内容比较充实，资料比较丰富。本书比较广泛地参阅了前人和今人著述，吸收了紫禁城研究的一些最新成果，内容上以紫禁城建筑为中心，涉及与之有关的历史、文化、人物、事件、藏品、典籍等等，使读者对明清皇宫紫禁城能有一个全景式的、纵深的了解。

第二，有自己的创见，能发前人之所未发。紫禁城中包含和体现了我国丰富的传统哲学思想，这已是公认的事实。作者在这方面提出了一些新的研究发现，如：紫禁城前朝平面呈凸字形，后宫平面呈倒凹字形，这从整体规划设计上体现了前朝为阳、后宫为阴的传统思想；紫禁城前朝的汉白玉三台与古代文献中象征天界结构的"昆仑之山三级"有关。

第三，建筑与历史结合，相得益彰。正如作者所说，"一座紫禁城，半部明清史"。明清两朝近500年间，中华大地风云激荡，皇宫帝阙云谲波诡，改朝换代金戈铁马，这些都在紫禁城中留下了斑斑痕迹。尤其是明宫诸案、清宫诸谜，更是脍炙人口，引人探寻深藏在紫禁城内的历史真相。从建筑说历史，历史不再遥远；从历史看建筑，建筑不再沉默。

第四，正史资料和野史传说兼用互补。野史传说常为当代学者所轻视，其实过去的研究已经证明，有的野史恰能弥补正史的一些缺失；即使纯属传说，往往也如作者所言，"在一定程度上反映了当时历史背景下的真实社会心态"，同样具有一定的研究价值。

第五，注重追根溯源，反映文化传承。明清两朝继承和发展了我国先秦至宋元的封建制度和文化，书中对明清皇宫众多制度和习俗的来源进行了追溯，使读者能在更深、更广的背景下来解读明清宫廷文化，也能更好地体会中华文化一脉相承的特点。

第六，兼顾明清两朝，保持内容平衡。紫禁城是明清两朝24帝的皇宫，由于明朝距今较远，资料较少，清朝去今未久，资料丰富，一般紫禁城的研究者大都重清朝而轻明朝。本书比较注重挖掘明朝紫禁城的史料，使分量相对平衡，内容更加全面。

第七，较好地兼顾了学术性和通俗性。本书既有一定的学术价值，可供研究者参考；又比较通俗化，适合普通读者阅读。全书立意较高，视角开阔，行文流畅，图文并茂，可读性较强。

正因为有这些特点，我认为这是一本好书，特向读者诸公推荐。

（《明清皇宫紫禁城》序言，三秦出版社，2006年）

紫禁城肇建 600 周年的思考

一

汉高祖刘邦夺取政权不久，萧何即主持修建了宏伟壮丽的未央宫，刘邦看了很生气，认为连年苦战，天下未定："是何治宫室过度也？"萧何回答说："天子以四海为家，非壮丽无以重威，且无令后世有以加也。"这番话使刘邦十分高兴。"非壮丽无以重威"，说明了皇宫的性质，显示了它在表现皇帝威权方面的重要作用。通过多年来对未央宫遗址的发掘，发现宫城面积竟达480多万平方米，被认为是中国最大的宫城，萧何确实做到了"无令后世有以加也"。

宫殿是皇权的象征。在古代西方，宗教一般占据统治地位，最伟大、最辉煌的建筑多是宗教建筑。而中国长期以来以儒治国，重伦理轻宗教，宫殿建筑作为表现统治者威权、尊严和财富的重要象征，作为他们发布政令的统治中心和豪华生活与奢侈享受的所在，它的建造自然就不惜耗费人力、物力，力求宏大壮丽。这些宫殿建筑，既代表那个时代的最高建筑成就，也更能说明当时社会的主导思想以及历史和传统。

明建文四年（1402年），燕王朱棣在历经3年的"靖难之役"后夺取了皇位，在南京称帝，改元永乐。永乐元年（1403年）改北平为北京。过了3年，即永乐四年（1406年），永乐皇帝朱棣下诏营建北

京宫殿，并开始为营建工程备料和进行规划。永乐十五年（1417年）
宫殿正式动工，永乐十八年（1420年）落成，永乐十八年十一月下诏
迁都北京，永乐十九年（1421年）正月宫殿正式启用。这是明朝营建
的第三座宫殿，也是中国封建社会末期最重要的宫殿。从1406年下诏
肇建，至今整整600周年，岁月悠悠，陵谷沧桑，但宫殿巍然，风神
依旧。在600年后的今天回思，当有不少启发。

二

明清两代是中国封建专制主义发展的高峰，也是封建典制最为
完善的时期。这个时候修建的紫禁城，虽然没有未央宫规模宏大，
但它却是中国历代宫殿建筑的集大成者。"天子至尊""国中立
宫"是紫禁城规划设计的指导思想，是皇权建筑语言最集中的体
现。《周礼·考工记》记述了周朝的王城规划制度，但这些制度在
秦、汉的都城及宫殿中没有明显的反映。明朝将紫禁城建在都城的
中心，四周按"左祖右社，面朝后市"布局，遂成为历史上最符合
这一记载的实例。五门三朝，九重天子，前朝后寝，六寝六宫，都
是附会古制而布局，体现了儒家理想和封建礼制。反映秩序和等级
的"礼"无所不在。它不只体现在总体布局上，也制约和影响着
单体建筑，并且通过体量、形式甚至色彩和装饰等的差别而表现
出来。

阴阳五行是中国古代的一种世界观和宇宙观，深刻地影响了中国
人的思维方式，是源远流长的中华文明的一个重要思想内涵。这一传
统文化在故宫建筑中也得到运用，主要体现在方位的选定、环境的处
理以及建筑的装饰上。

中国历史上的王朝更替，前朝的宫殿往往被代之而起的统治者
所破坏，"烧宫殿、掠财宝"成了老例，繁华的都城与威严的皇宫瞬
间变成废墟，或者败落下去，"黍离麦秀"就成为感慨亡国之词。满
族作为一个少数民族，崛起于东北一隅，夺取了大明政权，并逐渐统

治了以汉族为主的整个中国，接受了汉文化，难能可贵的是他们没有毁坏明代宫殿，而是利用了现成的紫禁城。有清一代，紫禁城内虽有多次的重建、新建、改建，乾隆时期达到高潮，并且出现了满汉及南北建筑风格的交融，但紫禁城在明代形成的基本格局没有改变，并在继承明代宫殿建筑的基础上充实和发展，形成了今日紫禁城的规模和气概。

紫禁城还直接关系着北京城市的发展，赋予北京以深刻的文化内涵。明清北京城的布局是以故宫为中心，在元大都的基础上进一步完善的，鲜明地体现了中国古代社会以宫室为主体的城市规划思想。以故宫为中心的中轴线向南北延伸，长达7.5公里，成为北京最明显的标志，使城市布局更为稳定，也从形象上强化了"面南而王""唯我独尊"的帝王意识。北京现有全国重点文物保护单位60处，其中明清皇家宫殿、园林、陵墓、寺观等有关建筑物29处，占到近一半。中国的世界文化遗产及世界文化和自然双遗产共29处，其中故宫及颐和园、避暑山庄、天坛、明清皇家陵寝等皇家建筑就占近1/5。因此，故宫不仅是北京的中心，是历史文化名城北京的丰富内涵的核心，也是最有代表性的中华文化的象征物。

明永乐皇帝由南京迁都到北京，是下了极大的决心的，但反对的声浪一直很高。紫禁城落成不到一年，外朝三大殿即遭雷火焚毁，19年后才得以重建。其间，在位仅7个月的洪熙帝还决定将都城再迁回南京。虽历经曲折，但从永乐十九年（1421年）开始，北京就成了中国封建社会末期的政治中心。在漫长的491年中，有明清两代的24位皇帝在此居住与处理政务，紫禁城是主宰中国的核心。不管永乐皇帝当时迁都的动机如何，在600年后的今天看来，这个决定无疑是正确的，有着重要的战略意义，它有利于边疆的稳定，有利于政权的巩固。永乐皇帝当然也不会想到，他下令修建的这座宫殿日后会被列入《世界遗产名录》，他也成了这个伟大遗产的奠基人。

三

1911年的辛亥革命，宣告了长达2000多年的中国封建帝制的结束，紫禁城成了故宫。1925年10月10日，在紫禁城及丰富的清宫藏品的基础上成立了故宫博物院。戒备森严的神秘皇宫向公众开放，昔日为帝王私人所有并独享的文物珍宝供人们欣赏。这是一个翻天覆地的变化。80多年来，对于紫禁城的认识是不断深入的，对于它的历史文化内涵的发掘也是不断深入的，其间也有争议，但总的是向前迈进的。回顾起来，大致有四个时期。

第一个时期，1928年6月18日，"二次北伐"成功，南京政府统辖北平，国民政府特派易培基接收故宫博物院，故宫博物院终于摆脱了从1926年3月19日段祺瑞执政府下令通缉清室善后委员会委员长李煜瀛、首席委员易培基等，而使本院两年多来陷入艰难困苦的厄运。但是，正式接收故宫博物院不到一个星期，国民政府委员经亨颐就在国民政府的会议上提出"废除故宫博物院"的动议。经亨颐说，以清宫为故宫原是不错的，但"故"字有怀念的意思，"故宫"二字，不免使人有"禾黍离离"之感，是不应该的。他认为与其称为"故宫"不如称为"废宫"。对于皇宫物品，他认为，皇宫不过是天字第一号逆产，逆产就应当拍卖，因此故宫博物院应根本废除。经亨颐的言论很有代表性。在他看来，"革命"似乎是要摧毁一切旧有的东西，历史和现实、今天和昨天好像毫无关联。故宫博物院理事张继以大学院古物保管委员会主席名义，对经氏的观点给予了批驳，他说："一代文化，每有一代之背景，背景之遗留，除文字以外，皆寄于残余文物之中。大者至于建筑，小者至于陈设，虽一物之微，莫不足供后人研究之价值。"他又特别指出："明清两代，海航初兴，西化传来，东风不变，结五千年之旧史，开未来之新局，故其文化，实有世界价值。而所寄托者，除文字外，实结晶于故宫及其所藏品。"这个见解无疑是精当的。经过多方努力，故宫博物院最后保存下来了。

第二个时期，中华人民共和国成立，故宫博物院进入全面恢复和发展的时期。故宫的维修和保护工作得到党中央和人民政府的极大关注与积极支持。1949年5月12日，庆寿堂修缮工程开工，由天顺营造厂以80500元（旧币）承包，当年6月完工。这是人民政府接管故宫后第一个修缮工程。此后其他项目也陆续展开。故宫博物院制订了维缮计划，成立了专业维修队伍，同时加强环境整治和基础设施建设，故宫的整体风貌大为改观。1961年，故宫被国务院公布为第一批全国重点文物保护单位，它的文物价值进一步得到确认。总的来说，对故宫的保护还是相当重视的。但故宫是封建社会的皇宫，它与封建制度、封建帝王联系在一起，在"以阶级斗争为纲"思想的影响下，有人认为故宫"封建落后，地广物稀"，曾提出进行改造的方案。"文化大革命"初期，以反封建迷信的名义，拆除了城隍庙内泥塑神像11座、泥塑马1对。因展出《收租院》，奉先殿内清代祭祖所用焚帛炉因与展览内容不相符而被拆除。这些做法尽管不同，但实质仍是如何对待我国的历史和传统，是对故宫本身特殊文物价值的认识问题。

第三个时期，中共十一届三中全会以后，摒弃了"以阶级斗争为纲"的指导思想，一切从实际出发，改革开放，中国进入了一个令人鼓舞的新的历史发展时期，故宫博物院也恢复了生机与活力。1987年12月，故宫被列入《世界遗产名录》，使人们对故宫价值的认识有了一个突破。世界遗产委员会对故宫的总体评价是："紫禁城是中国5个多世纪以来的最高权力中心，它以园林景观和容纳了家具及工艺品的9000多个房间的庞大建筑群，成为明清时代中国文明无价的历史见证。"应运而生的中国紫禁城学会，在对故宫的研究、宣传上做出了积极的努力，产生了广泛的影响。建筑艺术既是一种物质生产，又是一种艺术创作，它不但直接体现着一定社会、时代的物质技术和政治、经济状况，而且凝聚着一定的阶级、民族、时代的心理情绪、精神风貌和审美理想，积淀着社会历史文化的记忆。人们认识到，故宫作为我国古代宫城发展史上现存的唯一实例和最高典范，作为世界上现存规模最大、保存最完整的古代宫殿建筑群，是民族文化的重要载体和历史缩影，是我国具有世界影响的、历史信息含量最丰富的重大文化遗产之一。故宫的精美藏品是"国宝"，故宫的古建筑更是"国宝"。故宫已成为中华民族历史文化的象征，就像金字塔之于古埃及、雅典卫城神庙之于古希腊一样。

第四个时期，对故宫价值更为深入的探求，对故宫文化的认识，以及故宫学的提出。故宫文化是以皇帝、皇宫、皇权为核心的帝王文化、皇家文化，或者说是宫廷文化。皇帝是历史的产物。在漫长的中国封建社会里，皇帝是国家的象征，是专制主义中央集权的核心。同样，以皇帝为核心的宫廷是国家的中心。文化人类学中有一个大传统与小传统的概念，主要研究一个文化中的上层主流文化和民间基层文化的关系。以此来看，故宫文化即帝王文化、皇家文化、宫廷文化，它不是局部的，也不是地方性的，无疑属于大传统，是上层的、主流的，属于中国传统文化中最冠冕堂皇的部分，但是它又和民间的传统，和中国文化中的工艺技术、国家观念、家庭观念、政治体制等有着千丝万缕的关系。故宫文化极其丰富，不仅包括紫禁城、皇家收藏，还有大量的明清档案、图书典籍等。故宫文化虽然相当丰富，涉及许多方面，但这些方面之间不是杂乱的、零碎的、毫无关联的，而是有着紧密的内在联系，是一个文化整体，可以从不同方面去研究，但不能割裂开来。

故宫学正是在把故宫作为一个文化整体的基础上提出来的，它是以故宫及其丰富的历史文化内涵为研究对象的一门学科。故宫学作为学术概念是2003年才提出来的，但是它的萌蘗则始自故宫博物院的成立，而后随着以故宫博物院为主体的研究队伍的不断扩大，研究成果的不断涌现，故宫学研究也在逐步发展。综观80多年的故宫学研究，经历了由自发到自省再到自觉这么一个过程。提出故宫学的目的，是为了加强对故宫的综合研究，努力发掘故宫及其藏品的深邃内涵。要深入地、全面地发掘故宫的价值，就需要整合研究资源；要统筹研究力量，提高研究水平，把故宫作为一门学科来研究，就需要确立故宫学。能够提出故宫学，还因为80多年来故宫研究已有了相当的基础和条件，故宫学已是呼之欲出、水到渠成；反之，在条件成熟时而不提出故宫学，就会错失时机，影响故宫研究的深入。

四

故宫的修缮是保护古建筑，使其"延年益寿"的一项经常性的任务。

国力的兴衰直接关系到宫殿的保护状况。清康、雍、乾号称盛世，紫禁城的建设亦达高峰。嘉庆以降，国力日渐衰弱，宫殿建筑多以岁修为主，清末更是内外交困，除去咸丰、光绪年间对内廷东西六宫的部分建筑进行改造，以及宁寿宫一组建筑的修缮等外，此外无大的工程。至宣统皇帝溥仪退位时，更是衰败凄凉。故宫博物院成立之初，紫禁城的内廷殿宇，除溥仪和逊清皇室居住使用的以外，大都年久失修，有的甚至倾斜坍塌。故宫博物院成立后，在力所能及的情况下对古建筑进行了认真的维修保护，特别是新中国成立以来，在修缮方面更是下了很大的功夫，取得了明显的成绩。正是几代人的不断努力，才使故宫古建筑保持了较为良好的状态。

在21世纪之初，国务院做出了故宫修缮的重大决策。2002年10月17日，武英殿修缮作为试点工程举行了开工典礼。2004年6月4日，在太和门广场西侧的熙和门前，举行了故宫中轴线西庑及周边建筑保护维修工程开工仪式，标志着"完整保护，整体维修"工程的全面展开。3年多来，维修工程按照计划进展顺利，收到了预期效果。

故宫修缮是百年来未曾有过的修缮工程，在我国具有标志性的意义，它是国家综合实力发展水平的反映，也是国家对文化遗产保护工作空前重视的表现。它不仅要使修缮后的故宫达到庄严、肃穆、辉煌的效果，更要体现当今我们管理故宫的能力和水平。故宫修缮是一个投资巨大、周期很长、技术要求很高的重大项目。从故宫来说，通过修缮的实践，还要在以下三个方面起到作用。

一是对中国古建筑的研究。故宫的建筑耗费了大量的人力、物力、财力，代表了明清时代建筑技术与建筑艺术的最高水准，是中国古代建筑史中最辉煌的篇章之一。故宫由于建筑门类众多、建筑形制齐全，是研究中国古代官式建筑结构技术、材料技术和施工技术的"百科全书"，它也以其完整而系统的布局艺术、空间艺术、装饰艺术、色彩艺术等，成为研究中国古代建筑艺术的最好范本。单士元先生曾指出，在世界建筑史上，中国的木结构有其独特的创造，是一支重要的源流。故宫的太和、中和、保和三座大殿，无论在整个结构，还是各个部件，从基础到屋顶，从建筑装饰以至施工，都能代表中国古建筑的特点，可以说是中国木构建筑的最高典型。为了加强对中国古建筑保护的研究，故宫博物院正在筹建古建筑保护研究中心。该中心以故宫学的研究为主要方向，以古建筑为学术研究的中心和重点，并旁及其他相关内容。研究范围包括故宫古建筑以及明清皇家建筑的设计思想与文化内涵、形制演变与历史沿革、艺术成就与技术特征、科学保护与合理利用，以及中国宫殿建筑的发展、中外宫殿建筑的比较、世界文化遗产保护的理论与实践等方面。古建筑保护研究中心将成为国内外专家学者合作研究与交流的平台，通过学术研究和广泛的学术交流，更深入地认知中国古代建筑文化的精髓，不断提高有效保护与合理利用古建筑的水平。同时培养出一批高素质人才，形成可持续发展的良性循环，从根本上推动古建筑相关学术研究的深入与发展。

二是探索中国古建筑保护的原则和方法。故宫是中国最具有代表性的古建筑，有自己的材料、技术、工艺等特点，这些特点决定了中国古建筑在修缮中，既要遵循国际上一些公认的原则，同时也要从中国的实际出发，形成符合中国古建筑实际的特殊原则和方法。只有这样，才能更好地保护古建筑。因此，旷日持久、规模空前的故宫修缮工程就具有理论和实践两方面的意义。这项工程所积累的经验以及所形成的理念，应该会对故宫及其以外的中国古建筑维修保护起到积极的引导作用和良好的示范作用。同时，也会对中国乃至世界文化遗产保护理论的发展做出应有的贡献。

三是古建筑工艺技术的传承。整个修缮工程，全程摄像，留下活的记录。通过师承制等，培养专门人才。结合修缮，编写"故宫古建筑保护工程实录"大型丛书，其性质是科学报告，是古建维修的真实记录，以期长期保存其历史信息，有利于传统工艺技术的传承和发展。

600年的紫禁城，负载着厚重的历史文化信息，沐浴着新时代的惠风时雨，连接着中华民族的过去与未来，作为民族文化的重要象征，它更加凝重辉煌，永远青春不老！

[原载《中国紫禁城学会会刊》（内部刊物），总第19、20期合刊]

《明代北京都城营建丛考》序言

　　李燮平先生送来他的《明代北京都城营建丛考》书稿，请我作序。作为中国紫禁城学会的会长，我看到学会的成员有这样的学术成果，感到由衷的高兴。看完书稿，写下我的一些感受。

　　天道酬勤。这部书稿不仅是故宫博物院一位中年学者勤奋向上的证明，也是一份执着于科学精神的记录。就我所知，李燮平同志的经历与故宫博物院现在的大多数中青年业务人员有所不同。他下过乡，插过队，失去了继续读书接受系统的基础训练的机会。到将近40岁的时候，他从普通工人的岗位来到故宫前辈学者单士元的身边，在单老的指导下开始从事明代宫廷建筑历史的学术研究。十几年来，他陆续在学会和刊物上发表了一系列论文，时有创见，受到学术界的好评。我想，取得这些成绩的主要原因，是他具有甘于寂寞、勤于治学的精神。

　　这部文集收入的文章分为三组，主旨是考证元明之际北京营建的历史沿革。第一组六篇文章，根据明清官修书的记载，考证北京都城、皇城的城垣变化和紫禁城的相关问题。第二组六篇文章，是在第一组文章的基础上，考证元明之际北京历经大都、北平府、行在和升为京师的迁都与营建过程。第三组两篇文章，结合明代典章制度，揭示宫廷建筑规划中的有关问题和太和殿在明代三次重建过程中鲜为人知的内幕。这些文章，最为鲜明的特点是勘比文献，见识独到，考索绵密，有所创见。唐人刘知几说："凡为史者，苟能识事详审，措辞精密，举一隅以三隅反，告诸往而知诸来，斯庶几可以无大过矣。"（《史通》卷五《因习上第十八》）作者的看法是否"无大过"，都是可以讨论的。我想，"识事详审，措辞精密"，可以形容作者文集中的有些篇目。

关于元明之际北京城市历史的变迁过程，学术界有许多重要著述。代表性的专著：在建筑史领域，有多卷本《中国古代建筑史》第四卷潘谷西主编的《元明建筑》，单士元《明代建筑大事年表》《明北京宫苑图考》（即出）；在地方史领域，有曹子西主编的十卷本《北京通史》第五卷、第六卷。代表性的文章有：单士元的《元宫毁于何时》《明代营建北京的四个时期》《明代北京皇城》《紫禁城七说》《紫禁城城池》；王璞子的《元大都城坊考》《元大都城平面规划述略》《燕王府与紫禁城》等。在这些著述中，对于一些重要的问题都存在着不同的认识。比较重要的有：元代宫城在北平府时期是否拆毁？朱棣的燕王府究竟是在太液池的东面还是西面？紫禁城建成之前朱棣在北京"作西宫"的奉天殿是哪一座奉天殿？以及北京宫殿建筑的兴工年代、元大都与明北京城的中轴线是否一致等等。这些问题，都与紫禁城的历史密切相关。过去有人讨论过，今后这种讨论仍然会继续下去。李燮平先生的这部文集，可以看作是这种讨论的深入和延续。

作者把紫禁城的兴工营建同明永乐朝初期政治中心的北移联系到一起，提出了当时迁都与营建的历史过程重叠的思路。经过比较严密的论证，作者认为，现在的太和殿体量远远小于永乐朝初建的奉天殿。这些观点，发前人所未发，独具创见。

学术自由。学术自由的表现之一就是形成独立探索、宽松讨论的气氛。我欣赏李燮平先生不囿成说、独立思考的探索精神。没有这种精神，学术不会进步。李燮平先生这部文集的出版，是他多年来深入考证勘比文献典籍的结果。这是在古代建筑历史研究中的一种进步。

　　众所周知，单士元、于倬云、王璞子诸位前辈是故宫博物院在古建筑研究与保护领域的第一代学者专家，他们身上所体现出的优秀传统和严谨细致的学风，在故宫博物院古建筑研究与保护的第二代人身上得到继承，并不断发扬。李燮平先生可以算是第二代人里面出色的一位。他的文集的出版，既是他本人在学术探索上的一个总结，也是中国紫禁城学会学术研究不断向深度和广度拓展的进步。相信读者会从这部文集中受到启发并有所收获。

　　是为序。

　　（《明代北京都城营建丛考》序言，紫禁城出版社，2006年）

文明的双璧

　　紫禁城（故宫）与长城，是中华文化的宝贵遗产，中华文明的象征，在文化史上具有不可比拟的独特性，为世界瞩目，1987年被联合国教科文组织列入《世界遗产名录》。从空间上看，紫禁城（故宫）是世界上现存规模最大、保存最完整的古代宫殿建筑群，其规模、其气势，令法国卢浮宫、俄国圣彼得堡的冬宫、英国白金汉宫、日本东京皇宫等世界著名宫殿难以望其项背；长城，不仅是世界上最宏伟的防御建筑工程，同时也是世界上体积最大的古代建筑，其中秦、汉、明三个朝代的长城的长度都超过了一万里。从时间上看，紫禁城是明清两代皇宫，有24位皇帝的身影在这里出现过，紫禁城的一砖一瓦，都见证着明清历史的风云变幻，从这个意义上说，紫禁城是一个巨大的历史容器，贮存着无比丰富的历史信息；而长城，时间跨度则更是漫长，从战国齐、楚、魏、赵、中山、燕、秦长城，秦汉长城，北魏、北齐、北周、隋唐长城，辽金界壕，一直到明代长城和清代柳条边，犹如一根探棒，探测着历史的深度。

　　紫禁城与长城的价值，依托于建筑，又不止于建筑。它们不仅是历史的见证者，也是历史的参与者。它们是历史的产物，但它们的存在，也在很大程度上影响了历史的走向。因而，它们不仅史学价值巨大，文学和艺术的价值同样很大。它们不仅为学者们提供了丰富的历史资料，也为作家和艺术家们提供了充沛的创作素材。也就是说，对紫禁城、长城的解读，应该是全方位的、多元的，不同领域的创作者，完全可以从各自的视角出发，完成对这两处史诗性建筑的阐释。

"双城记"是两部分别以紫禁城和长城为主题的著作。在这两部书中，"城"的含义有所不同。其中，《紫禁城记》中的"城"，指的是皇城，具体来说，它的范围包括紫禁城护城河环绕的全部地域，向南包括外金水河围合下的天安门、太庙和社稷坛；而《长城记》中的"城"，指的是城墙，是中国古代的军事防御工程。作者把它们并称"双城"，一方面表明它们在世界建筑史乃至世界文明史上不可取代的地位，堪称中华文明"双璧"，祝勇在书中还特别阐明了"双城"之间的联系。另一方面，借用了英国作家狄更斯《双城记》的提法，显示了作者的巧思和机趣。

"双城记"的写作者祝勇和摄影者李少白，长期以来，一直关注着紫禁城（故宫），在创作过程中，与故宫同人结下了深厚的感情。祝勇很早就把关注点聚焦到明清历史，特别是紫禁城（故宫）上面来，他不仅沉潜于史料，而且对紫禁城（故宫）进行了大量的实地调查。这种扎实稳健的风格，对于一个年轻人而言，难能可贵。他拥有敏锐的洞察力和灵活的视角，这刚好有利于发挥他的特点，对紫禁城（故宫）做出与他人不同的阐释，使他的作品成为一种独特的文本。他一直坚持个性化的写作路线，他所描述的紫禁城（故宫），得自于他的个人视角，与我们每个人所熟悉的紫禁城（故宫）（公共视角），既相通又相异，这使他的文本具有了张力和不可重复性。李少白是一位长期专注于紫禁城（故宫）题材的资深摄影家，长期的工作，使他对紫禁城（故宫）的内涵有着较为深刻的理解，而他所选取的角度，同样是不可重复的——他的足迹几乎遍及了紫禁城（故宫）所有角落，甚至曾经爬上宫殿的屋顶，他的镜头会引领我们抵达一个大众难以抵达的故宫。"双城记"不仅体现了这一少一老各自的艺术追求，也体现了他们默契的配合。是紫禁城（故宫）为他们提供了创作的结合点，这一点是令人高兴的。总之，"双城记"是构思新颖、表达独特的作品，对于让更多的读者深入地认识紫禁城和长城，宣扬中华民族宝贵的历史文化遗产，有着重要的意义。

（"双城记"序言，紫禁城出版社，2009年）

紫禁城与武当

今天我们在这里举行"故宫·武当山（明代）紫禁城文化研讨会"，不仅因为故宫和武当山同为国家重点文物保护单位，同属联合国教科文组织确定的世界人类文化遗产，还因为两者有着深刻的历史背景和密切的文化渊源。

这种特殊的文化联系开始于明代永乐时期。明成祖朱棣在"靖难之役"的夺权过程中，为了稳定军心，激励将士冲锋陷阵，曾经利用道教方士为其出谋划策，制造舆论。夺取皇位之后，为防止和抵御残元势力的侵扰，巩固明王朝北部边防的军事安全，基于政治、军事形势的需要，一方面改北平为北京，大兴土木兴建皇宫迁都北京；另一方面为巩固他的皇权地位，证明"靖难之役"的合理性和合法性，大肆宣扬和神化玄帝在"靖难之役"中的庇佑功能，加封玄帝为"北极镇天真武玄天上帝"，还专门编制了《大明御制玄教乐章》用于祭祀真武，并在北京紫禁城的中轴线北端，修建了规模宏大的钦安殿，殿内正中供奉着高1.8米的玄天上帝铜像。永乐十年（1412年）又敕命隆平侯张信、驸马都尉沐昕率领官员调动军民30余万人，汇集全国的能工巧匠，修建武当山宫观，在当时形成了"北建紫禁城，南修武当山"的壮观景象。永乐帝敕封武当山为"大岳太和山"，使武当山的地位尊居五岳之上。经过十多年的时间，在武当山建成了八宫、二观、三十六庵堂、七十二岩庙的庞大道教宫观建筑群。

　　自明成祖后，在明王朝统治中国的200多年间，明朝历代皇帝都把武当宫观作为皇室家庙奉祀，历命内廷重臣提督巡查、朝山进香、赏赐钱粮；对武当宫观崇赐有加，始终把玄帝信仰作为道教信仰主体，并使之得到了普及和强化。

　　我国有着重视历史的优良传统，封建社会以及帝王将相虽然早已成为历史，但仍然值得我们去研究。明代统治中国200多年，是中国历史长河中的重要一页，留下了丰富的史料和珍贵的文化遗产，积淀的文化内涵和历史经验需要我们去挖掘、去总结，许多历史疑团也需要我们去研究、去解开。故宫和武当山至今都保留着雄伟瑰丽的明代皇家古建筑群，保留着大量重要的明代宫廷文物和道教文物，为我们今天的研究留下了许多实物资料。通过这个研讨会，加强故宫博物院和武当山特区管委会对明代宫廷史、建筑史、道教史的研究，更好地认识明王朝的历史，更好地认识我国古代建筑的价值，并继承其优良传统和技艺，以提高保护和利用人类文化遗产的水平，其意义是显而易见的。

　　这次学术研讨会，我们邀请了故宫博物院和武当山特区管委会的专家、中国明史学会的专家学者和中国紫禁城学会团体会员单位的代表，特别是对中国明代历史、中国古代建筑历史、中国宗教文化素有研究的清华大学、北京大学、南开大学、武汉大学、天津大学、澳门理工学院、中国社会科学院的学者、教授也应邀出席会议，四方会聚，济济一堂。我们特别感谢周干峙院士、傅熹年院士、国家文物局古建专家组组长罗哲文先生、著名明清史学家阎崇年先生等拨冗出席会议。大家的到来，必将使这次研讨会开得更好，对故宫博物院和武当山特区管委会今后的学术研究起到推动作用。为此，我代表故宫博物院、武当山特区管委会及中国紫禁城学会对大家的与会表示热烈的欢迎！

　　为了开好这次研讨会，武当山管委会和中国紫禁城学会做了积极的筹备工作，为我们开好这次研讨会提供了良好的条件，对此，我代表与会同人表示衷心的感谢！

　　春光明媚，大地复苏。在这风景秀丽的人间仙境，在这东风送暖的美好时刻，让我们大家共同努力，开好研讨会。

[2010年4月13日在"故宫·武当山（明代）紫禁城文化研讨会"
上的致辞，载《故宫·武当山研讨会论文集》，
故宫出版社，2012年]

百年大修的序幕

    首先，我代表故宫博物院，对各位的到来表示热烈的欢迎，并衷心感谢大家对故宫古建筑保护工作的关心和支持！

    故宫是我国古代宫殿建筑的集大成者，十分完整地体现了我国古代都城规划理论与思想的精髓，是传统建筑艺术与建筑技术有机结合的典范。作为全国重点文物保护单位和世界文化遗产，故宫的保护一直受到社会各界的广泛关注，更得到了党中央、国务院的一贯重视和关心。去年11月，李岚清同志亲临我院视察，做出了加强对故宫古建筑维修保护、重现皇宫康乾盛世风貌等一系列重要指示。这不仅反映出党的第三代领导集体对故宫古建筑保护的具体关心与直接指导，同时也是时代发展和社会进步对故宫古建筑保护提出的新标准和新要求。

    维修保护好故宫是国家大事，是党和国家、民族交给故宫博物院的历史责任。为此，我院认真准备、反复论证，分别拟订出了中长期的和三年、七年的修缮规划和方案。实施好这些规划和方案，将成为我院今后若干年内的头等大事和各项工作的重中之重。为慎重起见，首先选择武英殿一区作为试点。该区建筑在环境、位置、规模、形制、沿革、使用等诸多方面都具有代表性，又有交通便利、相对封闭而便于施工的特点，有利于加快工作进度和尽快获得经验，以在今后修缮工程全面实施过程中加以推广。

　　时代赋予了我们新的使命和空前的发展机遇，让我们有更好的条件使古老的故宫再现辉煌。我们要以强烈的事业心、高度的责任感和使命感，团结奋斗，勤奋工作，认真做好每一项维修工程；加强研究，充分发挥专家学者的作用；精心设计、精心备料、精心施工，确保工程质量；不辜负党中央、国务院的信任和全国人民的重托，努力实现基本恢复康乾盛世时期皇宫风貌这一目标。

　　今天，武英殿一区修缮工程的开工，正式揭开了故宫修缮工程的序幕。我们相信，有党中央、国务院的关心和支持，有各级领导的重视，有来自方方面面的理解和支援，我们一定能续写故宫辉煌历史的新篇章。

（2002年10月17日在"故宫修缮工程武英殿区维修开工仪式"上的讲话，载《中国紫禁城学会会刊》总第11期）

故宫中轴线周边建筑修缮工程的意义

　　经过一年时间的充分、认真的准备，在各有关部门的积极支持、配合下，故宫中轴线周边建筑修缮工程今天正式开工了。

　　我代表故宫博物院向在前期工作中从事勘察、测绘、设计工作，从事招标、评标工作，以及聘请国内专家、技术人员参加方案咨询工作等而付出辛勤劳动、做出贡献的同志们、朋友们表示衷心的感谢！

　　2002年10月我们组织了武英殿一区修缮试点工程开工，通过一年多实践，为我们今后展开的全面维修积累了宝贵经验，打下了良好基础。

　　今天，中轴线周边建筑修缮工程开工，标志着故宫整体维修在经过了充分论证、筹备、组织之后，已经全面启动，这是对我们前一段工作的检验，同时也是对我们今后工作的鼓舞与鞭策。今天中轴线周边建筑修缮工程的开工，将永远载入故宫古建修缮史册。

　　众所周知，维修保护好故宫是历史赋予我们的责任，是民族寄予我们的希望。我们参与维修保护故宫的每一位同志，无论承担什么具体工作，都应为此感到光荣、感到自豪，同时更应感到自己肩负的责任和使命。我相信，所有同志对此都会与我有着共识。

　　今天，参加开工仪式的有设计单位、监理单位，也有施工单位，这些合作单位是经过严格、规范的公开招标程序选定的，故宫博物院对合作单位寄予厚望，我们希望各单位一定要爱护自己企业的声誉，珍惜这次参与故宫大修的历史机遇，遵守投标承诺，精心组织，精心施工，严格监督、监理程序，处理好施工与开放的关系，争取在计划工期内，把每一个标段建成优质工程、精品工程、示范工程，向上级领导、向关注故宫事业发展的社会各界同胞做一个圆满交代。

最后，预祝工程合作成功，预祝工程早日竣工！

（2004年6月4日在"故宫中轴线周边建筑修缮工程开工仪式"
上的讲话）

故宫维修的历程

　　故宫维修工程从2002年开始至今已经5年了，5年来修缮进展比较顺利，也可以说完成了一个重要阶段，取得了明显的成绩。李岚清同志讲过，故宫维修是国家的事。去年9月新任文化部党组书记、副部长的于幼军同志在故宫调研时指出，故宫维修不仅是国家的事，也是民族的事，是功德无量的事。国家做出故宫整体维修的决定是基于故宫古建筑的地位以及故宫所蕴含的无与伦比的价值。故宫维修所规划的时间之长、投资之多，使其成为100多年来故宫最大的一次修缮工程，它不仅反映国家综合实力，更是全社会文物保护意识不断增强的体现，是中国对世界文化遗产保护承诺的庄严履行，也是故宫古建筑本身的需要，是故宫多年来保护经验的发展，所以这一决策是慎重的，是正确的。故宫在维修理念上坚持"祛病延年"，这是指导思想；"最少干预"，把干预减少到最低限度，"最大限度地保存它的真实性"，这都是我们始终坚持的。

　　故宫博物院有一支专业维修队伍，50多年来培养了一批批古建筑专业人才，但对于我们来说，这么大规模的维修毕竟是第一次，谁也不敢夸海口说什么问题都没有。我们始终抱着谦虚谨慎、如履薄冰的态度。按照国家文物局的要求，我们和专业机构合作，对故宫进行了大量扎实的调查研究工作，并且与故宫几十年的保护经验相结合，制定了《故宫保护总体规划大纲》。国务院委托国家文物局做了批示，对大纲进行了充分肯定也提出了要求。《故宫保护总体规划大纲》是维修的依据，几年来我们始终坚持。有了规划大纲，就使维修的决策更加系统化，更加科学化。

为适应故宫维修需要，故宫博物院成立了故宫修缮工程领导小组。在陈至立同志视察故宫时要求加强对故宫维修的领导以后，文化部成立了由孙家正同志任组长的故宫修缮工程领导小组。孙部长作为故宫修缮工程领导小组组长，对故宫的维修给予了极大的关注，提出了一系列重要的要求和指示。几年来，我们先后召开了四次故宫修缮工程专家咨询委员会会议，在第一、第三、第四次会上孙部长都有精彩的讲话，而且他的讲话得到了专家的广泛好评，对故宫的维修起到了重要的指导作用。我们还成立了由多方面专家组成的专家委员会，有古建筑、文物保护、考古和博物馆方面的，有北京和外地的各方面专家，都有相当的代表性。我们坚持对每项工程进行分析评估、准确判断，进行必要的专家论证和审定。由于专家组成是各方面的人，对一些具体问题我们更多的是采取请相关的专家去论证的方式。同时加强工程的组织管理，保证质量第一。

这次故宫维修强调的是"完整保护，整体维修"，它和故宫的基础建设、陈列展览与整个发展结合在一起。不光是保护问题，还有利用问题。故宫是一个整体，不能简单突出单项。为此我们制订了故宫博物院的七年发展规划，使维修和故宫博物院的工作有机结合起来。故宫维修还有一个任务，就是做好传统官式建筑技术的传承。故宫是一个大文物，是物质文化遗产，同时还蕴含了许多非物质文化遗产。对传统官式建筑技术的传承，我们的自觉性还是比较高的。工程一开始孙部长就明确提出要把故宫维修的全过程作为资料进行跟踪摄像。我们专门购置了相关的设备，在信息资料中心成立了一个科室，专搞记录和拍摄工程。为了传承工程技术，我们坚持师承制，开了拜师会，瓦作、木作、彩画作老先生都收了徒弟。同时我们重视科研工作，召开了一系列的研讨会，使用一些成熟的、先进的现代科学技术，坚持把科研贯穿维修工作的整个过程。我们成立了古建筑保护研究中心，建立数据库，整理古建文献档案。

故宫是世界文化遗产，它的价值为全世界所共享。故宫的保护不仅是中国人自己的事。我们在接受国际社会监督的同时，也接受国际社会及海内外的参与。我们先后与意大利政府、美国世界建筑文物保护基金会、清华大学建筑学院、北京理工大学等建立了广泛的合作关系，共同研究古建的科学保护，在理念和技术上都有很大的收获。

2007年5月，国家文物局在北京组织召开了有世界遗产委员会等多个国际遗产组织参加的国际研讨会，讨论了东亚地区的历史建筑保护与修复的原则和做法，其中包括对北京天坛、颐和园、故宫等三处世界遗产地维修的考察。会议形成了《北京文件——关于东亚地区文物建筑保护与修复》以及附件《关于北京世界遗产地保护与修复的评价与建议》。总的来说，对故宫的维修给予了充分的肯定和客观的评价。这不仅是对我们故宫，其实是对中国遗产保护事业的一个评价，也是对中国文物保护实践给予的应有的尊重。

世界文化遗产反映了文化的多样性，各个地区、各个国家的建筑，由于不同的自然地理条件、不同的文化背景、不同的发展历史，在文物保护上也应有它不同的方式和方法。世界文化遗产保护的基本精神就是尊重世界文化的多样性，尊重不同文化背景的世界文化遗产的保护方式。这个会还给我们一个重要启示，就是文化需要交流，只有交流才能消除误解，只有交流才能沟通，交流是相当重要的。《北京文件——关于东亚地区文物建筑保护与修复》附件中要求故宫等继续与东亚地区建立联系，这是我们需要坚持的。

我们在维修的实践中还认识到，必须认真听取意见，不断改进工作。维修过程中会有好多不同的意见，这是完全正常的，我们在许多方面也是缺乏经验的，这就要多方面地听取意见，特别是不同的看法、反对的意见，防止自以为是。要集思广益，尽量少走弯路。

我们还体会到，修缮工程中的不同方案，如果就原则谈原则，有时候在会上讨论几天，谁也说服不了谁。在故宫武英殿的试点工程中，对维修方案的看法开始也不一致，最后请专家们坐在一起讨论，意见很快就统一了。具体问题具体分析是马克思主义的灵魂，也是我们实际工作中行之有效的方法。由于看问题的角度、重点和方法的不同，对问题自然会有争议，但是放在具体的实践上、具体方案上，大家就容易形成一个基本的认识、基本的原则，取得一致的意见。

故宫维修5年来很不容易。每年365天我们没有关过门，一天里参加维修工程的民工最多时达到1000人，还有相当一批人在院里搞经营，还有临时工，还有部队、档案馆在里面办公，这给古建筑维修和文物保护带来很大压力。由于大家共同努力，我们克服了这些困难，推动了工程的顺利进行。我们的工作有成绩、有进步，但是还有许多不足之处，也有过教训。今后维修的任务还很重，需要我们谦虚谨慎，继续努力，稳步前进。

回顾故宫5年的维修历程，我们清楚地看到，整个工程凝聚着众多参与者的心血，今天我特别感谢在座的各位专家和领导。许多专家已届耄耋之年，他们出于对中华文化遗产深厚的感情，出于对故宫的热爱，不辞劳苦，殚精竭虑，参与了许多方案的评审和研究，对工程提出了许多中肯的建议和批评意见，坚持原则，一丝不苟，为故宫的维修做出了不可磨灭的贡献。同时我也要衷心地感谢对故宫维修给予具体指导和管理的北京市文物局孔繁峙局长和北京市文物局，感谢对故宫维修始终给予关心和支持的国家文物局单霁翔局长和国家文物局，单局长经常到故宫来考察工作，来检查和督促。特别要感谢文化部，虽然我也是文化部的领导者之一，但对故宫来说，我们确实要感谢文化部，文化部做了大量的工作，包括办公厅、计财司和其他各个部门，包括他们和国务院的协调。特别要感谢孙部长，孙部长以政治家的胆略，以对文化建设和文化遗产保护事业的卓识，以及丰富的领导经验，对故宫的维修给予了精心的指导，提出了好多忠告和要求。正是在国务院和各级领导、相关部门的支持下，才使故宫这几年的维修工作不断推进。任重而道远。在今后的故宫维修上，在故宫博物院的发展中，仍然需要各方面的支持，需要各位专家的参与。让我们共同努力，善始善终地完成这一光荣而艰巨的历史任务。

（2008年2月20日在"故宫修缮工程专家咨询委员会第五次全体会议"上的讲话）

故宫维修的意义

　　故宫修缮工程专家咨询委员会第六次全体会议现在开始了。这是一年一度的例会，主要是汇报故宫维修工程的进展情况，听取各有关方面负责人的讲话，征求专家的意见和建议。至于具体的工程项目的咨询和论证，则按照文物部门规定的程序进行，是经常性的工作。每年的例会，虽不讨论具体工程方案，不涉及专门问题，但由于是在全局的、政策的及指导思想的角度来总结、检省故宫维修，对于开阔视野、提升理念以及解决存在的问题，都起了重要作用。几年来，大家对这个会都很重视。

　　今天召开的是第六次专家咨询委员会全体会议，说明故宫维修工程已进行了整整6年。6年来，故宫维修稳步地、顺利地推进，取得了阶段性成果，达到了预期目的，也得到了国际遗产保护组织的理解、认同和肯定，这个成绩来之不易，既有各级领导、各业务主管机构的支持和指导，又浸透着各位专家的心血、汗水。在过去的5次专家咨询委员会全体会议上，文化部部长、国家文物局及北京市文物局局长，以及许多专家都发表了精彩的讲话，提出了中肯的建议，阐发了重要的观点，例如：从文化建设上认识故宫维修工程的深刻意义，故宫维修不只是文物保护项目，而且是国家重要的文化建设事业。

　　故宫维修要有很高的要求，应该代表中国文物保护工程的最高水平，要把这项工程作为全国文物保护工程的样板和范例；从某种程度上，故宫的维修工程将树立我国政府保护文物的一个良好的国际形象。

故宫维修工程，其规划、设计、施工的指导思想是保证故宫的历史真实性和完整性，必须强化"最少干预"、不改变文物原状，"祛病延年"，尽可能多地保护历史遗迹。

故宫维修是国家的事、民族的事，必须充分依靠专家学者的学识和实践，坚持决策的民主化和科学化。广泛地听取各种意见，包括不同意见，特别是反对的意见。

故宫维修要尊重古建维修的特点和规律，具体工程有计划，但一切服从质量，不赶进度。要重视细节，精工实料，一丝不苟，要经得起历史的检验。

故宫维修工程要遵循国务院委托国家文物局审批的《故宫保护总体规划大纲》，全面完成"整体维修"的5项任务，处理好文物古建保护与博物院发展的关系。

中国文化遗产保护工作，必须尊重国际公约，尊重国际公认的保护原则，同时也应尊重我们自己的历史和实践。通过故宫维修工程实践，认真探索、总结中国特色文化遗产保护理论，丰富国际文化遗产保护的理论。

故宫是一个丰富的文化宝库，不仅要完成故宫维修任务，而且要从非物质文化遗产的高度，重视和做好故宫官式建筑营造技艺的研究与传承。

以上概括当然很不全面，但由此也可看到会议的丰硕成果。这一系列论述，不仅有力地推进了故宫的维修工作，而且对于全国文化遗产保护事业也有积极的借鉴作用。

故宫修缮工程专家咨询委员会的不少成员，虽年事已高，但不辞劳苦，认真履行职责。谢辰生先生正在住院，今天早上带着要打的针来到会场。罗哲文先生本来今明两天要出席苏州的一个遗产保护会，这个时间是根据他的安排定下的，但罗老再三考虑，还是决定出席故宫的会，给苏州发了个贺信。还有宿白先生等，身体不好，也坚持来开会。我们从中感受到专家们对故宫的感情，对中国文化遗产保护事业的感情，这也是对我们工作的极大策励。

文化部部长蔡武同志出席了今天的会。他已代替孙家正同志继任文化部故宫修缮工程领导小组组长。蔡武同志对故宫维修及故宫博物院的工作很重视，很关心。这次会上，他还要做重要讲话，对故宫保护提出新的要求。

故宫维修虽然取得了重要成果，但是还有不少差距，存在不足之处。其实，6年来我们就是在不断克服困难、不断改进不足、不断积累经验中前行的。我们决心在党中央、国务院的关怀下，在文化部的领导下，在文物部门的业务指导下，依靠专家们的知识和智慧，继续推进故宫维修工作，善始善终地完成这一艰巨而光荣的文化遗产保护任务。

（2009年5月5日在"故宫修缮工程专家咨询委员会第六次全体会议"上的讲话）

任重道远的故宫古建保护研究

　　故宫博物院古建筑保护研究中心的成立暨揭牌仪式，在北京一年最为美好的季节举行，我们将共同见证这一值得记住的时刻。

　　紫禁城是明清两代中国古代中央集权和国家的重要象征，它的营造集全国之人力物力，汇天下之能工巧匠。从1420年建成至今，虽经多次维修、重建、改建，但仍保持了始建时的基本格局并遗存了许多不同时期的建筑物。它是世界上现存规模最大、保存最完整的古代宫殿建筑群。紫禁城承袭了中国古代宫殿的传统形式、典制规范，深刻地反映了中华传统文化，在总体布局上按左祖右社、前朝后寝、五门三朝等封建礼制，其建筑设计反映了中国传统哲学思想（如天人合一）、伦理思想（如皇权至上）、美学思想（如壮丽崇威、平衡对称）以及阴阳五行学说，集中体现了中国古代建筑艺术的优秀传统和独特风格，代表了明清时期中国古建筑工程技术的最高水平。以紫禁城为主体的明清皇家建筑是一个整体，宫室、苑囿、坛庙、寺观、行宫、陵寝、藏书楼及王府等，是一个有统一规划、统一规制、统一管理的庞大的体系，而且从建筑布局来说，整个北京城都是以紫禁城为核心规划设计的，它西与西苑三海，北与景山、大高玄殿等，东与皇史宬等紧密相连，天坛、地坛、日坛、月坛、先农坛等都是它的重要组成部分。不仅整个皇城，西郊的三山五园、散布京城的皇家寺院道观以及各地的行宫等，也与紫禁城有着异乎寻常的关系。所以，紫禁城宫殿建筑群是故宫学研究的重点领域，是一个核心。加强对紫禁城的研究始终是故宫博物院的一项重点工作。为此，我们决定成立故宫博物院古建筑保护研究中心。

由于故宫的崇高地位和文化象征意义，故宫的保护一直受到国内外社会各界人士的密切关注，这有力地推动了故宫古建筑的保护。中华人民共和国成立以后，特别是改革开放以来，国家不断加大对故宫古建筑保护的投入，使得故宫古建筑保护事业得以蓬勃开展。2001年11月，国务院在故宫博物院召开会议，提出了"整体维修"的历史任务，为故宫古建筑的完整保护提供了新的契机。

故宫大修工程开始后，我们从世界文化遗产的高度，强调古建保护的理念，力求最大限度地保留古建筑的历史信息。为此，我们把研究工作贯穿在全部保护工作之中。我们坚持传统的材料、工艺和技术的延续、使用和传承，也适时地引入现代科学技术，全面、深入、确切地认知古代建筑，更精密地保护古建筑，开创了一批新的研究项目、研究课题和领域。我们的研究与故宫的保护工程，与故宫博物院各项重点工作，紧密地结合在一起。

我们认识到，良好的组织结构是使研究工作顺利开展的有力保障。为此，我院先后成立了三个研究中心：古书画研究中心、古陶瓷研究中心，以及今天的古建筑保护研究中心。我们计划利用"中心"这种组织形式，更科学、规范地整合我们已经取得的研究成果，整合研究课题，在以往研究成果的基础上提出更高的课题目标。同时，还要利用中心的优势，吸引专家来从事故宫学课题的研究，不仅为故宫博物院，也为全国以及世界范围的专家学者提供一个研究、交流甚至是联谊的平台。我们要在中心中试行新的人才管理的机制，以适应故宫古建大修形势和古建保护事业发展的需要，适应吸引和培养人才的需要。古建筑保护研究中心的研究过程和研究力量的构成是开放的、流动的，是面向世界的。

作为世界文化遗产的故宫在多样性的世界文化中具有突出的和

普遍的价值。我们的保护和研究工作是在这样一个全球的大背景下进行的伟大事业。作为故宫人，对此要有充分的认识。作为故宫古建筑保护和研究的参与者，我们不仅要担负起保护好故宫的责任，也要为世界文化遗产保护事业做出理论和实践的贡献。故宫博物院曾经拥有单士元、于倬云、王璞子等大师级的古建筑保护和研究专家，我们还通过中国紫禁城学会、宫廷历史学会团结了一大批专家学者。我们相信，在座的各位先生和你们培养、带领出来的队伍一定会为培养故宫博物院这个稚嫩的中心做出贡献。

古建筑保护研究中心的成立是故宫古建保护事业发展的又一个里程碑。我们有理由相信，有各级领导和社会各界的支持，故宫的保护将会提高到一个新的水平，故宫保护的实践与理论对中国乃至世界文化遗产的保护必将起到积极的作用。

（2007年4月25日在"故宫博物院古建筑保护研究中心成立暨揭牌仪式"上的讲话）

《故宫古建筑保护工程实录·
武英殿（一）》序言

2002年，故宫开始了百年来规模最大、投入资金最多、持续时间最长的古建筑维修工程，这是一项名副其实的大修工程。

这是国务院的决策，是根据故宫古建筑保护实际状况所做出的正确决定。故宫大修既是重大的文物保护工程，也是重大的文化建设项目。故宫是我国第一批列入《世界遗产名录》的项目，保护好故宫不仅是对中华民族负责，也是我国对国际社会庄严承诺的认真履行。

党中央、国务院高度重视和关怀故宫维修工程，社会各界、国内外人士密切关注着工程的进展。故宫维修是国家大事、民族大事，是人民赋予的光荣任务，也是一份沉甸甸的历史责任。

为了落实国务院"整体维修"故宫的决定，故宫博物院做了充分的准备工作，制定《故宫保护总体规划大纲》，成立专家咨询委员会，加强对工程的领导和管理，并在专业设计、施工、管理队伍以及古建筑材料、经费等方面都有了充分保障并坚决贯彻文物保护原则，切实执行《中国文物古迹保护准则》建议的专业程序，做到"最少干预"，尽最大可能最多地保留原有建筑信息，保存文物的真实性和完整性，以达到"祛病延年"的目的。故宫维修开工以来，在社会各界的支持下，在承担者、参与者的共同努力下，工程进展顺利，达到了预期目标，不仅使故宫恢复了庄严、肃穆、辉煌的历史面貌，而且使中国官式古建筑营造技艺得到了一次大力传承，维修的实践与探索也丰富了国际文化遗产保护的理论。

根据故宫维修的整体安排，需要及时地整理、编写并出版维修工程报告，收录有关维修的信息资料和相关的档案文献，为故宫以后的维修保护以及研究工作留下完整的资料。武英殿工程报告就是故宫百年大修的第一份报告。

武英殿工程是故宫整体维修的试点工程。武英殿在紫禁城内占有重要地位。明代，武英殿曾为皇帝斋戒和召见臣工之地。明末李自成攻入紫禁城，曾以武英殿为治事之所，后在此称帝。清初，摄政王多尔衮在此治事。自康熙年始，武英殿成为刊刻图书之所。同治八年（1869年），不戒于火，延烧房屋30余间，书籍版片也焚烧殆尽。同年派工勘修。光绪二十七年（1901年）又遇火险，因扑救及时，幸未延烧。1914年，武英殿辟为古物陈列所的展场。为了适应展览的需要，其门窗及内部结构、装饰等都有过改变。这次选择武英殿作为大修的试点，是很有意义的。经过认真的勘察设计及精心施工，两年后武英殿维修工程完工，获得专家好评，并于故宫博物院成立80周年时作为展览场所对外开放。现在，武英殿工程报告也编讫问世了，这也是值得庆贺的一件事。

武英殿工程报告凝结着维修工程的丰富成果，具有以下特色：

第一，系统地梳理了武英殿的历史，把文献、档案、历史照片等资料与现场勘察的发现结合起来，建立了武英殿建筑的信史。

第二，对武英殿中每一座建筑进行勘察、实测，分析了每一座建筑及其院落环境的古建筑法式特征，确定了它们的文物价值。

第三，从武英殿工程开始，第一次对故宫古建筑大木构件的树种进行科学鉴定，对其物理力学性质的演化进行研究。木材残损状况的检测结果，为制订工程前期的设计方案提供了重要的参考。本书反映了这个科研课题的部分成果。

第四，对武英殿维修工程的总体部署和每一座建筑的维修情况进行了详细的记录，把文物保护理念落实到工程技术的选择与实施的全过程。

第五，总括了保护工程的各机构所积累的工程档案、记录，综合反映了各机构、各专业活动的成果。

第六，把关于武英殿的重要历史信息、实测图用附录的形式公布于世，形成武英殿历史档案。

武英殿工程报告的出版，具有以下三方面的意义：

第一，这是国务院决定的故宫整体维修试点工程报告，也是故宫博物院成立以来出版的第一部工程报告。工程报告的编写出版，标志着故宫保护揭开了新的一页。工程报告会进一步推进故宫古建筑保护工作的科学化和规范化，进一步促进故宫古建筑的保护研究工作，也为故宫学研究提供了第一手资料。

第二，本工程由我院修缮中心负责实施，是我院半个多世纪以来对官式古建筑营造技艺传承工作的又一次大规模的实践，对于这项非物质文化遗产的传承是一次机遇。这份工程报告对于故宫官式古建筑营造技艺的传承将起到积极的促进作用。

第三，本书作为故宫维修工程实践的总结，其中反映的工程的指导思想也会为中国文物建筑保护理论的总结提供新的实例。2007年5月，中国国家文物局、国际文化财产保护与修复研究中心、国际古迹遗址理事会和联合国教科文组织世界遗产中心联合主办的"东亚地区文物建筑保护理念与实践国际研讨会"在北京成功召开，会议组织考察了北京的三个世界遗产地的维修工程现场，代表们考察了已经开放为专业展室的武英殿和故宫其他维修工程情况，为会议起草通过《北京文件——关于东亚地区文物建筑保护与修复》做出了贡献。

此书的编写出版，历经5个春秋，不只因为是初次进行，在编写体例、内容设置上曾几经反复，而且在资料的整理和搜求上也颇费工夫。本书凝聚着许多专家学者以及工程管理与实施者的心血。故宫修缮工程专家咨询委员会的各位专家学者，在故宫保护规划论证会上的许多发言，直接指导了故宫保护工程；宿白、谢辰生、傅熹年、徐苹芳、张忠培等先生则具体指导确定了本书的框架。工程的具体组织和实施凝聚了故宫博物院古建筑保护工作的实践经验，是老一辈学者、匠师成果的延续和发展。古建部、工程管理处、古建修缮中心的同志都为完成这一工程做出了贡献。晋宏逵同志曾领导了武英殿工程，这次又主持了工程报告的编写，为此付出了不少心血。在此，我谨向所有这些人员表示衷心的感谢。

故宫维修工程还在继续，故宫工程报告也还要继续编写，我期望维修工程不断顺利进行，我也期望维修工程报告编写得更加精彩。

[《故宫古建筑保护工程实录·武英殿（一）》序言，

紫禁城出版社，2011年]

建福宫花园的复建

　　复建的建福宫花园将在今年故宫博物院80年院庆前开放。建福宫花园自1923年6月27日毁于一场大火后，成为废墟从此沉寂。如今，这项经国务院批准、由香港中国文物保护基金会出资、故宫博物院主持的复建工程的完工，让故宫这座中国最大也是保存最好的古代宫殿群，再次以最完整的面貌示人。《建福宫花园》英文图册，就是这项工程的一个记录，是花园新貌的一个展示。

　　因为是复建工程，所以不可花样翻新，必须尊重历史原貌。要在只存基础的废址之上，按原建筑法式恢复，采用同等的规制、材料、结构、风格、工艺，对实施者来讲无疑是个挑战。面对拔地而起的建福宫花园建筑，你会不禁为它华贵的气象和精致的工艺而惊叹。从先睹为快者（包括国内外建筑领域的专家）的反应看，此次复建是相当成功的。这是集体智慧的结晶，包含了所有管理者、监督者以及匠师工人的心血和不懈的努力。

　　建福宫花园建于清乾隆七年（1742年），为紫禁城第二大花园，曾是乾隆皇帝最喜爱的休憩娱乐的场所，同时也是其大量珍宝玩物的存放处。由可见的史料及后代研究者的相关论文可以推断，从设计建园始，乾隆即投入了相当的热情。乾隆几乎为花园内所有馆室都做过诗，延春阁的牡丹，静怡轩的梅花，碧琳馆的竹子，以及春雨冬雪，在这位皇帝的笔下多有吟咏，使人们可以想见当年花园的美景。这样一组重要建筑的成功复建，自然引起世人的广泛关注。

　　建福宫花园复建的另一重要意义在于对中国传统古建工艺的记录和保护。《建福宫花园》英文图册除对该花园历史做了全面的介绍、对一些参与复建的人的访问外，特别有价值的还在于通过对工程过程的记录，对木、石、瓦、油漆、彩画等工种的工艺给予了全面细致的介绍。因此，对传承古代建筑的精神，将中国皇家建筑文化播及海外有着不可忽视的作用。故宫作为世界文化遗产，建福宫花园的复建的工艺为故宫博物院对外进行文明对话提供了一种可触、可摸、可感的形式。

[《建福宫花园》（英文版）序言，紫禁城出版社，2008年]

倦勤斋探秘

　　宁寿宫花园即所谓"乾隆花园"，位于故宫东北隅宁寿宫内，以其独特的造园艺术成就和精美的室内装饰装修闻名遐迩。倦勤斋位于宁寿宫花园最北端，室内空间分隔巧妙，装饰装修大量采用竹黄、镶嵌、双面绣等特种工艺，其室内西半部以藤萝架和庭院景观为主题的通景画，面积之大，技艺之精，更是硕果仅存的清代同类型建筑装饰绘画佳作。

　　为了使尘封已久的倦勤斋重现盛世辉煌，2002年8月，故宫博物院与美国世界建筑文物保护基金会签署协议，合作进行"倦勤斋室内装饰装修合作保护"项目。保护工程包括相关建筑部分的维修，通景画和内装修的修复，家具和陈设的修复，以及附属设施配套工程。经过一年的详细调研和周密准备，保护工程正式启动。历时5年实现全部既定目标，2008年11月10日在故宫宁寿宫花园倦勤斋前的庭院举行竣工典礼。

　　倦勤斋保护工程是故宫博物院成立以来首次大规模对室内装饰装修进行的保护工程，清代乾隆年间的室内装饰装修在技术工艺与材料方面具有空前绝后的复杂性，使得这一项目具有开创意义和挑战性，也因此受到海内外社会各界的广泛关注。可以说，这一项目的圆满完成为今后故宫的内装修保护进行了有益的探索和宝贵的尝试，积累了理论与实践方面的宝贵经验。为此，在竣工典礼的当天还举行了关于倦勤斋保护的专题研讨会。与会的中外专家学者就有关修复保护的各个方面进行了广泛而深入的研讨，对倦勤斋修复保护的成功经验进行了全面总结。如今这次专题研讨会论文汇集成册出版，将倦勤斋保护理论与实践两方面的经验在今后的故宫室内装饰装修修复保护过程中推而广之，就使得倦勤斋保护项目的成功在故宫保护维修历史上具有里程碑的意义。

倦勤斋保护项目的开展，不仅开创了故宫大规模保护内装修的先河，而且奠定了中美双方合作保护世界文化遗产的基础。2005年9月13日，故宫博物院与美国史密斯研究院和美国世界建筑文物保护基金会签署了第二期项目合作的意向书。2006年2月28日，故宫博物院又与美国世界建筑文物保护基金会正式签署协议，计划共同对宁寿宫花园这座兼有南北造园艺术风格而且具有独特艺术魅力的宫廷园林进行整体修复保护。该项修复保护工程已于2009年正式启动，历时10年，预计于2019年全部完成。展望未来，我们有理由相信，宁寿宫花园的整体修复保护将成为双方合作的又一座里程碑。

人间毕竟晴方好，放眼喜见艳阳天。每当面对已经修葺一新的倦勤斋，遥想经过全面修复保护后的宁寿宫花园的动人风貌，何其令人心驰神往！怀着对故宫人多年梦想将化为现实的憧憬，不由心潮涌动，内心充满期待与激动，即为此序。

（《倦勤斋研究与保护》序言，紫禁城出版社，2010年）

故宫的世界文化遗产监测中心

欢迎并感谢大家参加故宫世界文化遗产监测中心成立仪式暨座谈会!

完整保护故宫是故宫博物院的责任和使命,是全社会都在关注的大事,已经开展了9年的故宫修缮工程就是按照完整保护的理念进行的。这几年,随着工程竣工和部分修缮完毕的殿宇投入使用,我们迫切地感受到古建筑日常维护的重要性,而且认识到古建筑的维护不仅是单个建筑的技术性问题,而是一个涵盖了文物本体、气象环境、观众流等多种复杂因素综合作用的系统工程。为此,从2008年7月开始,我院就根据实际,按照世界遗产组织的要求,启动了遗产监测方案的研究起草工作。历经3年的努力,从监测概念的理解、方案的架构、监测对象的确定、技术手段的确立到职责部门的分工等,经过反复酝酿、讨论,到今年上半年终于定稿。

随着监测中心的成立、监测信息平台的启用,从人员管理和信息系统管理两方面双管齐下,整合院内资源,形成归口管理、分工协作的模式,分8个方面全面监测,既为遗产研究与保护提供了系统的数据库,也为管理决策提供了科学的依据。

下一步我们将按照国家文物局的要求,做好遗产监测工作,完成好完整保护故宫的历史使命。

我宣布,故宫世界文化遗产监测中心成立!

(2011年12月26日在"故宫世界文化遗产监测中心成立仪式
暨座谈会"上的讲话) 133

东亚理念与国际视野

尊敬的会议主席，尊敬的联合国教科文组织世界遗产中心主任弗朗西斯科·班德林先生，尊敬的国际古迹遗址理事会主席麦克尔·佩赛特先生，尊敬的国际文化财产保护与修复研究中心主任莫尼尔·布什纳吉先生，尊敬的中华人民共和国国家文物局单霁翔局长，尊敬的中华人民共和国联合国教科文组织全国委员会田小刚秘书长，尊敬的各位专家，女士们，先生们：

由中华人民共和国国家文物局、联合国教科文组织世界遗产中心、国际古迹遗址理事会、国际文化财产保护与修复研究中心主办的"东亚地区文物建筑保护理念与实践国际研讨会"开幕了。我代表文化部和故宫博物院，对会议的召开表示热烈的祝贺！对国际组织的负责人、国内外专家学者在百忙中抽出时间莅临会议表示衷心的感谢！

众所周知，故宫和北京其他世界文化遗产地的保护工作受到中国政府和国际社会的极大关注。因为北京是著名的历史文化名城，封建社会后期的五朝故都，明清两代作为中国的政治文化中心，保存至今的文化遗产非常丰富，它们一方面记录了中国历史，一方面也显示了中国文化、建筑与艺术的辉煌成就。因此，北京列入《世界遗产名录》的遗产地比较集中。保护好这些文化遗产，是中国人民光荣的历史责任，也是国际社会十分关注的大事。在中国非常贫困的年代，中国政府和人民克服巨大的困难，把它们保存了下来。经过改革开放的中国，经济环境有了根本好转，中国政府决定投入更多的资金保护它们，从根本上扭转了文化遗产保护资金短缺的局面。

2001年，中国国务院决定整体维修故宫，为完整保护故宫提供了决策和保障。我作为故宫博物院的院长，深感这既是故宫历史上的重要机遇，也是国家和民族交给我们的一份历史重担。文化部对这项工作高度重视，故宫博物院对这项工作也是十分谨慎。我们执行《中华人民共和国文物保护法》规定的原则和程序，遵循《威尼斯宪章》（1964）、《木结构古建筑保护原则》（1999）和《中国文物古迹保护准则》（2000）的原则，努力实现故宫古建筑的"祛病延年"。

文物保护是专业性很强的工作，中国木结构建筑有自身突出的特点，如何把国际公认的普遍原则应用到具体的中国保护工程中，是一个重大课题。没有理论指导的实践是盲目的实践，不能应用的理论也不是真正的理论。我们期待与会的国际组织和专家用自己的真知灼见为故宫博物院和北京市的文化遗产保护工作提出批评和建议，也期待着你们为本次会议的成功做出杰出的贡献。

预祝会议取得圆满的成功！

（2007年5月25日在北京首都大酒店召开的"东亚地区文物建筑保护理念与实践国际研讨会"上的致辞）

世界遗产的保护之道

首先，我代表故宫博物院向你们表示热烈的欢迎，也祝贺世界遗产网络大会圆满成功。

《保护世界文化和自然遗产公约》是国际遗产保护的划时代文献，在它签署之后的30年中，对世界遗产的保护起到了很大作用。这种作用不仅表现在世界遗产项目的数量已经增加到了721处，更表现为对文化和自然遗产保护意识的普遍觉醒。这种觉醒在今天的中国表现得尤为强烈。

中国被列入《世界遗产名录》的项目已经增加到了28处，而且有更多的项目在进行申报的准备。事实上，对中国而言，文化和自然遗产的保护工作已经超越了单纯数量增加的阶段，而开始进入增加数量和提高保护与管理水平并重的阶段。故宫作为中国第一批被列入《世界遗产名录》的项目，作为中国最重要的历史建筑群，对它的保护和管理，对中国其他世界遗产项目具有示范意义。我们希望通过对故宫的保护和管理实践，逐步探寻符合《保护世界文化和自然遗产公约》原则、能够反映中国遗产状况和文化背景的世界遗产保护途径。

规划是遗产保护工作的基础，判断遗产的价值、寻找展示和表述这种价值的途径是规划工作的重要内容。

文化遗产的保护不仅仅是物质形态的保护，更重要的是对其所承载的历史、文化信息的保护，这些信息是人类文化多样性的证明，而这种多样性正面临着逐步丧失的危险。因此，更充分地展示文化遗产的历史价值、艺术价值、科学价值以及文化和社会价值，不仅仅是实现文化遗产上述价值的手段，而且是使社会提高保护遗产自觉意识的基本途径。

文化旅游是中国文化和自然遗产保护面对的一个严峻的问题，一方面文化旅游促进了遗产项目价值的实现，提高了社会对遗产项目的认识和理解，但同时急剧膨胀的旅游规模也给遗产的保护带来了巨大的压力，如何把这种旅游活动控制在一个合理的水平上，同时提高遗产地的管理水平，是目前亟待解决的问题。

去年10月联合国教科文组织在中国丽江召开的关于旅游业和文化遗产保护的会议上提出的"丽江模式"，为我们的工作提供了新的思路。

这次在中国召开的再一次以旅游业和文化遗产保护为主题的会议，充分反映了联合国教科文组织世界遗产中心对这一问题的重视，也反映了这一问题所具有的普遍意义。

大学是中国自然和文化遗产保护的重要力量，中国的大学在这一领域已发挥了巨大的作用。我们希望与世界各国的大学进行更加广泛的合作，推动中国的世界遗产保护工作。

作为故宫博物院院长，我同样愿意在此强调，故宫在文化遗产保护的研究、实践方面将发挥自己的作用，作为世界遗产地，为保护好这份丰厚的文化资产做出我们的贡献。

在此，我谨代表故宫博物院对《保护世界文化和自然遗产公约》签署30周年表示热烈的祝贺，祝世界遗产保护事业蓬勃发展，祝大会圆满成功。

（2003年10月17日在故宫召开的联合国教科文组织世界遗产
中心组织的"旅游业和文化遗产保护会议"上的致辞）

遗产保护技术的交流与合作

尊敬的各位领导，各位中外专家，女士们，先生们：

在此，我谨代表故宫博物院对此次大会的召开表示热烈的祝贺，向参加此次会议的海内外文化遗产保护领域的专家学者和各界人士表示热烈欢迎！

在当今经济全球化进程中，世界文化相互交融，文化的地位和作用也日益突显。作为人类共同财富的文化遗产，见证和促进着人类文化的发展与繁荣，保护人类文化遗产在当今社会已经成为每个人的责任。

故宫博物院自1925年建院以来，至今已经走过了84个春秋。作为中华民族凝聚力的一块基石、中华儿女心灵上的一条纽带，故宫博物院始终伴随着中华民族文化事业的发展而发展，在其中发挥着重要的作用。故宫博物院不仅是中国最大的博物馆，同时还有着特殊的内涵。在新兴的故宫学学科体系下，故宫古建筑、院藏文物、中国宫廷历史文化、明清档案、清宫典籍等都成为故宫文化的重要组成部分。

长期以来，故宫博物院不仅重视故宫学体系下的文化遗产研究和宫廷文化研究，还非常重视故宫文化遗产的保护工作。目前，故宫不仅拥有150万件（套）珍贵文物收藏，还拥有中国博物馆界规模最大、种类最为齐全的文物修复、保护和科学研究机构。故宫一直致力于发展文化遗产保护事业，拥有现代化的分析检测设备和身怀绝技的文物修复专家，这为故宫博物院的文物保护事业奠定了良好的基础。
一些传统的文物修复技术在故宫有着300年以上的历史，现有的古书
画修复技术、古代钟表修复技术、青铜器修复技术最早就源于清宫造
办处，这些技术通过代代相传留存至今，已经成为故宫珍贵的非物质
文化遗产。2008年，故宫的"古字画装裱修复技艺"被国务院列入
第二批国家级非物质文化遗产名录，现在又有其他项目正在申报第三
批国家级非物质文化遗产。目前，故宫博物院正在开展"传统工艺的
科学化研究"工作，目的就是对优秀的中国传统文物修复技术进行科
学总结，更好地传承和弘扬，使这个历史悠久的行业焕发出新的青春
活力。

今天，来自东亚地区的200余位代表共聚紫禁城，就文化遗产保
护领域的内涵、价值体现、保护理念、保护方法及研究成果与创新等
内容进行交流，发表见解。这是故宫博物院向国内外同行学习借鉴的
难得机会，也是国内外同行全面了解故宫的难得机会。

金秋时节召开的这次会议，旨在推动东亚地区文化遗产保护领域
的合作，促进东亚地区文化遗产保护成果的共享。我们希望以大会为
契机，不断加深东亚各国、各地区文化遗产保护合作，为全人类文化
遗产保护事业做出应有的贡献。

最后，预祝"2009东亚文化遗产保护技术国际研讨会"取得圆满
成功！

**（2009年10月17日在故宫召开的"2009东亚文化遗产保护技术
国际研讨会"开幕式上的致辞）**

紫禁城研究的新成果

　　《中国紫禁城学会论文集（第五辑）》即将出版了。作为中国紫禁城学会的会长，我感到由衷的高兴。

　　中国紫禁城学会是一个在国内外具有重要影响力的学术团体。10余年以来，中国紫禁城学会以明清都城、宫殿、坛庙、园林、陵寝为对象，从历史沿革、艺术表现形式以及保护与维修的不同层面、不同角度，进行了许多有益的研究、探索和讨论。这些学术成果集中体现在学会编辑的论文集和会刊中。

　　这部论文集的主要内容，是2005年故宫博物院建院80年之际，故宫博物院和中国紫禁城学会联合举办的"中国明清宫廷建筑国际学术研讨会"的成果汇编。

　　本书最为显著的特点是论题广泛。来自海内外四面八方的学者们，围绕紫禁城这个中心，展开了广泛的讨论。大家对于北京明清故宫、南京明故宫、安徽凤阳明中都和辽宁沈阳清故宫的各个方面，都给予了热切关注。无论重建既往历史的描述沿革，还是立足于今天现实状况的保护维修，都有许多值得重视的观点和论述。

　　本书的另一个特点是集中反映了文物建筑保护维修实践中的可贵探索。这个特点既是这个时代风貌的体现，也是博物馆界、古建筑保护界不断进步的证明。许多作者都是亲身参与了故宫大修工作的专家，他们把来自实践第一线的认识形成文字，总结经验，讲述体会，有些看法的确属于真知灼见。

在我看来，紫禁城研究是故宫学的核心。故宫学的研究首先是从文化遗产的研究开始的。紫禁城从1420年建成至今，虽经多次维修、重建、改建，但仍保持了始建时的基本格局，并遗存了许多不同时代的建筑物。它作为我国古代宫殿建筑的集大成者，在建筑技术和建筑艺术上代表了中国官式古建筑的最高水平。

在文化传统上，紫禁城建筑设计反映了中国古代天人合一的哲学思想、皇权至上的政治伦理观念、追求平衡对称的美学思想以及阴阳五行学说。

在中国古代宫殿传统上，紫禁城承袭了传统形式、礼仪制度，在总体布局上最接近儒家理想和封建礼制。它不仅与明代的凤阳中都、南京故宫以及元大都、金中都有直接关系，而且能从宋东京、隋唐长安一直上溯至先秦两汉的都城宫殿，建立起历代帝都宫殿的发展轨迹。据专家研究，紫禁城甚至与河南偃师二里头早商宫殿遗址都有渊源关系。

在城市规划上，从建筑布局来说，昔日北京城是以紫禁城为中心规划设计的，它西与西苑三海，北与景山、大高玄殿等，东与皇史宬等紧密相连。社稷坛、太庙以及天坛、地坛、日坛、月坛、先农坛等都是它的重要外围。不仅整个皇城，西郊的三山五园、散布京城的皇家寺院道观以及各地的行宫等，也与紫禁城有着异乎寻常的关系。

在紫禁城与满族建筑的关系中，在紫禁城与明清陵寝的关系中，在紫禁城与皇家园林建筑的关系中，都还有着许多需要我们认真探索的课题。

故宫学研究范围虽然宽广，但故宫文化的核心是以皇宫、皇权、皇帝为重点的皇家文化。因此，故宫学研究应与皇家文化有关，而不同于一般的明清史研究。

紫禁城学不只是故宫学的组成部分，更是故宫学研究的重点。紫禁城学不只研究历史，更着重于中国传统建筑学的总结和传承。这种密切的关系，也为今后在推动紫禁城学研究的同时，促进故宫学与紫禁城学两者的互动研究打下了基础。

我衷心地希望把中国紫禁城学会办成有利于学术发展的新平台。

[《中国紫禁城学会论文集（第五辑）》序言，紫禁城出版社，
2007年]

明清宫廷建筑的研究和保护

为庆祝故宫博物院建院80周年、紫禁城落成585周年和中国紫禁城学会成立10周年而召开的"中国明清宫廷建筑国际学术研讨会"，经过将近一年的筹备，现在正式开幕了。

中国紫禁城学会云集众多的资深专家和知名学者，成立10年以来，已经召开过4次学术研讨会，成果汇编为4本论文集。其中所凝聚的学术成果，已在故宫的保护与研究方面发挥了重要作用。此次召开的第五次学术研讨会，得到了海内外专家学者的积极响应和大力支持，共收到论文60余篇，内容涉及中国明清宫廷建筑的设计思想与文化内涵、形制演变与历史沿革、艺术成就与技术特征、科学保护与合理利用等诸多方面。在今后的3天里，各位专家将就相关问题展开研讨。这次研讨会正值举世瞩目的故宫大修工程全面展开后的攻坚阶段，研讨的问题又与故宫息息相关，所以具有理论与实践的双重意义。为此，我们对这次研讨会非常重视。研讨会所形成的学术成果，对于故宫当前的大修工程和今后的保护、研究与利用具有重要的指导意义。

紫禁城是中国古代建筑的集大成者，又是建筑技术与建筑艺术完美结合的典范，被誉为太平洋西岸的建筑奇迹、15世纪地球表面人类最伟大的创造。落成585年来，经历朝代更迭、社会变革、战火洗礼，至今仍巍然屹立，堪称世界奇迹。

　　故宫博物院是世界闻名的博物馆，成立80年来，全体同人和社会各界以及海外的仁人志士为故宫的保护，为博物院各项事业的发展做出了有目共睹的贡献，使我们拥有今天的辉煌。在此，我向他们表示深深的敬意。

　　进入21世纪以后，我们又面临新的发展机遇。党中央、国务院对于故宫博物院的发展，特别是故宫古建筑的保护，给予了深切的关注，文化部、国家文物局、北京市文物局也给予了大力支持。为此，我院制订了《故宫保护总体规划》，并将古建保护作为首要任务。为使保护工作有序进行，我院会同中国建筑设计研究院共同编制了《故宫保护总体规划大纲》，提出了"完整保护，整体维修"的总体目标和五大任务。文化部专门成立故宫修缮工程领导小组。为加强决策的科学性，特聘古建筑、规划、文博和考古等方面的专家组成故宫修缮工程专家咨询委员会。为加强管理，制定了一批工程管理规定，资料和科研工作也随即展开。在武英殿试点等项工程取得经验之后，大规模的维修工程于2004年6月全面展开。我们有理由相信，有各级领导和社会各界的支持，故宫一定会再现盛世辉煌。

　　故宫是中国最有代表性的古建筑，有自己的材料、技术、工艺等特点，这些特点决定了中国古建筑在维修中既要遵循国际上一些公认的原则，又要从中国的实际出发，形成符合中国古建实际的特殊方法。只有这样做，才能更好地保护古建筑。因此，旷日持久、规模空前的故宫大修工程就具有理论和实践两方面的意义。所积累的经验，以及所形成的理念，将会对故宫以外的古建筑维修保护起到积极的引导作用和良好的示范作用。同时，也会对中国乃至世界文物保护理论的发展做出贡献。我希望中国紫禁城学会在这方面能大有所为，出现更多的研究成果。

　　2003年10月，我在庆祝南京博物院成立70周年举办的馆长论坛上提出故宫学的概念，引起同行和学术界的反响与关注。故宫学属于综合性学科，涉及历史、政治、建筑、器物、文献、艺术、宗教、民俗、科技等诸多方面。研究范围大致涵盖六个方面：紫禁城宫殿建筑群、文物典藏、宫廷历史文化遗存、明清档案、清宫典籍以及故宫博物院的发展历程。这六个方面内容又可分为三个层次：最外面的层次为所有六个方面及与其相关的丰富内涵，中间层次是紫禁城古建筑、院藏超过百万件文物和宫廷历史文化遗存，最核心层次是紫禁城。大家不难看出，这三个层次六个方面的内容与中国紫禁城学会所倡导的紫禁城学的研究对象和研究领域，在内涵和外延方面多有重合。因而我们有理由相信，紫禁城研究的不断深入，对于故宫学研究会起到积极的促进作用。

随着两年来的探索，故宫学的研究范围进一步明晰，相关研究也在加深。今后还要加强故宫学的学科建设和相关研究，并着力在紫禁城研究中推动和促进故宫学研究的深入。所以希望各位专家学者能为此献计献策，给予必要的关注。

同志们，朋友们，21世纪的头20年，是我院实施各项规划的规定期限，也是我们必须紧紧抓住而又可以大有作为的战略机遇期。让我们携起手来，为紫禁城和故宫博物院的未来再创奇迹！

预祝大会圆满成功！

（2005年10月10日在"故宫博物院80周年华诞暨中国明清宫廷建筑国际学术研讨会"上的致辞，原载《中国紫禁城学会会刊》，总第17期）

开放的中国紫禁城学会

首先，我代表学会常务理事会，同时也代表故宫博物院，对大家的到来表示热烈的欢迎和衷心的感谢。

昨天，大家参加了故宫85周年的院庆活动和故宫学学术研讨会。今天，我们在这里举行学会的第七次学术研讨会，实际上也是"故宫学"研讨会的继续。

故宫学的概念是在2003年提出来的，2005年10月在学会第五次学术研讨会上我做了故宫学的专题报告。我认为，故宫学所涉及的研究领域，在这一概念提出之前故宫博物院和文博界众多的学者都已进行了几十年的探讨，积累了丰富的成果。我提出故宫学，正是由于这些研究领域和成果已经形成了一个学科的形态，已经有可能也有条件进行新基础上的归纳、整合，以使其得到更深入的发展。我认为故宫学的研究领域的六个方面中，紫禁城是最重要的，可以说是故宫学的核心内容。故宫学的一个重要特点，是它与故宫的保护工作紧密地联系在一起。当然在学术研究上，我们还是要"百花齐放，百家争鸣"，但是我们提倡把研究工作与故宫博物院的日常工作、保护工作联系起来，随着工作的开展，研究成果日益丰富，研究人才也更多地成长。在机构建设方面，故宫博物院已经先后组建了古陶瓷研究中心、古书画研究中心、古建筑保护研究中心、藏传佛教文物研究中心，进一步促进了故宫学各领域的研究。故宫学提出后在台北故宫博物院也得到响应。台湾有位大学教授在开设"故宫学概论"的课程。更多的学者参与进来，是故宫学得到发展的基本条件。

在这方面，中国紫禁城学会的工作是很有成绩的。学会成立至今已经15个年头了。15年来，在国家文物局和北京市文物局的指导下，在各位专家学者和故宫博物院各部门的积极支持下，学会紧紧围绕故宫学的主题，积极开展学术活动，取得了显著的成绩和长足的发展。我们已经召开过六次综合性的学术研讨会和两次小型的专业研讨会，城市规划学界、古建筑学界、历史学界的许多著名学者、教授都在中国紫禁城学会研讨会上做过学术报告，发表过他们的学术论文。这些论文收录在学会的论文集中，记录了学术的发展，对后来的学者具有启迪作用。学会的学术研讨会已经成为名副其实的一个学术平台。近年来，故宫博物院内外的一批青年学者和保护工作者积极参加到学会中来，他们在继承前人研究的基础上，引入了新的理念和科学技术，取得了许多新的学术研究成果。这不仅促进了文物保护界学术交流的开展，为加强我国文化遗产的保护和维修提供了宝贵的理论依据，而且有力推动了故宫学的深入发展。

回顾学会刚刚成立时，会员多是我们故宫博物院和文博界的一些老专家，人员不足百名。现在，我们学会团体会员单位已发展到16个，会员达200多名。不仅博物馆界、科研院所的工作人员，还包括明清帝王陵寝、皇家园林的管理研究人员和专业工作者都踊跃参加学会。在这里我特别要感谢北大、清华、天大的诸位教授，他们不仅自己带头参加学会的每次学术活动，还带来了大批的研究生、博士生。他们的到来，不仅壮大了我们学会的组织，而且活跃了学会的学术活动，带来了新的血液和希望。

借此机会，我也向大家简单通报一下学会的其他业务工作。自2004年起，故宫博物院委托学会进行收集、整理和编辑明清宫廷建筑史料的工作，为故宫大修工程服务。6年来，学会组织了30多人查阅明清档案、图书文献，已经收集明清宫廷建筑史料41960条。现在正在进行审核与编纂工作，计划编为《明代宫廷建筑大事史料长编》和《清代宫廷建筑大事史料长编》两部书，从今年起将陆续分册出版。这是两部工具书，不仅可以为故宫的维修提供可靠的、便于查阅的历史资料，也可以为明清宫廷建筑的研究提供方便。故宫博物院今年还批准把《明清宫廷建筑图档》的整理鉴别工作纳入明清宫廷建筑史料的编纂工作，同时将其列入了故宫博物院的科研课题，我们争取还原这批图档的历史系统性，尽早发布，满足研究工作者的迫切期望。故宫博物院的历史责任之一就是整理和发布宫藏的文物和文献，不仅仅为故宫博物院的各项工作服务，而且要为全社会的研究工作服务，为社会主义文化的大发展、大繁荣服务。整理明清宫廷建筑史料的工作，从一开始就得到了专家的认可与支持，希望各位专家继续给予大力协助。另外，故宫博物院委托学会承担一些科研课题，这是我作为会长，为解决学会生存和发展所必需的经费问题而想的一个办法。这个办法得到了故宫博物院的支持，现在看来是有效的，运作也比较顺畅。学会利用提取的少量管理费用，每年编辑两期通讯。最近的几期，篇幅不小，资料丰富翔实，很好地记录了学会的各项活动，特别是反映了各团体会员的动态，非常重要。

去年和今年，学会联合沈阳故宫博物院和湖北武当山特区管委会，分别组织了"明清宫廷建筑文化学术研讨会"和"故宫·武当山（明代）紫禁城文化研讨会"，学会的不少老专家和教授都参加了这两次研讨会。会议开展了对北京紫禁城之外的宫廷建筑的研究，对当地文物保护和利用工作都起到了很好的推动作用。我认为，只要条件具备，学会的学术活动应该而且可以走到外边去，可以将大小研讨会结合，活跃学术气氛，扩大学会的学术影响，使学会的学术活动更持久、更活泼地开展下去。

学会发展到今天很不容易，是学会全体会员共同努力的结果。随着形势的发展，我们学会也要不断发展，继续完善和充实学术平台。我们要遵循学会的宗旨，更广泛地联络国内外有关学科的研究力量，对故宫及相关园林、陵寝、行宫、衙署、府第等各级文物保护单位、世界文化遗产和紫禁城文化及其保护进行广泛深入研究，为故宫学研究繁荣提供更丰硕的成果。

（2010年9月27日在"故宫博物院85周年院庆暨中国紫禁城学会第七次学术研讨会"上的开幕词，原载《中国紫禁城学会会刊》，总第27期）

第三编

故宫学是以故宫及其历史文化内涵为研究对象，集整理、研究、保护与展示为一体的综合性学问和学科。提出故宫学，总的目的是不断推进故宫的综合研究，努力挖掘故宫文化的深邃内涵。

故宫学倡导「故宫在北京，故宫学在中国、在世界」的学术理念，需要海内外研究力量的广泛参与。

《故宫学刊》发刊词

在2004年岁末，《故宫学刊》第一辑和读者见面了。

故宫博物院即将迎来建院80华诞，故宫学研究也从滥觞发展到今天的蔚为大观，走过了近80年的历程。明确提出故宫学的概念并加强故宫学的建设已水到渠成。这是故宫学发展的必然要求，也标志着故宫学研究进入了一个新的阶段，即由自发到自觉的阶段。

故宫办有学术性刊物《故宫博物院院刊》及以发掘展示中国宫廷历史文化为核心内容的文化艺术性杂志《紫禁城》，现在又创办《故宫学刊》，它的任务和宗旨是什么？一句话，是为故宫学研究与故宫学的建设服务。

《故宫学刊》是个大型的学术性刊物，暂拟每年出一期，主要刊登两方面的文章：一是故宫学研究的成果。它鼓励创新，支持探索，重视为中青年学者创造条件，也为一些有见地的篇幅较长的论文提供园地。二是关于故宫学学科建设的研究，包括学科性质、研究领域、研究方法等各个方面，欢迎争鸣和探讨。学术发展及学科建设有其自身规律，不能急于求成，需要一个过程，绝非朝夕之功，而要长期的积累。《故宫学刊》反映的就是这个过程中跋涉的足迹，积累中的一砖一石。

故宫在北京，故宫学人在故宫学研究中具有特殊的作用，应当做出更大的贡献。1929年10月，经过多年的纷乱，刚走上正轨的故宫博物院即创办了《故宫周刊》，该刊介绍院藏各类文物及古建筑，并刊登专著、考据、史料、校勘、目录等，易培基院长在发刊词中说："是此一周刊之微，他日者或将谓为吾国文艺复兴之权舆，亦奚不可，斯又岂独本院及本刊之幸哉？"这反映了故宫博物院在传承、弘扬中华传统文化中的强烈的责任感和使命感。《故宫周刊》后因战争原因，出到510期被迫停刊，但刊物所体现的故宫学人的精神和抱负则成了宝贵的遗产被继承下来。《故宫学刊》流淌着《故宫周刊》的精神血脉。

期盼着故宫研究的气象更为宏大，期盼着故宫学研究成果的不断涌现，期盼着新的研究人才脱颖而出，这就是《故宫学刊》的愿望！

[原载《故宫学刊》（第一辑），紫禁城出版社，2004年]

稽古知今

迄今，《紫禁城》杂志和一切热爱故宫的人相伴了30年的历程，在这改革开放的新时代里，我们在向广大读者奉献传统文化精粹的同时，也得到了大家的厚爱和认同，每每想起，铭感在心。

《紫禁城》依托明清两朝的宫廷建筑和院藏百万件珍藏以及雄厚的专家资源，力图实现学术成果大众化、专业知识普及化的良愿，让平常百姓享受到过去为一人所独有的艺术品、精美的建筑以及丰富的宫廷文化，更好地服务于现代人的文化、艺术和休闲需求，在阅读过程中，为读者呈现由事到人的细致扭结和由物到史的纵深关系。

故宫博物院兼具遗址博物馆与艺术博物馆的双重优势，作为展示传统文化的物质载体，介绍明清500年的历史变迁以及源远流长的中华5000年文明，是其永远不变的主题。《紫禁城》中既有贯穿古今的宏论，又有执着于一器一事的琐谈，还有徜徉于一朝一代的风尚……千古优雅，期期相随。

评传说之是非，钩渐隐之史实，寻残存之实物，别真赝之参数。《紫禁城》期待的是读者能在阅读中体味文化的魅力和意蕴，感悟传统的博大和精深，在修身的过程中获得愉悦和畅快，在您的身边再造一个真实的紫禁城。

（原载《紫禁城》，2009年第1期）

关于故宫学的感想

感谢各位专家学者参与故宫学的讨论。关于故宫学的座谈会，我们2005年开过一次，这次应该说是第二次了。从2005年到现在已经5年了，很想听听大家的意见。在座的好多都是我们的同行，做的基本都是对历史、文物、文化的研究。今年10月份我们还要开一个国际性的故宫学学术研讨会，今天也是为开好下一次会听听大家的意见，大家对故宫学的看法建议，将对我们准备下一个会议起到很重要的作用。故宫学提出来到现在有7年了，这几年应该说得到了社会的关注，引起了一些同人的兴趣，但作为一个学科或者学问，要在短时间内达到很高的水平，我想是不切实际的，我们会继续努力的。今天，我想谈几点感想：

首先是故宫学的提出，可以说缘于我对故宫整体性的认识。故宫的文物藏品、故宫的古建筑，故宫拥有这么长的历史，是和它作为明清皇宫491年间所发生的人和事联系在一起的，我认为故宫学的基础是在这儿。举个例子，三希堂的三件书法作品，任何人都可以研究，搞书法的，搞艺术的，搞历史的，任何人都可以谈王羲之的艺术成就，谈王献之的生平，谈王珣《伯远帖》作为真迹的意义，但是这三件书法作品如何放在故宫里面，乾隆皇帝是如何得到的，出于何种原因把这三件作品集中在一起。三件法书上，乾隆皇帝题跋那么多，把所有题跋和当时发生的军国大事联系起来，和乾隆皇帝的艺术趣味、审美观点联系起来，我想，这就不同于一般的书法或艺术史的研究，这就是典型的故宫学研究。

其次，循故宫学这个思路，还要反思一下我们的工作。我们博物院既是一个管理故宫的机构，也是中国最大的博物馆，我们对外展示，同时也负责修复它、保护它。这里面就牵涉到对文物的态度问题，即是不是用故宫学的观点来看文物。例如，半年前古书画部说有一批乾隆御稿，有乾隆皇帝写的诗文原稿，也有大臣给他抄的诗文。我去看了，放在两个雕漆箱子里，按年代分的，有的一年分两卷，排得整整齐齐的，但是没有目录。以前院里没有整理过，没有记录。图书馆也跟我说藏有乾隆手稿，我也去看了，也是乾隆御稿，放在一个普通的木箱子里，与古书画部所藏应是一回事，恐怕是原来箱子丢了。这两批合起来估计有四五万件。我为什么谈这个？是因为这些藏品过去未引起我们的重视，未当作文物看待，也从未进行过整理。当然现在已着手进行。是否用故宫学的视野来看故宫文物或遗存，会造成对文物价值认识上的巨大差异。我们传统的观念文物是古董，即所谓的铜、瓷、书画等。有不少除此之外宫廷遗物过去都处理了。现在如果从故宫学来看处理掉的东西，它们中的相当一部分或大部分确实是宫廷历史文化的不同载体，其本身的价值是无法替代的。还有许多宫廷遗存，过去我们没有完全当作文物，或者说没有作为重要的文物看待；还有一些残损而又有相当价值的文物，就是因为我们对文物认识上的缺陷，没有把它们当文物，有些仅当作文物资料。我们对很多物品的认识，没有把它们提升到文化遗产的高度，对其价值的认识亦产生了偏差。还有古建筑，因为故宫在中华人民共和国成立后长期被当作一个艺术类博物馆，虽然我们对故宫的古建筑很重视，但是因为它与博物馆的展示有矛盾，也拆改了不少。像慈宁宫大佛殿几千件文物一下送到洛阳去了。当然我们不能苛求前人，也应该看到当时复杂的社会背景。今天则要吸取当年的教训。还有一个就是非物质文化遗产。故宫钟表维修、书画装裱、青铜器修复等技艺，都是清宫流传下来的，这些工艺技术的传承是很重要的。从故宫学的观点来看，故宫的保护就是全面的保护、整体的保护，看得见的物质文化遗产要保护，看不见的非物质文化遗产也要保护。

再次，故宫的学术研究并不都属于故宫学。作为一个博物院，各种研究都是很必要的。比如说艺术史中绘画、青铜器等的研究，只有当这些研究和故宫藏品以及故宫本身结合起来，才属于故宫学的范畴。此外，故宫也是有延伸性的，包括明清皇家建筑，包括流散在海内外的清宫旧藏，这在客观上也给更多的机构和个人介入故宫学研究提供了条件。而这些东西只有和故宫联系在一起，才可能得到一个新的生命，才具有新的内容。

这几年我们和台北故宫博物院也逐步展开交流。我有一个观点，人为的阻隔只能是暂时的，两岸故宫博物院的学术交流与合作，特别是故宫学研究，是发展两岸故宫博物院关系的内在动力。两岸故宫博物院本身就是血脉相连的，你要把学问搞好，不能不知道对方的研究成果，它的研究水平怎么样，写了些什么文章。我认为，正因为这么一种联系，包括和南京博物院，和沈阳故宫，和上海博物馆，和吉林博物馆等，都是可以开展合作的。

还有，我们的学术具有自己的特殊性。我们与单纯的社科类研究机构有所不同，学术成果不仅可以通过出版著作或发表论文来反映，我们还有展览，展览能让更多的人看到这个具体的东西，包括促进社会教育，这都是我们的成果。近年来，我们对故宫博物院历史上学人的著作进行了整理出版，也为一些年轻人提供了"紫禁书系"这个平台。另外，我们过去一直没有对外公布我们的藏品，现在正在搞一个500多卷的"藏品大系"，向社会公开；此外还有《故宫百科全书》《故宫建筑大事记》等的出版。故宫要有开放的气度，故宫学光靠故宫自身的科研力量是承担不了的，所以我们正逐步与社会合作、与海内外合作。

最后一个就是学科的理论建设。学科建设是比较复杂的，从理性上、理论上探讨，这也是我们在努力做的。刚才敦煌罗院长说，敦煌学几十年来一直在争论，争论肯定有，但每争论一次总有新的启发、新的进步。这个还包括大家刚才说到的学科的性质问题，包括表述的方式问题、研究对象问题、研究方法问题，我想这是永远都会讨论下去的，但是每讨论一次都会有新的收获。

（2010年4月在"故宫学研究现状与未来发展座谈会"上的发言，原载《故宫博物院院刊》，2010年第3期）

故宫学的视野和建设

今天是故宫博物院成立85周年纪念日，今年是紫禁城建成590周年，这是一个值得庆贺、值得纪念的日子。

85年来，一代又一代故宫人，在社会各界的积极支持下，为了故宫博物院的生存、发展，为了故宫的保护、国宝的典守，付出了极大的努力，推进着事业不断进步。在经历85个春秋后，故宫博物院进入了一个新的发展阶段，其中一个重要标志就是故宫学的确立和建设。

故宫包含着丰富的内涵，最主要的是古建筑、文物藏品和博物院三个方面。故宫的地位是历史形成的，其价值是不断积累的，是不可替代的。故宫是中华文明的重要载体和体现，也具有重要的象征意义。故宫的重要组成部分之间不是杂乱的、零碎的、毫无关联的，而是有着紧密的内在联系，是一个文化整体，其遗产价值是完整的、不可分割的。故宫是一个文化整体，这是故宫学得以形成的重要基础。

故宫学是2003年10月提出来的，但是对于故宫的研究从1925年故宫博物院成立之时就开始了。80多年来有关故宫的研究成果是提出故宫学的基础，而故宫学的提出并确立将使这种研究由自发阶段进入自觉阶段，从整体上提高故宫的研究水平。

提出故宫学，总的目的是不断推进故宫的综合研究，努力挖掘故宫文化的深邃内涵。故宫学的提出，也将使流散海内外的清宫旧藏有个"学术归宿"，它们的文化精神是故宫学的一部分。

作为依托于故宫古建筑并以宫廷收藏及遗存为基础建立起来的故宫博物院，负有保护世界文化遗产和发展博物馆事业的责任，"宫"和"院"是一而二、二而一的问题。故宫博物院因有故宫古建筑与最为宏富的清宫旧藏以及80余年来的丰富的研究成果，在故宫学的建构和发展中负有重要的历史使命。

7年来，故宫博物院的同人与关注故宫学的专家一起探讨故宫学，取得了不少共识，一些基本思路正在厘清，学科的框架正在初步形成，故宫博物院在故宫学学科建设上做出了不懈的努力，故宫学也作为故宫工作指导思想新的、重要的内容之一，促进着文化遗产的保护和博物院的发展。

故宫学涉及诸多学科。学术为天下公器。故宫在中国，故宫学在全世界。故宫学研究不只是两个故宫博物院以及有故宫藏品的机构与个人的事，而是学界的共同事业。故宫博物院近年来为此在三个方面做了努力：其一是加强对外学术交流与合作，拓宽学术研究的视野与渠道。故宫博物院全力拓展与国内外知名博物馆、高等院校、科研院所及其他学术机构的学术交流与合作，如签署战略合作协议、合作开展文物保护项目和课题科研、合办学术会议、合办学术刊物、联合办学等。其二是编写出版有关故宫的大型丛书或资料汇编，为海内外故宫学研究者提供方便。主要有《故宫博物院藏品大系》、《故宫博物院藏品总目》、《故宫博物院学术成果总目（1925—2005）》、《故宫研究论著索引（1925—2005）》、《故宫百科全书》、《明清宫廷建筑大事史料长编》和《明清宫廷建筑图集》等。其三是重视本院学术成果的整理、出版，并为中青年学者创造良好的发展条件。

故宫学不只是个学术概念，它也成为指导故宫保护和博物馆事业发展的一项重要理念。建立在故宫学基础上的文物保护观念，要求深化对文物的理解与认识，把故宫作为一个"大文物"来看待，对历史文化遗产进行全面保护。从故宫是个文化整体的观念出发，故宫开展了文物清理工作；从全面保护故宫的要求出发，故宫重视非物质遗产的保护；从弘扬传承中华文明的使命感出发，故宫重视办好陈列展览，重视开展故宫知识进课堂、进军营、进社区等活动。

两岸故宫博物院同根同源，都是故宫学研究的重镇，其交流合作对于故宫学意义重大。2009年，两岸故宫博物院打破60年的隔绝状况，迈开了交流合作的步伐，并且达成了一系列互利双赢的协议。2010年6月份，两岸故宫博物院开展了"温故知新：重走故宫文物南迁路"的活动，以"重走"的方式共同回顾这段不寻常的历史，追寻先辈足迹，让个人记忆变成集体记忆、民族记忆。通过这次活动，不仅使两岸故宫同人对文物南迁的精神和意义加深了认识，也进一步增加了两岸故宫博物院的相互了解，有利于继续推进交流与合作。

85年来，经过故宫几代专家学者的努力，故宫学研究已有了相当的基础。当前故宫学面临良好的发展机遇，继续努力，切实推进故宫学研究再上一个新的台阶，是当代故宫人新的任务。要加强故宫学学科建设，确立故宫学学科体系；加强故宫学资料整理，推进故宫学图书出版；加强故宫学人才培养，搭建故宫学学术平台；加强故宫学资源整合，把握故宫学发展方向。故宫学的进一步构建和发展，不仅对于故宫博物院的发展，而且对于中华文明的复兴，对于中华传统文化的弘扬，都有着重要的意义。我们对故宫学的发展前景充满信心。

（原载《中国文物报》，2010年10月13日）

故宫是一个文化整体

　　故宫是重要的世界文化遗产，故宫有着丰富的内涵，只有把故宫作为一个文化整体来看待，才能加深对故宫价值及意义的认识。

　　人们一般对故宫并不陌生，或多或少都知道一些。在有些人的印象里，故宫就是雄伟壮丽、举世无双的紫禁城建筑；而在另一些人的脑海中，故宫等同于奇珍异宝，本身就是一个藏宝之所。

　　这些认识都有依据，但不全面。故宫古建筑与故宫珍宝是看得见、摸得着的，然而在长达491年中有明清两代24位皇帝在故宫生活与执政，清宫遗存的这些文物藏品，又与古建筑、与宫廷历史文化有着这样那样的关系。把故宫古建筑、文物藏品及宫廷历史文化联系起来，故宫就是一个文化整体。所谓故宫是一个文化整体，就是指故宫遗产价值是完整的、不可分割的。

　　故宫是一个文化整体，可从空间和时间两个方面来认识。从空间来看，紫禁城的千门万户，院藏的各种文物，以及宫殿与文物藏品背后曾发生过的人和事，种种秘辛内幕，宫廷的文化生活，是一个鲜活的统一体。很显然，离开了宫阙往事，没有了附着其中的历史内涵，那些宫廷旧藏的意义和价值势必受到影响。同样，要保护完整的故宫，不只是72万平方米以内的紫禁城，还要保护与它有密切关系的一些明清皇家建筑，以及它的保护区、缓冲区。从时间来看，故宫藏品虽为清宫旧藏，但其中文物则包括了中国古代文化与艺术的各主要门类，而且反映了5000年的中华文明史。又以紫禁城为例，它虽然建成尚不足600年，但却是中国几千年来宫殿建筑的集大成者，是历史悠久的中国传统官式建筑的典范。

故宫作为文化整体的价值，使故宫成为中国传统文化精神的物质载体，体现了中华文明的精华，也成为中国传统文化最有代表性的象征物。故宫的地位是历史形成的。故宫文物藏品过去具有国宝意义，在20世纪民族危难时期，这些文物又与中华民族共命运，其中倾注着民族的感情。因此，故宫具有特殊的价值。中华人民共和国成立以来，考古发掘时有宝器出土，全国各地的博物馆也有一批稀世珍宝，但是，故宫作为一个文化整体的价值，使它与民族文化血脉的传承联系在一起，并为人们所普遍接受。它是不可代替的。

正是基于对故宫是个文化整体的认识，故宫学的学术概念才得以形成并提出。故宫学是以故宫及其丰富的收藏为研究对象的一门学科。故宫学不仅把故宫古建筑、宫廷文物珍藏及宫廷历史文化当作一个整体，还包括故宫博物院成立以来的80多年历史。故宫文化的这一整体性，也使流散在院外、国外的清宫旧藏文物、档案文献、宫廷典籍，都有了一个学术上的归宿。基于此，两岸两个故宫博物院在学术研究上的交流与合作就是不可避免的，人为的阻隔只能是暂时的，事实上这种交流也在不断地发展。今年2月中旬与3月初，两个故宫博物院院长互访，商谈交流合作事宜，取得了丰硕成果，这不仅是两院事业发展的需要，是两岸同胞的福祉，也是故宫价值得以进一步发掘、故宫学研究提升到新的水平的极好机遇。

把故宫当作文化整体看待，全面认识故宫的价值，在认识上有个过程，其实质是文物保护理念的不断提升。如对文物概念的认识，从具体的"古玩"、"古物"到一切历史文化遗存的拓宽，从可移动文物到不可移动的古建筑的重视，从有形文化遗产到无形文化遗产的发展，从保护文物本体到同时重视保护它的环境等，都是不断拓展、逐步提升的。对故宫人来说，还要注意正确认识、妥善处理故宫保护与博物院发展的关系，在努力接受先进的文物保护理念、树立正确的文物观的基础上，认真探求故宫的价值，同时使博物院的内涵更为丰富，从而更进一步加强文物的保护，突出文物的文化价值，实现文化遗产对当代社会的重要作用。

（原载《文汇报》，2009年3月19日）

"大故宫"理念

　　首先，真诚地感谢诸位先生冒着严寒来参加会议，感谢专家们对中国紫禁城学会和故宫博物院的支持。中国紫禁城学会从1990年倡议、筹备至1995年建立之初，其宗旨就是以相关学科的研究力量促进对故宫的保护，加强对中华民族文化遗产的保护。可以说，这是一个真正的学术机构，是一个脚踏实地做事的地方。中国紫禁城学会也是与中国文化遗产保护事业新时期的发展紧密相连的：它对于整个故宫的保护、对这处世界文化遗产地的整体保护做出了不可磨灭的贡献，其产生的影响是国际性的，也必将在中国文化遗产保护史上留下浓重的一笔。近几年，学会的工作除了在学术研究上指导故宫古建大修外，还加强对故宫古建筑基础资料的整理，组织编写了《明清宫廷建筑大事史料长编》和《明清宫廷建筑大事编年》等；将学术视野扩大到对明清皇家陵寝、园囿、寺观等的关注，着眼于整个中国古代建筑历史；召开了几届研讨会，学术活动既活跃又规范，出版了几本论文集。应该说，中国紫禁城学会所做的工作，对于中国古代建筑这批宝贵的传统文化遗产的继承、弘扬与研究意义重大。

　　故宫是一个"大"的概念。"大故宫"不仅仅指的是72万平方米的紫禁城，还要看到在北京市列入全国重点文物保护单位的98处地点中，许多都与明清皇家有关；在中国列入《世界遗产名录》的文化遗产地中，北京地区除周口店北京人遗址外，其余都与明清皇家有关。

近年来，北京市提出加强对中轴线的重视，有意将中轴线申报为世界文化遗产，其中最精华的部分当然是故宫。"大故宫"还在于，虽然紫禁城建成于明代，但与中国历代古代建筑、官式建筑有着一脉相承的传承关系。2010年学会与武当山特区管委会共同举办的"故宫·武当山（明代）紫禁城文化研讨会"，就是秉承了"大故宫"的思路。这不仅拓宽了我们工作的范围，同时也是研究深入、思维逻辑发展的自然结果，而绝非人为牵强刻意的联系。由此出发，学会的发展道路必将越走越宽广。老一辈倡议、发起建立中国紫禁城学会的泰斗，如吴良镛、罗哲文先生，至今仍在关心并参与学会的活动；新兴力量的加入，也在共同努力为丰富中国文化遗产保护理论做出自己的贡献。

中国紫禁城学会的发展与故宫博物院事业的发展息息相关。2010年故宫博物院有几件大事。一是故宫游客人数首次达到1284万人次，创历史最高。二是按计划完成了历时7年的文物清理工作，正式公布故宫所藏文物的总件数为1807558件，这是有史以来对故宫文物的第五次清点，也是首次以新的理念为指导所进行的科学清理，表明了故宫博物院负责任地管理国家资产的态度。三是越来越多的故宫古建筑得到腾退，相对空间增大：大高玄殿正式移交故宫博物院管理，由此结束了整60年被占用的历史；端门的收回已无悬念；东西雁翅楼和宝蕴楼中所藏的39万件文物已交国家博物馆。四是故宫学走进高校，进一步昭示着故宫是中国传统文化的载体，是集大成者，而故宫学是一个有机的、系统的知识体系。海内外一些著名的高等院校，如中国社会科学院研究生院、浙江大学，与我院就联合开展故宫学教学与研究工作达成合作意向，台湾清华大学还开设了"故宫学概论"课程。五是一系列重要出版物的进展，如《故宫博物院藏品大系》、《故宫博物院藏品总目》、《故宫百科全书》以及古建大修实录等等，这些都为社会更好地研究故宫提供了资料，也是开放学术理念的重要体现。

只有置于"故宫学"的框架、观点与视野之下，那些流散的清宫文物才不是作为各自独立的文物，而是有了学术的归宿；只有与故宫的历史文化联系起来，这些文物才有了生命，才被赋予了新的价值和研究意义。故宫博物院有两个，而故宫只有一个，博物院是依托于故宫而存在的。故宫学的成长与发展是要在不断的努力与摸索当中实现的，在这个过程中，中国紫禁城学会所能发挥的作用很大，所能做的工作是很多的。虽然故宫博物院所藏文物丰富，但去年的"永宣大展"却也向青海瞿昙寺、西藏布达拉宫借文物进行展览，这其中反映出的是展览背后深刻的观念的变化。在故宫学的背景下，文物的联系是极其丰富多元的。中国紫禁城学会与武当山特区管委会合作办研讨会也是体现了这一点。以新的思路、新的学术视野来指导工作，立足于故宫，放眼于世界，相信中国紫禁城学会的事业一定会蒸蒸日上的。

（2011年1月18日在"中国紫禁城学会第三届第六次常务理事扩大会"上的讲话，原载《中国紫禁城学会会刊》，总第28期）

《大故宫》的意义

　　阎崇年先生《大故宫》一书的出版以及《大故宫》在《百家讲坛》的成功开讲，很有意义，是值得祝贺的事情。《大故宫》的意义，或者说对我们的启发，主要体现在以下三个方面：

　　第一，宣传并强化了"大故宫"的观念。"大故宫"概念是近年来故宫学研究中所形成的一个共识，是故宫学研究深入发展的反映。故宫是什么？在许多人看来，故宫就是72万平方米的紫禁城，这个看法也有道理。但作为文化遗产的故宫，紫禁城就不足以反映其完整的价值。完整的故宫遗产，既应从故宫在历史上的地位、作用来看待，也应从故宫与其他明清宫廷建筑的联系来看待。北京现在要搞中轴线世界文化遗产申报，北京历史文化的精华在中轴线，中轴线上最重要的建筑是什么？当然是紫禁城，紫禁城与这条线上的其他明清宫廷建筑有着重要的内在联系。不仅如此，还有北京以及北京以外的明清宫廷建筑，如园囿、行宫、陵寝、皇家寺观，以及明中都、明南京故宫、清沈阳故宫。由于历史的原因，也出现了一个故宫两个故宫博物院的局面，而清宫文物的流散，更使许多收藏者与故宫有了关系。故宫文化遗产的价值，除去看得见的部分，还有蕴藏在古建筑、文物藏品中的宫廷历史文化内涵，还有丰富的非物质文化遗产。"大故宫"的实质，就是全面看待故宫遗产的价值。因此，"大故宫"既有外延的大，也有内涵的深。只有这样看故宫，才能看到一个立体的、生动的、丰富的、可触摸的故宫。

而且，大故宫所涵盖的内容之间有其内在的、固有的联系，从联系中进行研究，对故宫就有了更为宽广的视野，有了更为充实、丰富、生动的内容，故宫的文化精神也就得到了进一步的阐扬。

第二，"大故宫"的产生说明社会参与故宫学研究的重要性。"大故宫"概念提出已多年，在专家学者的共同努力下，其内涵正得到不断完善。应该说，阎崇年先生的《大故宫》一书，对"大故宫"首次做了全面、系统、生动的阐述和勾勒，是故宫学研究的新成果。阎先生是著名清史专家，是北京市社科院的研究人员，他工作的单位并不是故宫博物院，但他却投入故宫研究，是中国紫禁城学会的副会长，这说明什么？说明故宫学研究的开放性。"故宫在北京，故宫学研究在中国、在世界。"故宫学的博大精深吸引着海内外越来越多专家学者的参与，也只有多个方面共同努力，故宫学也才会有生命力。阎崇年先生的这一成果，是近年来故宫学研究深入的一个体现，是社会参与故宫学研究的生动反映。

第三，在故宫宣传中，要重视大众传媒的作用。阎先生是著名的清史专家、北京史专家，他在中央电视台《百家讲坛》的讲演引起了巨大社会反响，这也说明了电视这一大众传媒在当今社会知识传播中的重要作用。故宫学不是少数人书斋里的学问，它的成果需要普及，需要让更多的人了解。12集系列电视片《故宫》就曾受到公众的好评，现在《故宫100》也已在中央电视台公开播出。我们充分认识到这种传播形式的影响和效果，而且《百家讲坛》也已成为一个著名品牌。因此，我们也十分重视阎先生的《大故宫》演讲。以阎先生的清史造诣，以他丰富的讲演经验以及公众对他的好评和期待，我们相信，《大故宫》的演讲一定会收到预期的效果，让公众对故宫、对故宫文化、对故宫价值有更多的了解，对中华文明、对中华传统文化有更加深入的认识，也让故宫在当今的中国文化建设中发挥应有的积极的作用。

（2012年2月28日在阎崇年著《大故宫》首发式上的讲话）

愿故宫学在高校参与下更好地发展

一元复始，新年新貌。故宫博物院在全国人民的关注下，努力改进工作，加快发展步伐。2012年，浙江大学、中国社会科学院研究生院、东北师范大学三所院校开始招收故宫学方向研究生，标志着故宫学已进入研究生教育体系，这不仅是故宫学建设中的大事，对于故宫博物院的长远发展也有重要意义。

故宫学是2003年提出的学术概念，是以故宫及其丰富的文物收藏为研究对象的一门学科。作为学术概念，故宫学是两岸故宫博物院合作交流的深层次动力，是一切流散海内外清宫文物的精神归宿，吸引着国内外众多研究机构的参与。故宫学作为指导工作的理念，使故宫人拓宽了对文物的认识，完成了历时7年的文物清理，形成了对故宫整体保护的意识，目前已有4项传统的文物保护技艺被列为国家非物质文化遗产保护项目。故宫是开放的，故宫学是敞开胸怀的。8年来，故宫学逐渐得到学界和教育界的认可和重视。2009年，台湾清华大学率先开设了"故宫学概论"课程。故宫博物院先后与多所高校签订了合作办学以及多方面交流的协议。在古陶瓷、藏传佛教文物及明清宫廷史研究方面，故宫已与包括美国、英国、法国、日本以及中国香港、台湾在内的国家和地区的10余所高校建立了切实的合作关系。

在中国文化大发展、大繁荣的背景下看待故宫学研究，自有其特殊意义。故宫作为中华文化的重要载体、重要象征，需要不断地挖掘内涵、加强保护。高校与故宫学结缘，将极大地发挥故宫和高校双方的优势，故宫的发展将得到强大的理论支持，高校也将完善自身的学科建设和与社会的沟通。这无疑是故宫的幸事，是高校的幸事，也是中国文化的幸事，其前景是令人鼓舞的。

（原载《光明日报》，2012年1月6日）

故宫学视野的故宫保护

故宫建成已590年，故宫博物院成立也已85年，作为中华文明重要象征的故宫，它的保护一直为海内外所关注。最近30年来，故宫保护取得了长足进步，其中一个重要原因是观念的变化或者说理念的提升。具体来说，故宫保护观念经历了文物、文化遗产与故宫学三个阶段。

一、从古物到文物

"文物"一词在我国出现得很早，古代主要是指礼乐典章制度的礼器和祭器，与今天我们所说的"文物"虽有联系，但基本属于两种不同的概念。民国时期，一般称文物为"古物"。古物的概念应与宋代的古物学或金石学有关。这是当时在文人士大夫中间产生的一门新的学问，他们搜集、摹绘、著录和研究那些古代遗留的器物及其铭文。我们今天所说的"传世文物"或"流散文物"，在古代曾称作古器、古董、古玩等。

1914年民国政府内务部成立古物陈列所，从沈阳故宫与承德避暑山庄运来约20万件文物，在故宫的文华、武英二殿展出。1925年故宫博物院成立，初设图书、古物两馆，后分为图书、文献、古物三馆，古物包括传统的铜、瓷、书画等文物。1928年3月国民政府成立了中央古物保管委员会，1930年国民政府又颁布了《古物保存法》，指出

"本法所称古物是指与考古学、历史学、古生物学及其他与文化有关之一切古物而言。"这时的"古物"内容已有了重大扩展，这时也有用"文物"一词的，例如1935年1月在北平成立了"旧都文物整理委员会"，这里的"文物"是指古代建筑。

"古物"指古代器物。"古物"概念对新生的故宫博物院的影响主要反映在两方面：一是对文物的历史文化价值缺乏应有的研究和认识；二是维护故宫古建筑是博物院的一项任务，但却没有从文物角度认识古建筑的意义。民国时期出现过两件围绕故宫文物的大事：一是经亨颐提出废除故宫博物院和拍卖故宫文物的议案；二是故宫文物南迁时对是否需要南迁的争论。两件事的核心都是如何看待这些"古物"，即它们到底有什么价值。

中华人民共和国成立后，使用"文物"一词，其内容非常广泛，并用法律法规把"文物"一词及其所包含的内容固定下来，文物保护事业取得了重大成果。故宫博物院在博物馆事业发展和故宫保护方面都有了重大进展。但是，古物学的思维方式仍然有着相当的影响，主要是对宫廷历史文物价值缺乏深入的认识，未能处理好故宫保护与博物院发展的关系。

二、文化遗产观念的指导

1972年，联合国教科文组织在巴黎通过了《保护世界文化和自然遗产公约》。1987年，故宫被列入《世界遗产名录》。与此同时，文化遗产概念也日益引起人们的重视。2005年12月，国务院下发《关于加强文化遗产保护的通知》（简称《通知》），并决定从2006年起，每年6月的第二个星期六为我国的"文化遗产日"。《通知》指出"文化遗产包括物质文化遗产和非物质文化遗产"，认为物质文化遗产是具有历史、艺术和科学价值的文物，其具体内容包括现在文物保护法公布的"文物"的内涵。在继续保留"文物"用法的同时引入文化遗产概念，绝不是简单的重复，而是对文物概念的丰富、拓展与提升，或者说是用一种新的视角来认识文物保护。

文化遗产的视角拓展了对故宫保护的认识。首先，可从世界文明发展历程看待作为中华文明重要载体的故宫遗产的独特价值，同时也更客观地认识不同文明的贡献与地位，并从全球化时代保持文化多元性、传续中华文脉的要求认识保护故宫的意义。其次，强化了遗产的共享意识以及全社会都必须承担管理和保护的理念，促使故宫博物院的管理和故宫保护更加开放。中国紫禁城学会即应运而生。最后，作为世界文化遗产，故宫保护要坚持执行有关国际公约，坚持保护故宫的完整性与信息的真实性，处理好故宫保护与周边环境保护的关系。对故宫的保护是中国政府对国际社会的承诺，故宫保护也接受国际社会的指导和监督，故宫维修保护的实践也丰富着国际遗产保护的理论。

三、故宫学的视野

2003年故宫学的提出，使故宫保护与博物院发展进入了一个新的阶段。故宫学是以故宫及其历史文化内涵为研究对象，集整理、研究、保护与展示为一体的综合性学问和学科。

在故宫学看来，故宫古建筑不是一个"壳"，故宫文物不是一个"物"，其中有着丰富的历史文化内涵，需要去研究、去探索，就是说见物更要见人、见事；而故宫古建筑、故宫文物以及历史上与之相关的人和事，它们之间不是孤立的、毫不相关的，而是有着密切的关系，是一个文化整体。坚持故宫是个文化整体，即坚持联系的观点，就能更为深入地探讨故宫多方面的价值，也使流散在海内外的大量清宫物品有了生命，在学术上有了归宿。

故宫学的理论也直接指导着故宫博物院的工作。在故宫学的视野里，一切清宫遗藏都是当时宫廷历史文化的见证，都有其不可代替的价值，故宫博物院因此开展了为期7年的文物清理工作，使大量"文物资料""非文物"得到应有的重视，故宫博物院的文物藏品也从10年前的94万件达到180万件。故宫学要求把故宫作为一个"大文物"进行全面保护，包括物质的与非物质的文化遗产。

故宫学倡导"故宫在北京，故宫学在中国、在世界"的学术理念，需要海内外研究力量广泛参与，故宫博物院近年来在这方面做出了努力。

故宫学研究涉及故宫及藏品的保护、展示、整理，因此需要在办好展览、为公众服务、文化创意产业的发展方面努力，正确处理"宫"与"院"的关系，促进事业的发展。

故宫保护的历程，是30年来中国文化遗产保护的一个缩影。当然，故宫保护的三个阶段，不是简单的替代关系，而是在原有认识上的提升或飞跃。认识是不断发展的，随着今后观念的进一步变革，相信故宫保护会提高到更新的水平。

（原载《人民政协报》，2011年1月17日）

故宫学与故宫文物清理

前不久，故宫博物院对外公布，从2004年至2010年，经过7年认真清理，故宫已经彻底弄清了家底，文物藏品总数为1807558件。这是故宫博物院成立85年来首次在文物藏品数量上有了一个全面和科学的数字。故宫是中华文明的重要载体，因此这一消息也引起社会广泛关注。7年奋斗，来之不易，这次故宫文物清理有诸多有利因素，其中故宫学作为一个指导思想、一种理念，起了重要的作用。

故宫博物院的文物藏品开始全部来自清宫。清宫的藏品有两类：一类是传世的铜、瓷、书画及供赏玩的工艺品等，这些是公认的文物；另一类是与衣食住行、典章制度及文化活动有关的物品，如宫廷家具、帝后服饰、皇帝玺印，以及唱戏用的戏衣、道具、剧本，宗教活动的法器、造像等，这些当时都不是文物，而是实用之物，还有仓储物品，如茶叶就有7个库房。对传世文物及工艺品等，一般来说，账目是比较清楚的，所谓底细不清楚，主要是指第二类。

故宫博物院成立以来，文物经过多次清理，重点就是这些宫廷遗存。这里的关键是如何区分文物与非文物。20世纪30年代，故宫就对金砂、银锭以及部分茶叶、绸缎、皮货、药材、食品、布匹等进行过公开处理。50年代，曾处理各种"非文物物资"70万件又34万斤。这次处理，履行了严格的审批程序，现在看绝大部分确实应该处理，但也有许多物品的处理使人感到很惋惜，例如那些以年代晚近、材质不好、艺术性差或重复品太多为由处理的物品，包括乾隆以后的假次书画、宗教画、近代书画、同治光绪时期的粗制硬木家具、嘉庆后的大量瓷器重复品、民国时期的小钟表、大批八旗盔甲等。今天，从文化遗产的视角看，这些无疑都有一定的文物价值，有些甚至有重要价值，是反映宫廷历史文化某些方面的实物见证。即使重复品多，也只是对清宫而言，若从全国范围看，则是极其稀有的。当然今天来看，当时对这些物品的处理不只是某个部门或少数人的认识，而且是当时中国文博界与整个社会文物保护认识程度的一个反映。从20世纪80年代后期，故宫人对此开始了反思，陆续将院里现存的原已注销的一些文物又收库保存。随着全社会文物保护意识的提高，故宫人的文物观念在拓宽和深入，认识到宫廷遗存是反映故宫历史不可分割的活见证，与古建筑、宫藏历代文物密不可分并具有同等的重要性。这一认识也是故宫学得以产生的重要思想基础。

2003年，我们提出了故宫学的学术概念。故宫学是以故宫及其历史文化内涵为研究对象，集整理、研究、保护与展示为一体的综合性学科。故宫的古建筑、文物藏品、宫廷遗存与作为皇宫期间紫禁城的历史文化是有机联系的文化整体。从故宫学的角度看待故宫，我们对故宫的价值有了更加充分的认识，看到了宫廷历史遗存的重要意义。在故宫学的影响下，我们的文物保护观念有了新的变化，对文化遗产概念的理解逐步深化。同时，故宫学所体现出的故宫博物院对传承弘扬中华文明的强烈责任感、使命感，也要求我们更加自觉地对故宫进行全面的保护。

故宫学不只是个学术概念，还是指导故宫文物清理的一个理念。可以说，这次文物藏品清理是在文物认识视野不断开阔并日益取得共识的基础上，是在故宫学理念的指导下具体进行的。当然，这次文物藏品清理也是故宫学自身深入发展的需要，是一项促进故宫学研究的基础性工作。

在故宫学理念指导下，我们这次强调要全面、彻底地清查全院的文物藏品。过去对待文物往往以"艺术性"为标准来评判，许多珍贵的宫廷遗物长期被忽略，从未进行过系统点查与整理，或没有真正纳入文物账进行管理。这次我们不放过库房的任何死角，逐一进行登记。古书画馆完成了2万余件帝后书画、1700余件秋醒楼遗漏的近现代书札的整理，从历年积存的碑帖藏品中提升3000余件为文物。古器物部新增13万件清代历代钱币文物。另外，图书馆所辖大量的古籍善本特藏、20万余件书版，古建部所辖大量建筑构件、"样式雷"烫样等，也首次纳入文物账进行管理。

审慎地整理"文物资料"是这次文物清理的一项重要内容。"文物资料"是故宫博物院当年评定文物等级时，对于认为不够三级文物而又有着文物价值，即介于"文物"与"非文物"之间藏品的称呼。古器物部、古书画部、宫廷部、古建部都有，10多万件，门类繁杂。列为"资料"有多种原因：有的因为有些伤残，例如3800多件陶瓷资料，从新石器时代到民国，时间跨度长达4000年之久，品种应有尽有，特别是明清两代的官窑瓷器，有许多弥补了完整器物的空白，更有一批珍品，代表了各个历史时期瓷业制作的最高成就，只是由于留传过程中产生伤残而被列入资料；有的是因为对文物认识上的局限，例如过去只重视皇帝后妃的成衣，而把相当数量不同级别的官服"补子"，其中也有皇帝服饰上的"补子"，都作为服饰的"配件"来对待。

这次清理中对文物资料重新进行鉴定、研究，完成了共计180122件资料提升文物的工作。新提升的文物里，有许多价值极高，如织绣类文物里来源于"文化大革命"时期从房山上方山、云居寺中收缴的数千件经书的封面，它们绝大多数是纪年准确的明代织物，且品类众多、织工精细、纹样精美、保存完好，这在全国博物馆同类藏品中也十分罕见和难得，对于研究明代丝织品具有重要意义；又如888件盔头、鞋靴，从戏曲演出的形态看，盔头和鞋靴与身上的戏衣一样，都是传统戏装"行头"的有机组成部分，同样具有历史价值。

正是在故宫学整体保护、全面保护理念的指导下，这次文物藏品清理不只完成了摸清家底、账物相符的任务，而且与加强文物的科学管理、安全管理等工作结合起来，使文物管理水平得到很大的提高。7年以来，故宫博物院的文物信息化管理日渐成熟，文物库房整体面貌发生了重大的变化，部分文物藏品得到了及时的修复与抢救。同时，在此次清理工作伊始，我院即着眼于探索、完善文物管理新体制，设立了业务职能部门——文物管理处，逐步实现了账物分开，推行文物库房不定期抽查制度，开展了长年外借文物的清理和催还，规范人员入库和观摩文物等各项规章制度。这些新举措在我院的文物管理工作中，拾遗补阙，堵塞漏洞，取得了显著的成效。

故宫学是个开放的学科，需要全社会乃至海内外的广泛参与。编写出版有关故宫的大型丛书或资料汇编，为海内外故宫学研究提供方便，是故宫博物院义不容辞的责任。集中反映文物清理的重要成果——500卷左右的《故宫博物院藏品大系》（简称《大系》）和规模浩大的《故宫博物院藏品总目》（简称《总目》）的编辑出版，既是博物馆的基本建设项目，也是故宫学研究的重要基础。《大系》项目是首次基本完整、系统、大规模地出版院藏文物珍品。作为故宫藏品7年清理工作的延续，《大系》和《总目》的编辑出版必将为公众更好地了解北京故宫，满足人们观赏、研究故宫的需要提供便利。《大系》已出版30册。《总目》试编本已供专家讨论。

故宫博物院丰富的文物藏品是中华民族珍贵的文化遗产，也是全人类共同的财产。故宫博物院代表国家进行保管，对它们进行妥善的保护与研究，是故宫博物院对国家、对民族应该承担的责任。这次清理工作的顺利结束标志着我院的文物管理工作进入了一个新的阶段。但是我们不能满足，还要不断努力，继续完成文物清理的后续工作，继续完善文物管理体制，加强故宫的保护与博物院的建设，接受来自社会各方面的监督，切实担负起传承和发扬中华优秀文化的重任。

（原载《文汇报》，2011年3月14日）

故宫之学显瀛寰

对于走过85年历程的故宫博物院来说，未来10年无疑有着诱人的前景：故宫的保护，博物院的建设，故宫在弘扬中华文明中的地位和作用，都会有重大的发展与提升。但其中最重要的，当是故宫学的崛起与日益扩大的影响。

故宫学是以故宫及其历史文化内涵为研究对象，集整理、研究、保护与展示为一体的综合性学科。故宫学问世才7年，即以其博大精深的内涵和丰富的研究成果引起学界的瞩目，而它进入高校则标志着故宫学研究步入新的阶段。台湾清华大学从2009年秋季起开设"故宫学概论"课程，计入学分，80个选修名额，电脑报名者达2000余人，听课者挤爆教室，盛况空前。中国社会科学院研究生院决定，在文物与博物馆专业硕士教学中心设故宫学方向课程，授予硕士学位。浙江大学也已决定设立"故宫学研究中心"，条件成熟时招收故宫学方向的博士研究生。这些令人鼓舞的信息，反映故宫学真正由自发进入自觉，对于故宫发展有着无比重要的意义。两岸故宫博物院都是故宫学研究重镇，故宫学研究的深入，必将进一步加强两个故宫的交流与合作。

鼓吹七载起波澜，笔翰磨人鬓已斑。
我愿诸公多顾念，故宫之学显瀛寰。

2009年10月，我的《故宫与故宫学》一书在台湾出了繁体字版，我写下了这首小诗。让故宫学成为蜚声海内外的显学，这是我们的愿望，也是我们在未来会为之努力奋斗的宏大目标。

（原载《文汇报》，2011年1月4日）

祝贺浙大故宫学研究中心成立

　　我首先代表故宫博物院祝贺浙江大学故宫学研究中心成立！

　　自从2003年我们提出"故宫学"的学科概念以来，故宫学得到了海内外学界的广泛关注，学科建设也有了一定的发展。但是，学问的发展、学科的建设，不是哪个人振臂一呼就能完成的，它需要无数学人的艰苦努力。为了推进故宫学研究，故宫博物院已做了很多努力：创办了《故宫学刊》，与中国艺术研究院联合办学，成立了5个研究中心，建立了故宫学研究所，开展了故宫知识进高校的活动等。但一门学科的建立，仅靠我们故宫来做是肯定不够的。我一直在考虑，故宫学要真正立于学术之林，成为一门学科，必须要得到高校的认可、参与和共同奋斗。所以，当得知台湾清华大学从2009年以来开设"故宫学概论"课程、中国社会科学院研究生院从今年秋季开始招收故宫学方向的硕士研究生等消息时，我深受鼓舞。虽然我在中国艺术研究院招收的故宫学方向的博士生昨天上午顺利通过了论文答辩，但我更高兴今天来杭州参加浙江大学故宫学研究中心的成立仪式，并从心底里感谢浙大领导的远见卓识，感谢浙大对故宫学的厚爱和支持！

　　浙江大学是一所具有悠久历史的全国重点大学，在长期的办学过程中，以严谨的"求是精神"作为学风培养了大批优秀人才，以执着的科学创新精神创造出了丰硕成果，蜚声海内外，被誉为"东方剑桥"。这次来杭州之前，我特地上网查了一下，浙大在我国高校中排名靠前，这是浙大人脚踏实地、锐意进取的结果。以求是之风培育求是之人，故而人才辈出。竺可桢老校长在《王阳明与大学生的典范》的演讲中，提出以"求是"为校训，他所倡导的求是精神是一种科学精神、牺牲精神、革命精神、奋斗精神和开拓创新精神。抗战期间浙大曾迁至贵州，故宫博物院南迁文物的第一批西迁文物也长期存放在贵州。浙大精神与故宫人在文物南迁中形成的"故宫精神"何其相似！浙江大学与故宫博物院是两家不同性质的单位，一家大学，一家博物馆，一在杭州，一在北京，但精神是相通的。故宫能够与有着光荣历史、深厚底蕴、求是精神的浙大合作，我很高兴；浙大邀请我担任故宫学研究中心名誉主任，我欣然接受。故宫博物院有与高校合作的优良传统，当年的建院就是在北京大学一批学者的积极主导与参与下完成的；今天与浙江大学的合作，将为故宫与高校的合作开启新的篇章。

故宫有着丰厚的资源，有雄伟的紫禁城宫殿，有180万件（套）文物，留存至今的文化遗产内容丰富。故宫虽然只是明清两朝的皇宫，但所收藏的文物，却是历代皇家收藏的最终积累，是中华文化沉淀下来的结晶。故宫正在以开放的学术心态面向全球的研究者，正在以其历史文化内涵的古建、文物藏品及其背后的博大精深吸引着越来越多的人加入故宫学学科建设。浙大有着优良的整体学术素养、先进的教学理念、丰厚的教学资源和严谨科学的学科设置，浙大以其敏锐的学术眼光选择了故宫学作为其在中国文化建设领域中的重要研究方向，利用浙大在学术研究、专业教学等领域的巨大优势和经验积极参与故宫学的建设与发展，这也将对故宫学在学科建设、学术规范、人才培养等方面起到显著的推动作用。现在存世的宋代绘画，约有一半藏在两岸故宫，分散在海内外的其他宋画，仍有相当一批是从清宫流失出去的。宋画研究是故宫学的一个重要方面。可喜的是，经过数年努力，浙大汇集整理出版了《宋画全集》，这是一个巨大的文化工程，也是一个令人叹服的文化建设成果。《宋画全集》的出版，突显了浙江大学的整体学术素养和研究实力，同时也为进一步推进故宫学的相关研究增强了信心，奠定了基础。

今天，浙大故宫学研究中心成立，是个很好的开端。故宫与浙大的结合，是两种不同学术背景的交汇，将会开辟新的学术视野，走出新的学术路径，取得新的学术成果，培养出新一代故宫学研究的中坚力量。我们愿意以故宫学研究中心的成立为开端和契机，做踏实的工作，共同努力，实现双方多样化的学术交流与合作。今天我们给中心提供了第一批图书资料，今后我们将会不断地提供，让故宫学研究中心建立一个故宫学书库。我们还会为中心的学者、学生，提供到故宫参观学习、利用资料的一切可能的便利。

我相信，在我们的共同努力下，挖掘故宫的内涵，揭示故宫的价值，故宫学研究一定会结出丰硕的成果。我期待经过我们几年的共同努力，"故宫学"能被列入教育部学科目录。到那时，我们再来为故宫学研究中心喝彩、庆功！

（2011年5月7日在"浙江大学故宫学研究中心成立仪式"上的讲话）

故宫新起点上再出发

　　2010年，作为世界文化遗产的故宫的保护与作为国际著名博物馆的故宫博物院的建设，都取得了令人瞩目的成绩。接近1300万的中外游客在古老的皇宫感受中华文明，认识中华历史文化。

　　故宫敞开胸襟，继续加强与国内外文化遗产界、博物馆界的交流与合作。在美国、英国、日本等国举办的一系列文物展览展示着中华民族的智慧、创造和贡献。

　　共同负有弘扬中华传统文化使命的两岸故宫博物院的交流，在两岸同胞的期许下，稳步发展，成效显著，并逐步走向制度化。通过两个故宫博物院携手开展的"温故知新：重走故宫文物南迁路"活动，两岸故宫同人进一步认识到今天所典守的故宫文物的重要意义与自己所肩负的历史使命。

　　2010年是"故宫学"提出的第七年，也是以研究探索故宫丰富历史文化内涵的故宫学引起强烈反响并在社会上得到传播、推广的重要一年。台湾清华大学在通识教育中开设了"故宫学概论"课程，北京一所著名的研究生院已决定招收故宫学专业的研究生并授予学位，南方一所著名大学也决定成立故宫学研究中心。故宫学在海峡两岸引起如此重视，表明故宫博物院已发展到一个新的阶段，也说明故宫不只属于过去，它还与今天的文化建设紧密相连。

　　中国历来讲究器以载道，故宫及其皇家收藏凝固了传统的特别是辉煌时期的中国文化，是几千年来中国的器用典章、国家制度、意识形态、科学技术等积累的结晶，也是中华传统文化最有代表性的象征物。

（原载《人民日报》，2010年12月17日）

故宫专家与故宫发展

　　在这辞旧迎新的日子里，邀请我院各个研究领域的老专家和中青年业务骨干欢聚一堂，回顾和总结故宫博物院过去一年的科研和出版工作，共同畅想故宫学术发展的美好未来。2004年是故宫博物院全面推进改革、各项工作发生重大转折的一年，也是全体故宫人开拓进取、辛勤工作、忙忙碌碌的一年，借此机会，我向大家一年来的辛勤劳动表示衷心的感谢，并真诚地道一声："你们辛苦了！"

　　在过去的一年里，经过大家的团结合作和共同努力，我院科研和出版工作开创了一个新局面。首先值得庆贺的是，2004年12月10日，我院著名书画鉴定专家徐邦达先生荣获文化部颁发的2004年度"造型艺术成就奖"，与徐邦达先生同时获奖的其他9位都是七八十岁的老艺术家，因而也可以说这个奖是终身成就奖。这是我们故宫博物院的专家首次获此殊荣，是我们故宫博物院的骄傲，在此，我代表院党委和院领导，向徐邦达先生表示热烈的祝贺，并衷心祝愿他老人家健康长寿。

　　在中华人民共和国成立之初，徐邦达先生被上海文物管理委员会聘任为顾问。1950年调到北京，进入国家文物局，后又转入故宫博物院，从事书画搜集、鉴定工作。徐邦达先生不忘培养后学者，曾带领助手走遍全国各地博物馆，及时发现和订正了不少国家级文物。在此期间，他不顾年高体弱专心治学，陆续完成《古书画鉴定概论》《古书画过眼要录》《古书画伪讹考辨》《中国绘画史图录》《历代流传绘画编年表》《重订清故宫旧藏书画录》等学术专著。徐老曾以专家学者身份先后赴澳大利亚、美国、加拿大、比利时、法国、新加坡、中国香港、中国台湾等地进行学术访问、演讲，深受各界人士崇敬、欢迎。晚年之时，徐老不顾体弱多病，从其一生中已出版和未出版的主要鉴定书录中精选出10多种，结集为多卷本文集，作为自己学术生涯的全面总结。他目前最大的愿望就是希望这部文集能够早日问世。鉴于徐邦达先生在国内外的学术地位和重要影响，以及徐老为故宫博物院做出的重大贡献，出版徐邦达书画文集成为我们故宫博物院义不容辞的责任。院领导高度重视此项工作，并将投入相当大的财力和人力出好这部文集，准备在80年院庆之前出版部分文集或全部文集。这件事情无论对徐老还是对故宫博物院都具有非凡的意义。

徐老的学术生涯有两个显著特点：第一，他自觉地引进考古学的类型学方法，借用考古研究的新成果，使书画鉴定更加科学化，并获得客观的比较标准。第二，他系统搜集和研读历代有关史料、著录，精心梳理传世书画，从中发现问题，找出规律。

这两点都是值得我们借鉴和学习的，不仅搞书画的人应该效仿，其他领域的研究人员也应如此。在故宫这样一个有着极其丰富的历史文物和图书典籍的博物馆中，踏实工作，潜心钻研，积以时日，那么必能成长为专家、大家，这是故宫事业不断发展的需要和希望。

今天在座的就有多位像徐邦达先生一样德高望重的专家学者，一生辛勤耕耘、硕果累累、享誉国内外，为故宫博物院的学术发展做出了卓越的贡献，是我们故宫博物院的"国宝"，受到了大家的尊敬和爱护，故宫将会永远记住你们。在此，我代表全体故宫人向你们表示崇高的敬意，并致以节日的问候！

当前，在国内外学术发展日新月异的形势下，故宫博物院面临着新的挑战和新的机遇。把故宫博物院建设成国内领先、世界一流的现代化博物馆成为全体故宫人共同奋斗的宏伟目标。加强我院科研与出版管理工作是一项十分重要的任务，其总体目标就是多出成果、多出人才。2004年，我院在这方面的工作有两项重大举措：

第一是在原研究室的基础之上成立科研处，从管理机制上加强我院科研与科研出版规划和管理，强化科研与出版管理在学术研究中的保障和推进作用，建立有效的科研激励机制，为专家学者特别是中青年专业学术人才脱颖而出创造良好的学术环境，全面促进我院学术研究的发展，进一步提升我院在国内外学术界的地位。

第二是创办《故宫学刊》，目的是为故宫学研究和故宫学的建设服务。一方面是为了发表故宫学研究的重要成果，鼓励创新，支持探索，重视为中青年学者创造条件，也为一些有见地、篇幅较长的论文提供发表的机会。另一方面为探讨故宫学的建设提供一个平台，包括学科性质、研究领域、研究方法等各个方面，欢迎争鸣和探讨。故宫学的中心内容是研究故宫古建筑、院藏百万件文物和其他宫廷历史文化遗存，其重点应与皇家文化有关。故宫学的建设对于规划我院研究方向和重点、整合研究力量、加强薄弱环节、提高研究水平、更好地发掘故宫丰富多彩的历史文化内涵具有重要的意义。

科研处是负责我院科研与科研出版规划、协调实施科研课题和科研出版项目、协调开展对外学术交流与合作的职能部门。现设有课题项目科、编辑部和综合科三个科室。课题项目科负责科研课题和科研出版项目的立项与管理，开展对外学术交流与合作。编辑部负责《故宫博物院院刊》和《故宫学刊》的组稿、编辑与出版工作。综合科继续保留研究室原有的工作，为老专家服务，承担院内书面翻译任务，举办学术讲座。

一年来，科研处在科研管理、对外学术交流活动和科研出版方面开展了形式多样的工作。下面，请李文儒副院长向大家择要汇报一下，之后，希望各位能够畅所欲言、各抒己见，为故宫的学术发展献计献策，真正做到群策群力、集思广益，从而鞭策我们把以后的工作做得更好。

在过去一年里，科研处在各方面均取得了可喜的成绩，而且，对2005年的工作已经制订了切实可行的计划。总之，你们肩负着我院科研与出版、对外学术交流与合作等管理工作的重任，今后的路依然很长，可谓任重而道远。希望各部门能够予以大力支持，大家齐心协力，为故宫博物院的学术发展做出自己应有的贡献。

在此，我代表院党委和院领导预祝大家春节愉快，祝愿在新的一年里：老先生们身体健康、万事如意，中青年人勤奋敬业、工作顺利！同时祝愿2005年的故宫博物院生机勃勃、万象更新，各项工作更上一层楼！

（2005年1月21日在"故宫博物院老专家迎春团拜会"上的致辞）

探索故宫治学之道

　　专家学者谈治学之道，在我国可谓历史悠久。《论语·学而》一句"学而时习之，不亦说乎"，至今仍被奉为经典。《荀子·劝学》集中了关于治学之道的佳句警语，诸如"锲而不舍，金石可镂"，"不积跬步，无以至千里"，千载之下仍被反复传诵。至韩愈撰《师说》与《进学解》，更将治学之道具体化和理论化，让后世学人受益无穷。有感于此，我们也一直想将故宫专家学者关于治学之道的文章编印成书，作为他山之石提供给学术界借鉴。而现在，这个愿望终于实现。余辉先生策划、任昉女士主编的本书，就是故宫专家学者关于治学之道的文章的首次结集。

　　故宫博物院向为专家学者荟萃之地。建院85年来，培养、造就的专家学者，堪称不知凡几。他们中间，有的人还曾担任领导职务。他们的领导之道和治学之道，都是故宫的宝贵财富，都需要进行认真的总结和研究。本书所收专家学者，既有已故前辈宿学，也有正在成长的后生新秀。从出生时间看，最早生于1881年，最晚生于1963年，跨越两个世纪，相隔80余载。从研究领域看，分属历史学、考古学、文物学、文献学、宗教学、出版学、图书馆学、博物馆学、古建筑学、文保科学及摄影学等10多个学科，彼此相对独立。这种较大差距，决定了他们的思维方式和思想方法都会存在某些不同。他们对治学之道含义的理解，可能会存在某些歧义；他们所谈的治学之道，侧重点也可能会存在某些差别。

　　关于治学之道的含义，说起来简单，实际上却是人见人殊。本书所收杨伯达先生的《我的"治学之道"》中说:"我理解'道'字不外乎有两层意思,浅层面的'道'字即道路、历程、自始至终的治学道路的意思;深层面的含义则有'哲理''宗旨''逻辑'等意思,即治学哲理的概含。"杨先生的文章就是"兼顾上述两层面"来谈自己的"步履和概况"的。这是一种理解。我大致同意这种理解。所谓治学之道,含义无非有二:一是治学的经历,一是治学的经验。没有经历,不可能产生经验;没有经验,也说明缺乏经历。二者很难截然分开。

大家都知道,孔子说过:"吾十有五而志于学,三十而立,四十而不惑,五十而知天命,六十而耳顺,七十而从心所欲不逾矩。"(《论语·为政》)其中"十有五""三十""四十""五十""六十""七十",既是年龄也是经历;"志于学""立""不惑""知天命""耳顺""从心所欲不逾矩",既是感悟也是经验。孔子只活了73岁,因而十年一小结,只能说到70岁为止。孔子没有80岁的经历,也就不能说出80岁的经验。我们在慨叹孔子未能长寿,使后人永远无法了解一位哲人80岁的感悟的同时,也清清楚楚地知道,从治学而言,经历和经验确实是相互依存,很难截然分开的。

本书收录文章60余篇,内容非常丰富,涵盖了"故宫学"的方方面面。有的以谈治学经历为主,治学经验寓托其中;有的以谈治学经验为主,治学经历潜隐其内。更多的自然是经历与经验并重。这里要特别提到的是,本书收录的经历与经验并重的文章中,有一篇是傅熹年先生评述王世襄先生学术成就的文章。王世襄先生曾在故宫工作6年,由于众所周知的原因黯然离开了故宫。王先生去世后,我写过一篇怀念他的文章,题目为《此身曾是故宫人》,最后一句是"故宫永远都会记着这位同人"。本书证明我们没有食言。我希望本书出版后,能被广大年轻学人常置座右经常揣摩,同时希望故宫专家学者的治学之道能为广大年轻学人的治学提供切实的裨助。

(《故宫治学之道》前言,紫禁城出版社,2010年)

故宫的学术沙龙

　　"故宫学术沙龙"由故宫博物院科研处于2006年创办，旨在进一步开阔学术视野，营造自由探究的学术氛围，鼓励学术争鸣，活跃学术思想，促进交流与创新，为故宫博物院研究人员打造一个高品质的学术平台。一方面，借此展示故宫学人最新的研究成果，推介我院承担国家级、省部级和院级科研课题项目的经验与成果；另一方面，及时跟踪国内外学界的前沿热点，聚焦新观点、新视角、新思维和新方法。创办以来，在这个学术平台上，优良的学术传统与创新的学术思维在相互启发中激荡着，并擦出智慧的火花，令博物院增添了盎然生机。

　　"故宫学术沙龙"创办时，每季度1期，一年共举办4期，受到院内研究人员的广泛好评。应广大听众的要求，自2007年起，改为每月1期，每年12期。到2010年，"故宫学术沙龙"已步入第五个春秋，迄今共举办了40余期。主讲人既有故宫的中青年专家，也有国内外相关领域的知名学者。求索的精神、机警的思辨与睿智的问答，展现着治学之路上大家的风采和后学的潜力。沙龙的听众不仅限于院内的人员，院外相关单位和机构的同行也欣然前来，迄今累计已近2000人。不同学科在交叉中产生启迪，辩论时常在问答中发生，讲者与听者都能从中获益。"故宫学术沙龙"已然成为故宫博物院科研学术交流的重要舞台，进而树立起一个高质量的学术品牌。

"故宫学术沙龙"始终坚持以故宫学为核心，坚持其学术性和创新性的定位，立足故宫学术，关注国内外学界，力求兼容并蓄。就演讲主题而言，目前已经涉及古建筑、古书画、古器物、明清宫廷历史与文化、藏传佛教、文物修复与文保科技、博物馆管理、故宫博物院院史、考古学等。古建筑以紫禁城为核心，旁及皇家园林、沈阳故宫，深入挖掘皇家建筑思想和文化；古书画主要推出以往被忽略的皇室书画研究，还有对中西绘画的对比探索；古器物不仅着重介绍玉器鉴定研究新方法、国外研究中国青铜器的新趋势，而且把视野移向与中国陶瓷关系密切的东亚陶瓷；明清宫廷历史与文化则推介宫廷史研究的新视角，强调对宫廷人物群体的关注，引发对宫廷史研究方法的深入思考；藏传佛教方面既有故宫学人的新成果，又有国外知名学者的成果介绍；文物修复与文保科技在呼吁对传统修复工艺进行总结、提炼与传承的同时，也及时展示了传统工艺科学化研究的最新成果；博物馆管理则重点介绍世界皇宫博物馆以及大英博物馆陈列展览的运作及其博物馆管理的发展理念，希冀能对我们的博物馆管理有所启迪与借鉴；院史方面重点推出了古物南迁的历史性回顾，呼吁故宫精神的发扬与光大。此外，还有与古器物学密切相关的考古学知识与方法介绍。

2010年欣逢故宫博物院建院85周年，《故宫学术讲谈录》（第一辑）即将出版。该书包括了"故宫学术沙龙"自2006年至2008年间共28期的内容。主要根据演讲录音整理而成，语言风格趋于口语化。虽然沙龙的主题具有很强的学术性，但也兼顾了知识性和趣味性。因此，对于从事中国历史文化研究的专业人员而言，此书具有一定的参考价值；而对于对中国历史文化感兴趣的普通读者来讲，也不失为一本很好的科普读物。

"故宫学术沙龙"所带来的清新学术气息不应只散发在故宫的

高墙大院之内，而应该走出去，给更多关注故宫博物院发展、关注故宫学术进步的人以亲身体验的机会，让更多的同人参与到认识故宫价值、挖掘故宫内涵和推进故宫学术研究的行列中来，共同谱写故宫学术研究的美好未来。

[《故宫学术讲谈录》（第一辑）序言，紫禁城出版社，2010年]

故宫博物院的图书出版

　　科学研究是博物馆的一项基本任务，对一些规模较大的博物馆来说更是如此。科学研究的氛围、成果，研究力量的阵容，既是博物馆发展水平的一个反映，也是博物馆的软实力和发展后劲。体现研究成果的著作的出版，是博物馆工作的一个不可忽视的部分。

　　回顾故宫博物院80多年来的历程，院内出版物与事业发展有着密切的关系。凡是出版物比较集中、比较多的时期，都是博物院得到好的发展的时期。这大致有三个时期：一是故宫博物院成立以后的20世纪30年代初期，曾整理出版过一批文献档案及文物藏品介绍，这是当时博物院业务成果的体现，在社会上产生了重大影响，有的出版物至今仍有一定的参考价值。二是1979年党的十一届三中全会以后，在20世纪八九十年代，一批老专家学者出版了不少研究著作，有些是他们毕生的心血和成果。三是进入21世纪以来，随着全院工作整体迈上一个新的台阶，科学研究更为人们所重视，研究成果不断涌现，各类出版物在不断增多。紫禁城出版社2008年出版故宫人员编著的图录、著作达54种，2009年第一季度，紫禁城所出的图书中，有12种为故宫人员编著。

　　故宫博物院图书编纂出版有以下特点：

　　第一，院成立科研处，专管科学研究，制定了近期和中长期的研究规划。科学研究不只是对器物的研究，还包括对古建筑的研究、文物科技保护的研究，以及信息化、消防等各个方面的研究。例如，院保卫处曾编写了《故宫消防》一书，对做好故宫消防工作很有参考价值。

第二，既有院重点项目，又鼓励研究人员结合工作实际，自选课题。当前院重点项目有已列入"国家十一五重大出版规划工程"的《故宫博物院藏品大系》（已出版绘画编4卷）和《故宫百科全书》，以及《故宫博物院藏品总目》。此外，鼓励科研人员自选课题，著书立说。

第三，既重视老一辈专家学者研究成果的整理出版，又鼓励中青年人员脱颖而出。近年来，陆续整理编印《徐邦达集》《单士元集》《唐兰集》《罗福颐集》等；为耿宝昌、郑珉中先生配了助手，做学术整理工作；编印"故宫博物院学术文库"，为院资深研究人员的成果选集，已出了12位人员的集子。对于中青年专家学者的成果，编印"紫禁书系"，已出了22种。

第四，放开视野，院内院外合作科研。例如，与北京大学合编《明清论丛》，已出5辑；组织明史研究有关学者（包括台湾、香港学者）共同编撰"明代宫廷史丛书"18种。或资助院外人员撰写的与故宫学研究有关著作的出版。

第五，既重视学术类著作出版，又重视普及性、资料性的有关故宫介绍宣传的作品。例如"故宫文丛"系列丛书，都是有关故宫及故宫博物院历史的介绍，已出约10种。

紫禁城出版社从2008年以来，已获得多个奖项。"故宫经典"系列图书获得"中华优秀出版物奖"，这是历史上首次获得国家大奖。《天朝衣冠》获第20届香港印制大奖，这是该社继2006年《故宫百年》、2007年《故宫古琴》后，第三次获得国际印制大奖。

实践使我们体会到，文博类图书的撰写出版与博物院工作紧密联系，相互促进。例如，与香港商务印书馆合编《故宫博物院藏文物珍品全集》（60卷），该书反映了故宫博物院在一个时期的科研成果；

大批业务人员参加，在编写中业务能力、研究水平普遍有所提升，而这套丛书也使海内外对故宫藏品首次有了较为全面的了解，对宣传故宫起了重要作用。我们决心继续加强领导和引导，大力支持，使故宫的文博类图书更加丰富多彩，使博物院更加充满生机与活力。

（2009年4月22日在河南省郑州市举行的"2008年全国文博类十佳图书"颁奖典礼及研讨会上的发言）

《故宫问学》序言

　　宏伟同志将关于故宫的一些论文结集为《故宫问学》，问序于我，这对我来说是一件很高兴的事情。我到故宫博物院工作以来，每看到一本故宫同人的著作问世，都倍感欣慰。特别是关于故宫学术的论著，我更加关注。

　　自2003年提出"故宫学"以来，我一直重视故宫价值的发掘与故宫学的探索，从不同方面述说故宫、研究故宫、认识故宫。故宫是个学术宝库，故宫文化的核心是以皇帝、皇权、皇宫为中心的皇家文化，是多门知识和学问的集合，紫禁城宫殿建筑群、文物典藏、宫廷历史文化遗存、明清档案、清宫典籍及故宫博物院的历史等6个方面，构成了故宫学研究的学科基本内涵。对于一个做学问的人来说，故宫是不折不扣、名副其实的大宝藏、大宝库，只要你有心，你付出，就不会空手而归。同时，故宫也需要很多不同学科、不同专长的学者来共同研究。

　　故宫博物院有学术研究的传统。1925年10月10日，在进行文物清点及其他筹备工作的基础上成立的故宫博物院，既是故宫古建筑群与宫廷史迹的保护管理机构，也是以明清皇室旧藏文物为重点的中国古代文化艺术品的收藏、研究和展示机构。当时参与清宫物品点查与故宫博物院建设的骨干力量主要来自北京大学，而北京大学是当时全社会在文化思想与新学科研究方面的先导。北京大学的研究所国学门，

"于古代研究，则提倡考古学，注意古器物之采集；于近代研究，则重公家档案及民间风俗"。胡适在谈到当时的整理国故运动时说："'国故'是'过去的'文物，是历史，是文化史；'整理'是用无成见的态度、精密的科学方法，去寻那以往的文化变迁沿革的条理线索，去组织局部的或全部的中国文化史。……北大研究所的态度可以代表这副精神。"这种精神与态度也深深影响着新成立的故宫博物院。皇宫变成博物院，不只是重大的历史变革，还具有用新文化的思想审视、研究传统文化的意义。

这些年我在探讨故宫学时，一直在思考"故宫学派"的问题。应该说，故宫博物院从1925年成立起就重视学术研究，那时依托北京大学、辅仁大学等高校，逐渐形成了重实证、不空发议论、文献与实物并重的实事求是学风，涌现了如陈垣、马衡等一大批治学严谨的学者。20世纪50年代后，故宫博物院成为全国学术研究的重地，拥有一大批专家学者，产生过众多研究成果。它在中国博物馆学诞生和发展过程中发挥过重要作用，在明清历史和宫廷文化研究、文物保护与鉴定等领域占有重要而独特的地位。故宫的专家学者群彦争辉，唐兰、罗福颐、沈士远、孙瀛洲、陈万里、冯先铭、单士元、刘九庵、朱家溍、于倬云、徐邦达、耿宝昌先生等，在学界卓有威望。虽然专业各异，研究的领域和具体的研究方法不同，但他们都强调走实证治学之路，以文献与文物结合的研究路数为重要标志，不作无根之谈。他们之后，薪火不熄，代代相传，形成了一种有别于其他研究机构的比较有特色的治学方法，这大概就是学术史上常说的"学派"了，我且称之为"故宫学派"。在故宫学形成和发展过程中，"故宫学派"的存在是其重要条件之一；而故宫学研究的不断推进，已经团结和吸引了一大批故宫内外的专家学者，这些人由于在研究方法、学术思想、风格思路等方面较为相近，有条件形成一个以融通历史与文博、沟通文物与文献的研究理念和特色的学术群体，促进以故宫学者为主体的"故宫学派"的发展壮大。不是说故宫人治学必是"故宫学派"，也不是说故宫以外的学者不会采用"故宫学派"的治学路数，而是说，只要是治中国传统文化之学，采取文献与文物相结合、重实证不空谈、学风严谨、求真求是的治学路径的，都是"故宫学派"采用的治学路子。当然，如果采取这样的治学态度和治学方法，研究的又是关于故宫的学问的话，那应该是不折不扣的"故宫学派"。

故宫博物院一些有较好专业基础的比较年轻的研究人员，在故宫的治学氛围里，耳濡目染，浸淫于求实求真的学术氛围中，使他们逐渐走上与前辈相契合的治学路径，逐渐成为"故宫学派"一分子。宏伟同志可以说就是这样一分子。

宏伟同志有治学的基本素养，学术功底扎实，不轻信，不盲从，对问题勤于思考，敏于求证。他坚持从第一手材料出发，做考据文章，依据档案文献实物重做考量。他继承了故宫老一辈学者严谨的治学方法，"不以空论为学问……乃纯就史料以探史实也。史料有之，则可因钩稽有此知识，史料所无，则不敢臆测，亦不敢比附成式"。他重第一手材料，在《清内府刻书档案史料汇编·序》中反复申言第一手材料对于史学研究的价值和意义，并作为自己研究实践的理论基点。清人顾炎武极力反对西汉以来那种主观臆断的学术方法，非常关注学术研究的材料基础，主张目验，倡导实测，重视第一手材料，而把利用第二手资料比作买铜铸钱："尝谓今人纂辑之书，正如今人之铸钱。古人采铜于山，今人则买旧钱，名之曰废铜，以充铸而已。所铸之钱既已粗恶，而又将古人传世之宝，舂锉碎散，不存于后，岂不两失之乎？"宏伟同志在研究历史时总是力求使用第一手资料，并注重文物（实物）与文献资料的结合，因而经常能够得出新的结论。《全唐诗》是大家非常熟悉的一部唐诗总集，又是清代"康版"的代表之作，历来有多少治唐诗、唐代文学、版本学、刻书史、目录学、图书馆学的学者，接触、使用、研究这部书，但宏伟同志提出"在刊刻《全唐诗》之前并没有扬州诗局的存在"，指出学界长期沿袭的观点是不符合历史事实的。宏伟同志这样的学术研究是有价值、有生命力的。他追求这样的学术境界，学术就不是无根的，凭资料阐发虽然可能有些琐细，但都是实学。

宏伟同志在《嘉兴藏》研究上所下功夫较深。如《嘉兴藏》在五台山时期的刻藏地点的考证，故宫老专家杨玉良已经依据故宫博物院藏《嘉兴藏》，得出五台山时期有妙德庵和妙喜庵两个刻藏地点的结论。宏伟发现自己整理的材料与杨先生不同，遂开始艰苦的求证，重新翻查《嘉兴藏》四遍，得出只有妙德庵一个刻藏地点的结论，并找出杨先生致误的原因，有理有据，对于一部有12000多卷的浩繁卷帙来说，得出这样一个结论需要花费多少时间和精力是可以想见的。他关于满文《大藏经》的研究，从书名、修书机构、翻译刊刻时间诸多方面提出了新的观点。台北故宫博物院庄吉发先生是最早研究满文《大藏经》并且取得了相当成就的专家，在看了宏伟同志的研究后，在其论文上批道："论文详尽，深具学术价值。拙著《清史论集（三）》页28，已提及《清文全藏经》及《清文翻译全藏经》字样。大作中所论各点，弟俱同意。"武汉大学博士生导师曹之教授也写信称赞宏伟的论文《毛晋刻书活动考论》："深究毛晋刻书始末，功非浅鲜，堪称毛晋研究的第一篇宏文。"我不是做这些专题研究的，对于研究的学术背景、深度不了解，但从相关研究者，特别是同行的评价中可以看出宏伟研究的深度。

宏伟同志的研究注重学术规范，学风比较正。从他的参考文献、注释中可以充分看到他这方面的修为。他尊重学术，坚持学术面前人人平等，面对尊敬长者的不同见解，坚持"吾爱吾师，吾更爱真理"的原则，不虚美，不为讳；对青年学子的研究，只要可取，概不抹杀，随处征引随处标举；对于前人已有的成绩，总是尽量揭示、表彰，这与那些利用别人成果而不标注出处的人相比，相差何止千里！他总带着感恩之心，对于曾经帮助过他的同志，如在审稿中指出不足，哪怕只是代为复印一本资料，也都诚心诚意地表示感谢。

宏伟同志重视文物与文献的结合，能充分利用故宫现有的文献资料对文物进行研究；结合故宫所藏文物，重视有关资料的整理。他做得最多的是有关图书文献的研究。宏伟同志知识领域宽广，善于开拓，从他写的《祥云轩红山玉龙鉴藏与真伪辨析·序》《中国地方志中的陶瓷史料·序》等来看，已见触类旁通的功效，玉器鉴定、陶瓷史都不是他研究的方向，但他写出了让专家称道的文章。

宏伟同志对学术研究有一种特别的感情和感觉，有激情，有毅力，十几年来利用业余时间，坚持不懈，勤奋刻苦，求真求实，做出了比较突出的成绩。近年来，他不仅科研成果数量在故宫名列前茅，有些成果也是故宫研究水平的一个反映。他和故宫的其他专家一起，在不断发掘故宫的丰富内涵，为发展故宫学添砖加瓦。宏伟同志在做一点一滴的积累工作，这是一个学者的本分。我对宏伟同志在学术上的探索寄予厚望，期待他取得更大的成绩。

推进故宫学研究，是故宫博物院在21世纪的学术使命、学术责任。在故宫学研究中，要继承并弘扬故宫学术研究公开、开放的传统。故宫博物院正在将文物清点的成果向社会公布，《故宫博物院藏品大系》已经开始出版，《故宫博物院藏品总目》也即将问世，故宫还办有《故宫博物院院刊》《紫禁城》《故宫学刊》等在学术界有较大影响的多种刊物，目前又在编纂《故宫百科全书》。故宫的学术研究在不断推进，期望有更多的人士关注并投入故宫学研究，期望故宫学研究有新的发展，取得更大的成绩。

（《故宫问学》序言，紫禁城出版社，2010年）

清史研究的新成果

第十二届国际清史学术研讨会在初秋的北京隆重开幕了。来自海内外的清史学者将在未来三天的时间里，争鸣见解，论衡学术，共襄清史研究盛举，实在是值得庆贺的盛事。我谨代表中国文化部及会议主办方之一——故宫博物院，对会议的召开表示热烈的祝贺，并预祝会议取得更多成果，进一步推动清史研究的深入发展。

2005年8月，故宫博物院与国家清史编委会曾在故宫院庆期间共同主办了一次大型的清史学术研讨会。两年来，在学界同人的共同努力下，清史研究日益活跃，发表了2000余篇论文，出版了数十种专著，并且出现了几个值得重视的特点：

一是从宏观论争深入到微观实证，关注历史细节。以往学者们更多地注重通过研究理论与方法模式，概括历史发展的一般规律，解释普遍的历史现象，描述历史的基本进程，注重构建研究体系与框架。现在人们已不囿于这种治史方法，而是运用多种方法，特别是开始深入历史的鲜活细节，从历史事件的缘起、传承、迁转叙述过程中，自然而然地表述对历史的解读，即历史研究更多注重细节。

二是研究领域由线到面，从线性追溯向面上扩展。历史活动中的政治、经济、军事、文化等线性领域研究依然有所进展；同时，与社会生活密切相关的人物的个性修养及社会人文风情等生活细节，全面进入专家学者的视野，使得对于整个历史生活的描述更加丰润，更加鲜活，从而吸引普通民众关注我们的历史，关注我们的民族。即历史研究更加注重丰润性。

三是研究资源多方利用，图像资源广受关注。以往，学者较多地利用档案、报刊、汇编等资源。20世纪90年代之后，历史人物的笔记、私藏也被广泛利用。本世纪初，随着一批图文版清史研究著作的问世，以物证史、图史互补的修史方法正在逐步得到学界认可，成为一种受欢迎的研究方式，即历史研究更加注重图像。

故宫博物院与清史研究界有着长期的良好的合作关系，清史研究的新成果也对故宫的科研及业务起着有力的促进作用。在清史研究更加注重细节、注重丰润性、注重图像的趋向下，故宫等文博单位对清史研究仍然会有所作为。就故宫博物院来说，我感到有两点需要继续坚持，也期望得到清史研究界的支持：

其一，充分利用文博资源，推动历史研究贴近普通民众。历史研究不应只是学者在书斋中的对话，而应走向普通民众，为他们所接受，喜闻乐道，发挥教化人伦、厚养文脉的作用。为此，要充分利用古建、器物、书法、绘画、书影、老照片等新资源载体，补充文献资料无法细致描绘人物与事件的缺憾，实现对历史生活的细腻解读，实现以图证史、以图补史、以图名史。

故宫是明清两代皇宫，具有文物博物馆、遗址博物馆、艺术博物馆三重特色。院藏文物品类丰富，体系完备，计有25大类69小项150多万件（套），还拥有梵华楼、雨花阁、钦安殿等多处完整的皇家宗教场所，世所罕见。如此丰厚的藏品背后有着一段浓郁有趣、意义不凡的鲜活史实，加之两代皇宫的文化源流、历史积淀，使得故宫成为一个亟待开发的资源宝库。自2004年起，故宫7年文物清理工作全面展开。在此基础上，《故宫博物院藏品大系》《故宫博物院藏品总目》两大部头编纂工程已经启动，计划分别用20年及7年的时间，向社会公布15万件藏品和全部文物目录。这是故宫在全国文博界率先公布藏品资料的开放性举措，也希望通过其他文博、考古、档案等领域的有序开放，以资源的广泛拓宽，助推历史研究更上一层楼。

其二，以强强合作为龙头，加强学界内的合作。研究单位拥有人才优势，能够保障学术成果的深度；文博、档案单位拥有资源优势，可以拓展学术空间的宽度。两者配合，相得益彰，会带动整个学界的学术研究。国家清史编委会正在主持《清史》纂修国家工程，集中了国内主要研究单位的1000余名知名学者，人才济济，群彦汪洋。故宫的文化源流和藏品丰厚远长，自2000年故宫参与主办国际清史学术研讨会以来，与各研究单位的合作日益密切。我们也希望通过这种密切的合作，更多地联系其他研究、资源单位，互利共赢，开创多领域、多部门共助清史研究的新局面。

时届初秋，一个收获的季节。我相信：本次学术研讨会，我们也将会收获到丰厚的学术成果。

（2007年8月23日在故宫博物院与国家清史编纂委员会联合举办的"第十二届国际清史学术研讨会"上的致辞）

故宫与清史研究界

　　金秋时节，在喜迎国庆60周年的日子里，我们迎来了第十三届国际清史学术研讨会。在此，我谨代表本次会议主办方之一的故宫博物院，向参加本届研讨会的中外学者表示热烈的欢迎，向承办单位以及关心研讨会的各界人士致以诚挚谢意。

　　共和国走过60年，改革开放30年，故宫博物院与清史学界的合作也走过了10年历程。10年来，双方合作深度和广度不断得到拓展，共同昌盛文脉、繁荣学术，形成了共助双赢的大好局面。

　　10年合作期间，故宫博物院和清史学界的学术科研、史籍纂修都有了长足的进步，取得了令人瞩目的成绩。

　　故宫博物院感受最深的，是拥有了更加开放的学术科研合作视野。故宫学人走出深宫高墙，把研究视野拓展到与之关联的历史、文博、考古、艺术、古建筑等多个学术领域，积极参与博物馆界、历史学界、美术学界的文化、学术活动，使故宫成为活跃的学术研究重镇。故宫与中国紫禁城学会、中国玉文化研究会、中国古陶瓷学会、中国文物保护技术协会、清代宫廷史研究会等建立了密切的合作关系，定期举办学术活动，并成为其中的领军单位。故宫与国内多家文物考古研究机构合作，进行考古发掘和遗址调查，如与四川省考古研究院合作调查藏传佛教遗址、与江西省考古所合作在景德镇发掘明代瓷窑址、与浙江省文物局合作发掘德清县火烧山早期瓷窑址等，又与中国艺术研究院等科研院所在人才培养方面，通过合作办学等多种方式，涵养学术，培植人才，这些都为故宫的学术研究、人才成长带来了新的气象。

另一方面，故宫学术研究已经形成了自己的核心，这就是"故宫学"。从故宫建院开始，经过几代故宫专家学人的努力探索，拓展故宫学术领域，形成了故宫学术特色，并在2003年提出了"故宫学"，故宫的学术研究由自发进入到自觉阶段。目前，以"故宫学"研究为核心，故宫的学术科研展开了新布局，继2005年成立古陶瓷研究中心、古书画研究中心，2008年成立古建筑保护研究中心之后，下个月还要成立明清宫廷史研究中心和藏传佛教文物研究中心。故宫邀请院外的专家学者作为客座研究人员，期望共同努力，打造"故宫学"社科研究重要基地。故宫在中国，故宫学在全世界。故宫要为海内外的故宫学研究提供服务，搭建学术平台。

清史学界主要致力于新编清史的纂修。2002年年底，国家启动了清史纂修工程，清史研究迎来了重大发展机遇，进入了更加繁荣兴盛的阶段。故宫学人积极参加了这一宏大的文化工程：有5人作为项目专家参与学术管理，有1人作为学术专家参与传记撰稿，有10人曾经参与图片资料征集，有多人次参与"清史·图录"项目的中期论证，有2个部门参与清宫纪实性绘画及老照片提供。故宫博物院不仅是参与清史编撰工作，更重要的是，故宫在清史尤其是清宫史研究方面有了重要进展，进一步发掘了故宫的丰富内涵。故宫学的提出，故宫学研究的发展，以及我国清史编纂工作的不断深入，对整个清史研究的深入发展起了积极的推动作用。

值得庆幸的是，今年以来，在两岸交流合作不断深入的形势下，两岸故宫博物院开始了交流合作，达成了一系列共识，两岸故宫的交流，特别是学术方面的交流，也必将为故宫学的全面发展开启一个新的局面。明年将是故宫7年文物清理规划的收尾之年，作为文化领域重大建设事业的宏大工程，其成果《故宫博物院藏品大系》《故宫博物院藏品总目》等已开始陆续出版,向社会公布,公开文物藏品资源,支持学术研究,传播民族优秀文化。

据了解,清史纂修工程也进入了书稿审改的攻坚阶段,未来两三年内的审改工作是清史学界极为繁重的任务。思想学说是文化传播之本源,学术研究是文化凝结之基础,文物展陈是文化交流之窗口,典籍编订是文化流传之载体。故宫将与清史学界更加紧密地团结在一起,担负起传承民族优秀文化的共同使命。

故宫将一如既往地支持清史纂修事业,支持国家清史编委会为编纂一部高品质的史籍而做出的努力,在影像资源提供、宫廷历史及藏传佛教研究等学术前沿方面,深化与清史编委会的合作。

(2009年9月19日在故宫博物院与国家清史编纂委员会联合举办的
"第十三届国际清史学术研讨会"上的致辞)

故宫学与清史研究

今年是辛亥革命100周年，现在全国许多地方的相关单位都在召开纪念辛亥革命的研讨会。而由国家清史编纂委员会与故宫博物院联合组织，中国社会科学院历史研究所、北京大学、中国人民大学等科研院所和大专院校的专家共同参与的这次会议，则由于特有的优势和特有的内涵，必将产生丰硕的成果。在此，我代表故宫博物院，对第十四届清史学术研讨会的召开表示热烈的祝贺！向各位专家、各位学者，特别是一部分从境外赶来参加这次盛会的学者表示热烈的欢迎！

自2005年以来，故宫博物院与清史编纂委员会的学术交流得到不断加强。正如刚才卜键主任所讲，清史编纂委员会副主任朱诚如先生曾是故宫博物院的老领导，他在其间起到了积极的促进作用。当然，这样的作用也不完全由于个人关系，更多的还在于我们两个单位间内在的密切联系。当年筹备编纂《清史》时，给国务院写信请求支持的，就包括故宫博物院的两位专家：一位是朱家溍先生，另一位就是朱诚如先生。在《清史》编纂过程中，故宫博物院也有一部分学者在参与，我们感到应该做出应有的努力和贡献。

自从2005年我们开始联合举办清史研讨会以来，双方进行了持续、良好且卓有成效的合作，取得了令人瞩目的成就。这种合作不仅有利于《清史》编纂本身，有利于故宫博物院拓展学术研究视角，而且对整个清史研究也起到了积极的促进作用。今后，我们两家的合作不应局限在召开研讨会这一种形式，而是应该在更大的范围内不断拓展与深入。同时，我们与中国社科院历史所、中国人民大学清史所的合作也需要继续加强。我们与北京大学联合主办的《明清论丛》，目前已经出版到第10辑，每辑都是五六十万字，这一重要成果也是我们进一步合作的基础。

为了突出对皇宫、皇权和皇帝等皇家文化的研究，故宫博物院提出了"故宫学"的学术概念，并于去年设立了专门的研究机构——故宫学研究所。故宫学得到了学界的广泛关注，中国社会科学院及部分高校已经开始与我们进行合作。如社科院研究生院从今年11月份开始招收这方面的硕士研究生，浙江大学成立了故宫学研究中心，台湾清华大学已从2009年开始开设了"故宫学概论"课程。各高校可以根据各自的专业特点，对故宫学有不同的切入点和研究重心。目前仍有几所高校与我们商谈合作事项，我们也有责任做好这方面的工作。

为了加强故宫学研究，故宫博物院成立了古书画、古陶瓷、古建筑保护、藏传佛教文物和明清宫廷史5个研究中心，它们或多或少都与清史研究存在关联。其中的明清宫廷史研究中心，任务主要在于加强宫廷史方面的研究，在座的一些专家就是我们聘请的兼职研究员。以前我们对明代宫廷史的研究比较薄弱，现在这方面的力量已有所加强，四五年来邀请海内外20余位专家，出版了四五种具有较高学术含量的研究专著。据朱诚如先生介绍，目前清代宫廷史研究在清史界所占比重也不是很大。现正由朱先生领衔，加强清宫典章制度方面的研究工作。另外，我们的藏传佛教文物研究中心，与《清史》编纂的关系也颇为密切，因为它牵涉民族问题、宗教问题，对此我们已投入了很大的人力和物力。

故宫学这一学术概念，主要依托故宫博物院的180万件文物典藏。这些藏品大体可以分为两个部分：一部分是一般意义上的传世品，即通常所说的陶瓷、书画等古董或古玩；另一部分是宫廷中的大量历史遗存，比如皇帝的宝座、玺印等，在人们过去的意识中这些并不属于文物。这些宫里衣食住行方面的东西，以前并未给予应有的重视。现在我们已经认识到，这些遗物与宫殿建筑、故宫历史上的人和事是一个有机整体，互相关联。许多流散在外的文物，如果与故宫联系起来，与宫廷历史联系起来，就有了生命，就不再是一个简单的东西，它的珍贵性在于具有独特而厚重的历史文化内涵。

为了维护故宫博物院藏品和建筑，更好地服务于学术研究和社会大众，我们已经成立了北京故宫文物保护基金会。基金会的一个重要任务就是支持故宫学研究，资助项目包括学术研究、文化交流、文化公益等。大家只要有合适的研究课题，凡与故宫相关，都可以提出申请，我们将在出版等方面给予支持。希望学界继续支持、参与故宫学的研究，对故宫研究得越深入，也就为弘扬中华传统文化多贡献一份力量。与此同时，对于故宫博物院与清史编纂委员会的合作，我们将继续给予支持与投入。

（2011年9月17日在故宫博物院与国家清史编纂委员会联合举办的"第十四届国际清史学术研讨会"上的致辞）

《汉英文物考古词汇》序言

　　在故宫的西北隅，坐落着建于清雍正初年的城隍庙，奉紫禁城城隍之神，有正殿，有配殿，亦有山门。远远望去，这组错落有致的建筑物与秀丽高耸的角楼浑然一体，别有风味。城隍庙多年来已是故宫博物院研究室的所在地。研究室的老先生多，他们在这宁静的环境中从事着学术研究工作。王殿明、杨绮华就是其中的两位。《汉英文物考古词汇》一书也是在这里诞生的。

　　《汉英文物考古词汇》是一本汉英对照的文博专业工具书，共收各类有关专业常用词汇万余条，约20万字，分25个部分。从内容上看，搜罗极广，既有关于文物、考古、博物馆的一般常用词汇，又有青铜器、陶瓷、玉器、书法、绘画、织绣、漆器、古代家具、古建筑、古陵墓等具有鲜明中国特色的文物的专业词汇；而宫殿园林、明清宫廷、明清职官、六部公用语、宫廷器物等部分，更可使人对以故宫为载体的中国传统文化有多方面的大致了解；最后的"全国重点文物保护单位选""世界遗产在中国""中国历史年表"等部分的词汇，相信对读者也有裨益。

　　本书凝结着编译者几十年的心血。王殿明、杨绮华两位先生解放初期毕业于大学的英文系，在我国对外文化交流部门工作近20年，1972年到故宫博物院从事文博专业的英文笔译工作，至今已30多年。30余年来，通过出国文物展览、院内专馆陈列、各类特展和书刊出版等文字翻译工作的实践，两位先生接触并熟悉了故宫博物院及故宫古建筑的专业门类，又通过不断地学习和钻研，收集并掌握了各类文物专业的英文词汇，使故宫博物院汉英文物专业翻译出现了新的局面。他们合作翻译出版的图书和图录有数十种，如《八十年代的博物馆——世界博物馆趋势综览》（紫禁城出版社出版）、《紫禁城的黄昏》（庄士敦著，紫禁城出版社出版）、大型图录《故宫博物院》（分别由意大利琼蒂出版社、美国纽约哈利·艾布拉姆斯出版社出版）、《故宫文物大典》（故宫和福建、浙江、江西有关出版社联合出版）、《明代吴门绘画》（香港商务印书馆出版）等，在对外宣传中华文化方面收到了较好的效果。在这个坚实的基础上编译的《汉英文物考古词汇》，是一部精雕细磨的作品，是他们长期勤奋努力的结晶。

这本书的出版是十分必要的。随着我国对外文化交流的日益广泛、深入，文化遗产保护领域的合作不断加强，出国与来华的文物展览日渐增多，编译一本汉英对照的文博考古词汇工具书，是翻译工作者、专业研究人员、大专院校有关专业师生的愿望，更是广大中外旅游参观者的需要。据了解，目前见诸于世的这类书不多，主要有《汉英考古分类词汇》（黑龙江科技出版社出版）、《汉英商业文物词汇》（中国旅游出版社出版）和《中国考古词汇》（汉英对照，外文出版社出版，其中部分资料为王殿明、杨绮华提供）。这些书的词汇各有侧重，或"考古"，或"商业"。这本书的词汇则文物与考古兼而有之，与上述各书有所不同，且以皇家园林和宫廷文物为其特色，有关部分还附以必要的线图，读者可以一目了然。词典是工具，是桥梁。这本书的出版，将有益于弘扬祖国的文化遗产，有利于中外同行之间的学术交流，也有助于提高广大读者对我国文物考古工作的兴趣和关注。

我到故宫博物院工作不久，曾去城隍庙内的研究室看望过王殿明先生。他提出要加强故宫笔译人才培养的建议我一直记在心里。他感到几十年了，虽然每天忙忙碌碌，但似乎没有做过什么值得述说的事。这使我深受感动。在故宫，有不少像王殿明、杨绮华这样的老先生，他们把毕生献给了故宫，勤勤恳恳，不计名利，乐在其中。他们是真正的"故宫人"。在他们的作品即将问世时，要我写个序言，我觉得不能推辞，便写了以上的话，表示我的祝贺。也相信在广大读者的关心下，这部书能够精益求精，不断完善。

（《汉英文物考古词汇》序言，紫禁城出版社，2005年）

为什么今天还要学满文

满族发祥于东北的白山黑水，早期是以渔猎兼畜牧为生的民族，属于森林狩猎文化体系，满语、满文是满族人使用的语言、文字，也是满族文化的重要组成部分。满文创制较晚，大约在明末清初之时基本成形。

明万历二十七年（1599年），被后世尊为清太祖的努尔哈赤命额尔德尼、噶盖二人以蒙古文字母体系为基础创制了满文。不过，额尔德尼、噶盖二人创制的满文字母，有"一字双音"等缺陷。天聪六年（1632年），清太宗皇太极命达海等人对满文字母进行改进。首先，在一些满文字母旁加上"圈"和"点"，消除了"一字双音"的缺陷。此外，还增加了一些满文字母和切音字等，从而进一步完善了满文。从此，额尔德尼、噶盖二人创制的满文被称为"老满文"，即"无圈点满文"；达海改进后的满文被称为"新满文"，也叫"有圈点满文"。满文在清代又称为"国书"或"清书"、"清文"，作为清代官方通行文字，先后沿用了近300年。

清朝入主中原后，讳言建州女真臣服明朝的事实，也讳言满洲先世史实。顺治、康熙、雍正三朝忌讳的史事，到乾隆朝则更为前古所未有，凡有碍其前代之记载，无不严加焚毁，藏者罪同叛逆。因此，导致满洲先世历史，或没有记载，或隐瞒遮饰，于其早期史迹原貌已然全非。直至1931年《满文老档》被发现，才廓清清皇室先世的历史原貌。正如《满洲老档秘录·序》中所说："盛京故宫旧藏《满洲老档》一百七十九册，分记天命、天聪、崇德朝事，多三朝实录、东华录、开国方略所不载。见所未见，闻所未闻，诚三百年来之秘史也。"因此，对满语的掌握直接影响到对满族历史乃至清史宫廷史、近代史的研究，对于还原历史原貌具有不可忽视的作用。

这里我想说一个故事。2007年9月，李岚清同志在故宫武英殿参观"天禄珍藏——清宫内府本三百年"的展览时，看到陈列的多种满文写本及玺印上的满文后，触发了他作为艺术家的感受，遂问我："满文也有类似汉字的书法吗？"这可把我问住了。我对满文一窍不通，对它是否有书法当然答不上来。岚清同志这样问，显然是他看后认为是有书法的。我请教了专家，果然满文有书法。我便把有关资料送岚清同志。这儿也想啰唆一下，以便由此见识满文的丰富性以及它所受到的汉字的影响。

满文字体具有印刷体、手写体的区别，其手写体就是楷书。此外，在满文创立和发展过程中逐渐形成了篆书、草书等，并日益完善。其中，满文篆书是为用于书法篆刻及碑匾的目的创制而成的，主要是在汉文篆书和蒙古文篆书的基础上创制出来的新字体，其各种篆体的命名，都沿用了汉文篆书的原名。在字形方面与蒙古文篆书有很多相似之处。满文篆书在满文创立和发展的过程中，借鉴了汉文篆书的书写形式，结合满文本身文字的特点，以"字头""字牙""泡""点""圈""钩"等组成，字体具有修长的特点。

目前最早的有关满文篆书的记载，是清太宗时期所遗留下来的用"清字篆文"篆刻的青玉"皇帝之宝"，约创于天聪六年（1632年）至崇德年间（1636—1643年）。但此时的满文篆书尚处于初创阶段，还不十分完善。随着满文的不断发展，至乾隆年间汉文篆书逐渐移植入满文中，使满文篆书得以成熟和规范化。最著名的满文篆书作品是《御制盛京赋》。《御制盛京赋》是乾隆所撰最著名的一篇诗赋，是在乾隆八年（1743年）九月，由乾隆帝伺奉皇太后经由热河抵盛京拜谒皇陵祭祖之时所撰,于乾隆八年（1743年）刊印成册,因称《御制盛京赋》。此书由序、赋、颂等三部分组成。后来,乾隆帝为便于弘扬满文,指授臣工创制各体篆文。由傅恒、汪由敦充任总裁,阿克敦、蒋溥充任副总裁承办此事。臣工们"广搜载籍,爰据古法",创制出三十二体满汉文篆字,并用三十二体满汉文篆字编写《御制盛京赋》,于乾隆十三年（1748年）刊印成册,每种篆字文各一册,并在每种篆字文末附"篆文缘起"的说明。

满文篆书虽然吸取了各方之长,但仍保留其满文本身的形态。因此满文篆体具有汉文字体的规方和满文字体的修长相统一的特点。满文篆书的字形,除少数单用的几个别音节字和连接字外,余者均呈长方形。满文篆书的应用多限于印玺之中,并对各级印章所用的篆体也做了明确规定。清朝的玺印除少数用满文楷书,大多数为右面汉字左面满篆,形成清朝印玺独有的特点。

满文楷书的使用最广泛,使用时间最长。相对而言,草书、篆书的应用范围不广,但它以其独特的艺术形式,作为满族民族文字的书法艺术,不仅在历史上发挥过应有的作用,而且流传至今,充实和丰富了我国的文化艺术宝库,成为我国灿烂文化的组成部分。

今天我们学习满文、掌握满文,对于清史研究、故宫学研究都有着重要的意义。学习满文、掌握满文,最直接的用处就是能够读懂满文档案。满文档案是清代历史文献资料的一个重要组成部分。这些档案不仅与宫中发生的重大事件有关,而且是了解宫廷历史文化的重要依据。它是研究清史的最基本的史料,也是研究清史的一把钥匙,能够读懂满文对于研究清史具有重要的意义。

中国第一历史档案馆所藏的满文档案近200万件（册）,档案的内容涉及有清一代300年间的方方面面,可以提供丰富的第一手历史文献资料。另外,台北故宫博物院所藏满文档案文书亦有相当一批;辽宁省档案馆尚有数以万计的满文档册。另外,还有大量满文典籍,它们大多具有重要的历史文化价值。仅北京故宫收藏的以满文为主体的典籍，就有2200余种19000余册。挖掘这些资源，同样需要懂得满文。

虽然大部分满文档案都保留在中国第一历史档案馆，但是该馆与故宫博物院却有很深的渊源。其前身故宫博物院图书馆文献部在30多年中曾是故宫的一个重要部门。故宫最初对宫中的档案进行的整理，为我们国家培养了第一代的档案人才。应该说中国近代的档案事业创始于故宫博物院。至今，中国第一历史档案馆仍坐落于紫禁城的宫墙以内，而作为故宫工作人员，无论从事哪类的文物研究和整理工作，都与档案的利用、研究分不开。

故宫是一个大文物。对于研究故宫的专门学科——故宫学而言，其性质属于综合性学科，涉及历史、政治、建筑、器物、文献、艺术、宗教、民俗、科技等许多学科。研究故宫，不可避免地要涉及满族的历史和文化，因此，学习和掌握满文对于日常工作和学术研究都有着积极的作用。

学习满文还有更为重要的意义。满文是反映满族历史、记录清代发展的重要载体，是一种重要的非物质文化遗产。在文化遗产中应该区分有形文化遗产与无形文化遗产，不仅要保护有形的，而且要高度重视、努力抓紧保护无形的文化遗产。学习满文就是对于这种非物质文化遗产的传承，是最好的保护和利用。

还应看到，现存满文图书档案资料不仅是我们国家的历史文化瑰宝，也是世界文化宝库中的重要财富。满文档案、图书资料和满文自身的历史价值、研究价值、利用价值早已引起国内外学术界的瞩目。早在顺康年间，王士禛就在《居易录》中提出了"满洲文学"这个概念，在日本、韩国、朝鲜等国，满语文的研究也占有传统地位，在欧洲，满语文的研究也一直在持续地进行。

不管从哪个方面来说，故宫博物院的工作人员，特别是青年人，努力学习满文、掌握满文，都有着重要的意义。但现实状况是，懂满文的人太少了，远远适应不了事业发展的需要。

故宫博物院是一座博大精深的中国历史文化宝库。不论在人类文明发展史上，还是在中国当代社会主义文化建设中，都有不可替代的重要作用。而故宫的目标就是要建成国内领先、世界一流的现代化博物馆。在一定意义上说，科研水平直接影响着故宫博物院的工作水平、学术地位和长远发展。不断提高故宫博物院的科研水平、学术地位，是青年人的历史使命。

为适应这一需要，故宫博物院团委举办了满语培训班，报名的人很多，大多数是青年人，也有几位年龄较大的同志，有些已是学有专长、业有专攻。这说明大家都有学习满文的积极性，也说明院团委组织的这个培训班是十分必要和及时的。

"靡不有初，鲜克有终。"做一件事，善始善终，是很不容易的，特别是学习满文，要掌握一门语言，更是非下大功夫不可。不光是要上好培训班，培训班结束后还要坚持不懈。我相信，其中的很多人会学有所成，会有大的收获。从他们身上，我们可以看到故宫学术研究的未来。大家的心血是不会白费的。

（2007年8月24日在故宫博物院团委举办的满文培训班上的讲话，略有修改）

"明清史学术文库"序言

  2012年是清帝退位100周年，明清史研究也走过了百余年的风雨历程。出于总结和促进发展的目的，故宫出版社将百年来明清史专题研究的重要的甚至经典性著作，遴选40余部再版发行，以期对当前的明清史研究有所裨益，这是令人高兴和值得肯定之举。

  长达500余年的明、清两代，是中国历史上两个重要的王朝，既处于我国封建社会行将灭亡的衰落时期，又处在中国封建专制主义发展的巅峰时期。盛世与没落，帝王的文治武功与社会的演进变革，殖民者的"福音"传播与列强的坚船利炮，此起彼伏的农民起义与先进的中国人的图强探索，革命与改良，等等，这是一个多姿多彩且天翻地覆的历史时期。这一时期又连接着今天，影响着今天。因此，研究明、清两代的历史，就有着十分重要的意义。

  现代意义上的明清历史研究开始于20世纪初。面对清王朝的腐朽没落、半殖民地半封建社会的奴役屈辱、资产阶级革命的风起云涌，以梁启超、夏曾佑、严复、孟森、章太炎、向达、谢国桢、萧一山等学者为代表的中国知识界，继承中国古代社会"鉴古知今"的历史传统，吸收近代科学理论知识，开始对清先世、明满关系、南明史、学术史，后渐扩大到秘密会社史、华侨史、晚清史（这是一大热点）、民族史、历史地理、财政史、盐业史等明清历史的多个方面进行系统研究，筚路蓝缕，取得了丰硕的成果。

中华人民共和国成立以后，特别是改革开放以来，学术界在马列主义理论指导下，继承老一辈学者的信实学风，汲取西方学术研究的科学方法，解放思想，大胆探索，推动了明清史研究的不断深入。研究领域在不断扩大，研究水平在不断提高，明清史学逐渐形成充满朝气、欣欣向荣的繁荣景象。经过数十年的发展与积淀，时间已为我们留下了一些有价值的学术著作，这些著作资料翔实，论述严密，条理贯通，至今仍为许多学者所推崇。因此，将多年以来明清史研究著作纳入"明清史学术文库"，重新修订再版，可使我们回顾明清史学研究的发展轨迹，促进21世纪明清学术研究深入发展。

故宫博物院和故宫出版社推出这套《明清史学术文库》还有一层特殊的意义，这就是故宫和故宫博物院在明清史研究中的特殊地位。故宫作为明清两代的皇宫，在明清两朝的统治历史中，共有24位皇帝在此生活执政，使之在近500年中成为全国的政治中心、文化中心，演绎出一幕幕兴衰史剧，明清时期的每一个重大历史事件，都几乎与宫廷发生着密切的联系。故宫几乎每一座宫殿、每一个院落、每一处山石，甚至每一口水井、一床一案，都有一段传奇经历，蕴含着独特的、浓厚的历史文化信息。它们所涉及的建筑、园林、历史、地理、文献、文物、考古、美术、宗教、民族、典制、礼俗等诸多学科与门类，是研究明清时期典章制度、宫廷建筑、宫廷生活等历史问题的专家学者不能不予以关注、不能不去考察体验的诸多社会历史领域。建立在明清两代皇宫"原址保护"基础上的故宫博物院，兼容建筑、藏品与其中蕴含的丰富宫廷历史文化为一体，这一特点及优势，决定了它在整个明清史研究中有着独特的、不可替代的重要地位。而故宫的一切研究工作也离不开明清史学术界的辛勤劳动。

正是基于这种独特关系，我们与清史编纂委员会联合举办清史研讨会，与北京大学联合主办《明清论丛》，成立明清宫廷史研究中心和故宫学研究所，组织编纂明清宫廷史研究丛书，并资助出版一大批重要的明清史学术研究成果，受到学界的广泛赞许。以突出皇宫、皇权和皇帝等皇家文化研究的"故宫学"学术概念,也得到了学界的广泛关注。浙江大学、中国社会科学院研究生院等高校已开始招收这方面的硕士研究生,浙江大学成立了故宫学研究中心,南开大学成立了明清宫廷史与故宫学研究中心,台湾清华大学开设了"故宫学概论"课程等。所有这些,必将对故宫博物院的日常工作和学术研究,以及明清史学的进一步发展,产生重要的推动作用。

故宫出版社作为故宫博物院的重要部门,一直把促进明清史和故宫学的研究作为自己义不容辞的责任和义务,做出了积极的努力,也取得了丰硕的成果。本次推出这套"明清史学术文库",在出版既有学术成果的基础上,通过深入地与专家学者沟通,对明清史及故宫学研究涉及的一些问题进行专题探讨,以提高明清史和故宫学研究的理论水平,并向成为我国明清史研究成果的出版重镇不断迈进,其精神也值得赞扬。我们相信,通过故宫博物院和故宫出版社与明清学术界的不断努力,明清历史研究必将取得更大的发展。

("明清史学术文库"序言,故宫出版社,2012年)

附："明清史学术文库"首批书目

第一辑

孟 森：《清代史实六考》

张德泽：《清代国家机关考略》

王戎笙：《明清史事管窥》

周远廉：《清朝开国史研究》

陈祖武：《清儒学术拾零》

晁中辰：《明代海外贸易研究》

白新良：《明清书院研究》

南炳文：《南明史》

刘凤云：《清代三藩研究》

常建华：《明代宗族组织化研究》

第二辑

戴 逸：《清代人物研究》

林铁钧 郭成康：《清朝文字狱》

王思治：《清史述论》

冯尔康：《清史史料学》

朱诚如 张玉芬：《清代皇嗣制度》

何孝荣：《明代南京寺院研究》

高 翔：《近代的初曙——18世纪中国观念变迁与社会发展》

庄吉发：《清朝奏折制度》

杜家骥：《清朝满蒙联姻研究》

何 平：《清代赋税政策研究：1644—1840年》

"明代宫廷史丛书"序言

　　宫廷史是人类历史中非常重要而又非常特殊的历史。故宫是中国明清两代的皇宫，在长达491年的岁月中，先后有24位皇帝在此生活和执政。始建于明永乐时期的故宫，虽在清代有不少改建、重建、新建等，但仍保留了初建时的格局，故宫仍有明代的一些建筑物以及明宫的不少文物。因此，研究明清宫廷史是故宫博物院的优势和责任。但长期以来，故宫在清宫史研究方面成果比较突出，明宫史研究则相对薄弱。从故宫学的视角和要求来看，深入开展明宫史研究，不仅对于中国历史的研究，而且对于故宫丰富内涵的发掘，对于博物院事业的发展，都有着重要的意义。因此，从2005年以来，故宫博物院采取多种措施，加强明代宫廷史的研究，"明代宫廷史丛书"就是其中的一项重要成果。

　　"明代宫廷史研究"是2005年确定的故宫重点科研项目，对明代宫廷史中的18个重大方面进行探讨。研究成果以丛书的形式集中发布。经过近5年的努力，在故宫博物院庆祝建院85周年之际，这套丛书陆续出版，与读者见面。

　　这套丛书是一项规模较大的学术工程，在内容、作者阵容、研究方法等方面具有如下特点：

　　第一，内容较为丰富，结构较为整齐。明宫史丛书的结构是将明宫史中凡是可以相对独立出来的专题逐一单列，共计18种，既有传统的研究项目，如明宫书画史、明宫建筑史、明宫宦官史、明宫陶瓷史等，也有一些新开辟出来的研究领域，如明宫宗教史、明宫戏剧史、明宫工艺史等，还有一些较为少见的项目，如明宫园林史、明宫图书史、明宫财政史等。可以说，整个"明代宫廷史丛书"的内容是较为丰富和全面的，结构也较为整齐，虽说不能囊括明宫史的全部内容，但以目前18种书目的阵容，应该说基本上包括了明宫史的主要部分。

第二，作者阵容较强，涉及领域较广，是故宫内外、海峡两岸学者的多方合作。作者几乎都是各自学术领域内的名家，是研究各个专题、撰写每种书的合适人选。同时，作者队伍超越了研究明宫史的范围，许多专家是跨学科的，不全是明史界的学者，以此形成了将宫廷史涉及的多个领域以丛书的形式组合在一起的研究格局。

第三，研究方法和撰写体例较为新颖、独到。这套丛书的研究方法是传统的史学研究与文物研究的有机结合。每一种书关注的已不再是单纯的个案，不再是一件或一类文物，而是连带其背后包含的相关因素及其发展过程。研究中，在一定程度上做到了文物与文献相结合，学术探索与实地考察相结合，局部研究与系统研究相结合，既发扬了故宫博物院以"物"研究见长的特色，又拓展了研究的深度与广度。

第四，丛书的撰写同故宫内外的相关活动紧密结合。自从"明代宫廷史研究"项目正式立项以及"明代宫廷史丛书"的策划、组稿和撰写方案落实以来，整个丛书的撰写活动就围绕明宫史及相关的重大问题，同院内外的展览、宣传、实地考察、学术研讨等活动紧密结合，并在其中发挥了重要作用。

"明代宫廷史丛书"的撰写已初步取得了多方面的成果，主要反映在以下几个方面：

第一，填补了明宫史研究的一些空白，首次从宫廷史的角度分门别类并且较为系统全面地研究明代宫廷史，取得了较为丰富、具有创新意义的成果。

　　第二，推动了故宫学的发展，促进了故宫自身业务活动的开展，同时在一定程度上增加了故宫的社会影响力，拓宽了故宫与社会相关机构的合作范围。

　　第三，逐渐确立并提高了明代宫廷史相对独立的学术地位。有助于推动社会史、文化史的研究，并将促进中外宫廷史研究方面的交流与合作。

　　明代宫廷史的研究虽然取得了一定的成果和进展，但从整体上看目前仍处于起步阶段，许多重要问题仅仅是探索，尚未达到全面深入，更未达到如有些领域那样成熟的研究水平。"明代宫廷史丛书"尽管有18种之多，但不能说包含了明宫史的全部内容，还有一些题目和内容需要列入或补充，即使已经列入丛书的部分，也还存在着一定的不足。我院将在今后的工作中有针对性地采取一些措施，继续加强明宫史研究，逐步克服这些不足。

　　这套丛书是故宫内外众多学者通力合作的成果。故宫博物院高度重视明宫史研究项目和这套丛书的撰写工作，多次召开会议专门研究和落实，有力地保证了这项工作的顺利进行。在这一过程中，李文儒副院长作为全套丛书的总策划、主编和整个项目的主持人，对项目的实施和丛书的撰写付出了大量的心血。院刊编辑部赵中男编审具体组织协调，从落实项目到处理庞杂的事务，竭尽全力，坚持不懈，终于使这套丛书和整个项目有了一个良好的开端并取得可观的成果。

　　在本丛书陆续面世之际，我们要诚挚地感谢与故宫密切合作的海峡两岸学者，感谢故宫上下热情参与这项工作的同志，感谢所有为此付出努力的人，没有他们的积极支持和艰辛努力，这套丛书的撰写和明宫史的研究项目是无法完成的。

（"明代宫廷史丛书"序言，紫禁城出版社，2010年）

故宫为什么要成立古书画、古陶瓷研究中心

在庆祝故宫博物院成立80周年的今天，建立故宫博物院古书画研究中心和古陶瓷研究中心，是故宫博物院在科研方面深化改革、扩大开放的重要举措，也是中国博物馆发展史和学术史上的一大盛事。

为了成立这两个研究中心，我们酝酿了两年多的时间。目前，已经具备了成立两个中心的四个基本条件，即藏品条件、人才条件、展览条件和科研条件。

第一，藏品条件。建院80年来，故宫博物院在典守和征集陶瓷、书画等文物方面，可谓殚精竭虑、不遗余力。当今，陶瓷类文物总计约35万件，其中32万多件属原清宫旧藏，1949年以后又入藏2万多件，还有历代古窑址瓷片标本和大量的陶瓷类实物资料。从新石器时代的陶器到明清瓷器，自成体系，宋代五大名窑瓷器、明清官窑瓷器是故宫陶瓷收藏中的强项，其中被定为国家一级文物的陶瓷器就有1110件。故宫博物院藏有超过14万件的历代卷轴、贴落、碑帖、壁画、版画、玻璃画等各种形式的书画藏品，其中唐宋元绘画400余件，晋唐宋法书430多件，还有189件元以前的碑帖拓本，整个藏品形成了基本完整的艺术史系列。其中一级品书画、碑帖共达2600多件。这些陶瓷、书画藏品无论从数量还是质量上看，在世界各大博物馆中，都是名列前茅。

第二，人才条件。故宫博物院丰富的陶瓷、书画藏品是与故宫一

大批研究者的名字分不开的，正因为有了他们丰硕的研究成果，更使世人看到这些稀世之宝的光耀。在古陶瓷研究领域里的第一代专家学者有陈万里、孙瀛洲、冯先铭、耿宝昌等先生，在古书画领域里的第一代专家学者有徐邦达、马子云、刘九庵、王以坤、朱家溍等先生，他们闻名遐迩，堪称学术泰斗。现在第二代10余位陶瓷、书画专家学者已为世人所知，一大批第三代正在成长。然而，我们深知，仅由故宫的几代专家学者来挖掘、研究故宫丰富的藏品是远远不够的，研究故宫文物，必须面向全国、面向世界。一大批热衷于研究故宫书画、陶瓷的国内外知名学者正是我们孜孜以求的学术精英，今天，我们有幸聘请到30位作为古陶瓷研究中心的客座研究员和研究员，聘请到34位作为古书画研究中心的客座研究员和研究员。

第三，展览条件。两个研究中心均有固定的供科研专用的场地，即展厅和小型会议室，我们将高科技引进了展厅。古陶瓷研究中心即将开幕的"故宫博物院藏清代御窑瓷器展""故宫博物院藏中国古代窑址标本展""故宫博物院古陶瓷标本资料观摩室"，以配合"古陶瓷国际学术研讨会"的召开。古书画研究中心即将开幕的"《清明上河图》专题展——宋代风俗画展"，以配合与此相关的"《清明上河图》及宋代风俗画国际学术研讨会"的召开。同时，还展出了"十年入藏书画展"。

我们以这些展览和国际学术研讨会作为两个中心学术活动的开始，我们期待着大家对此提出宝贵的建设性意见。

第四，科研条件。为了深化两个研究中心的科研工作，我们创造了新的科研条件，引进了一些高科技设备。其一是古陶瓷检测研究中心内设古陶瓷成分分析实验室、工艺研究实验室、结构分析实验室和物理、化学性质检测实验室，承担古陶瓷的分析检测研究工作。其二是电子画廊，利用高像素数码相机拍摄书画、高清视屏展示图像，以零等待、零距离、零模糊的图像质量服务于专家学者们的鉴定与研究。这些高科技设备的应用，将会给文物鉴定和研究提供新的实证。

　　两个研究中心都是高层次的国际性学术机构，是国内外专家学者开展合作性课题研究的学术平台，其研究重点为故宫博物院庋藏的书画、陶瓷和散佚在世界各地的清宫旧藏书画、陶瓷。我们提倡进行深层次、多视角的科学研究。其研究成果的体现形式可以是专题展览、各种形式的出版物和各种主题的研讨会。让世界的知名学者走进故宫，让中国的传统文化走向世界，在更大的范围内提高书画、陶瓷研究的学术水平，这就是我们要成立两个研究中心的初衷。

　　这几年，故宫和北京的文物、博物馆界讨论了一个古老而又新颖的学术观念，即"故宫学"的概念问题，现在学术界已基本上达成共识，确认"故宫学"是一个客观存在，"故宫学"的研究对象之一就是故宫博物院庋藏的各类文物和历史档案以及散佚在世界各地的各类清宫旧藏，其中清宫旧藏的书画、陶瓷等文物是非常重要的研究对象，"故宫学"的确立，将大大凝合一切研究故宫文物的学术力量。两个中心的建立，说明了"故宫学"本身的文化内涵在海内外所具有的凝聚力。

　　博物馆建立国际性的古书画、古陶瓷研究中心，有着得天独厚的藏品优势，但目前还没有现成的经验可以借鉴，怎样开展两个中心的科研工作，是我们亟待解决的问题。真诚地希望两个研究中心的客座研究员与我们共同讨论、研究中心的章程问题和学术规划问题。在条件进一步成熟后，我们将有计划地适当扩大客座研究员的数量，希望有更多的知名同行与我们一同开创新的学术空间。在大家的共同努力之下，相信在不远的将来，两个研究中心所发挥出来的学术能量将会受到同行们的瞩目。

　　最后，预祝两个研究中心比翼齐飞、共创辉煌！

（2005年10月10日在故宫博物院古书画、古陶瓷两个研究中心成立仪式上的致辞）

谈《出师颂》的历史背景

　　书法名篇《出师颂》时隔80年后回归故宫，引起社会轰动，在品评其书法意蕴的同时，许多人对《出师颂》的内容及历史背景也产生了浓厚的兴趣。

　　查《文心雕龙》，刘勰对《出师颂》的作者史孝山评价很高，将其与扬雄并列。现在所知史孝山的作品有两篇，一是《和熹邓后颂并序》，一是《出师颂》，分别赞颂邓太后及其兄邓骘，可惜前一篇已亡佚。颂是一种文体，本来是《诗经》的诗体之一，"颂者，容也，所以美盛德而述形容也"。从文辞、内容两方面看，颂的风格特点是："颂惟典雅，辞必清铄，敷写似赋，而不入华侈之区；敬慎如铭，而异乎规诫之域；揄扬以发藻，汪洋以树义，唯纤曲巧致，与情而变，其大体所底，如斯而已。"《文心雕龙·颂赞》史孝山的《出师颂》一文大致分两层：第一层先述汉室历史，直至"西零（戎）不顺"，于是派邓骘出征；第二层先用姜太公吕尚在武王伐纣中所起的重要作用以及《诗经·小雅·六月》中"薄伐猃狁，至于太原"两句比拟邓骘担当大任及征伐之艰，接着用"鼓无停响，旗（旌）不再（暂）褰。泽沾遐荒，功铭鼎铉"四句概括了战争状况与邓骘的战功，最后是描写皇帝对作为"伯舅"的邓骘的恩赏，而以"今我将军，启土上郡。传子传孙，显显令闻"作结。用上述刘勰关于颂的原则来看，《出师颂》全篇结构严谨，叙述简明清晰，词语典雅精当，确是一篇好文章。其对邓骘的评价是够高了，"允文允武，明诗悦（阅）礼。宪章百揆，为世作楷"；对他与天子的特殊关系尤多提及："天子饯我，路车乘黄。言念伯舅，恩深渭阳。"但我们读了后，总觉得缺了点什么。其实，缺的就是对战功的具体描述。

《出师颂》写的是东汉王朝派邓骘讨伐羌人变乱的事件，为什么又语焉不详呢？原来文章反映的是东汉后期汉羌关系的重要史实，有着复杂的历史背景。

羌是我国西部的古老民族之一，其传说中的祖先是无弋爰剑，及至后汉，爰剑"子孙支分凡百五十种"，分居于广阔地带，主要聚集在青海东部、河湟一带，西北接西域，南达今之川滇地区。羌人"不立君臣，无相长一，强则分种为酋豪，弱则为人附落"。每个羌支的规模不等，大者万余人，小者数千人，弱者则不能自主，被其他羌支征服为附落。散布在辽阔地区的众多羌支中，比较强大且与汉朝关系密切的支系计有研、牦牛、白马、参狼、先零、封养、牢姐、罕、烧当、勒姐、当煎、发羌、钟、虔人、巩唐等种。

汉初，匈奴强大，湟水下游及祁连山以北诸羌役属匈奴，一部分羌人求汉保护。汉景帝时，研种羌留何部被内徙于陇西郡的狄道（今甘肃临洮）、安故（今甘肃临洮南）等地。汉武帝为了反击匈奴侵扰，开辟河西四郡，阻断了羌与匈奴的联系，并派军队进入湟中，始设护羌校尉，总辖羌中事务。汉宣帝神爵元年（公元前61年），因官吏滥杀羌民，诸羌怨怒，遂反，宣帝使赵充国往讨。充国以招抚为主，尽量少杀伐，羌人陆续归降，后又进行军屯和移民垦种，兴水利，修道路，缮城郭，这些措施促进了羌族地区的发展和羌汉两族的融合。汉光武帝刘秀也多次内徙归附羌人，例如建武十一年（35年），徙先零羌于天水、陇西、扶风三郡。散布在内地的羌人称为东羌，留居河湟地区的羌人则称为西羌。内徙的东羌深受地方官吏和豪强的压榨奴役，生活悲惨，西羌则受护羌校尉、边郡都尉等欺凌滥杀，亦不得相安，羌人因此不断地变乱反抗，成为东汉王朝后期极大的隐患。

汉安帝永初元年（107年）发生了一次大规模的羌人变乱。这次变乱的主要原因是由于徙居内地的羌人深受豪强和官吏的压榨，"时诸降羌布在郡县，皆为吏人豪右所徭役，积以愁怨"。变乱的导火线则是因征发羌人西迎西域都护段禧而引起的。这又与东汉当时放弃西域的错误决策有关。原来班超在西域长达30余年，苦心经营，促进了汉与西域的联系。而班超回京师洛阳后，任尚为西域都护，为政苛猛，引起叛乱。永初元年六月，公卿议者以为"西域阻远，数有背叛，吏士屯田，其费无已"，诏罢西域都护及伊吾庐（今新疆哈密）、柳中（今新疆吐鲁番附近）屯田吏士，遣骑都尉王弘赴迎，并征发金城（郡治所允吾，在今青海民和县）、陇西（郡治所狄道，在今甘肃临洮县）、汉阳（郡治所冀县，在今甘肃甘谷县）羌人百千骑兵一起西进，郡县催促逼迫出发。这些羌人害怕远屯不还，到酒泉后多有散叛。各郡遂发兵拦截阻止，有的捣毁沿途羌人庐落。于是牢姐、当煎部的大首领东岸等人更加惊恐，一起逃散，当时已归降汉朝的西羌最大的部族烧当羌酋的儿子麻奴兄弟也趁此与部族人全部西出边塞，先零羌的滇零部与钟羌诸种趁机大肆骚扰掠夺，断绝了陇山一带的交通。"时，羌归附既久，无复器甲，或持竹竿木枝以代戈矛，或负板案以为楯，或执铜镜以象兵，郡县畏懦不能制。"汉朝一方面"赦除诸羌相连接谋叛逆者罪"，又于是年十二月派车骑将军邓骘、征西校尉任尚率领五营及各郡的士兵5万人屯驻汉阳，以防备羌人进犯。汉安帝曾亲至平乐观设宴送别邓骘，此举既说明事态的严重性，又表示皇帝对这位"大舅"的倚重。

邓骘，字昭伯，东汉南阳新野人，少为大将军窦宪属吏，后因其妹由贵人立为和帝皇后，故晋升为虎贲中郎将，再迁为车骑将军。殇帝死，与其妹邓太后定策立安帝，被封为上蔡侯。他的妹妹从安帝即位起即临朝称制，直到15年后去世。他的地位与权势也就可想而知了。在他的一生中，率军平定羌人变乱是件大事。《出师颂》是赞颂邓骘出师平定西羌的功绩，但事实上他并没有打胜仗。他的军队与羌人交手两次。第一次是永初二年（108年）春，诸郡兵还未至汉阳，钟羌数千人就率先击败骘军于冀县西，杀千余人。这次是羌人主动打他。这年冬天，邓骘派任尚及从事中郎司马钧率诸郡兵与滇零羌等数万人战于平襄（今甘肃通渭县西北），尚军大败，死亡8000余人。这次是他派兵主动打羌人。两次都失败了。羌人兵势大盛，朝廷无法制服。滇零羌遂自称"天子"，接着武都、参狼及上郡、西河诸羌乘隙为乱，攻略三辅，东侵赵、魏，南入益州，杀汉中太守董炳。由于战乱，"湟中诸县粟石万钱，百姓死亡不可胜数，而转运难剧"。在十分严峻的形势下，邓太后依从庞参提出的"总兵养众，以待其疲"以及邓骘暂时班师的计议。十一月二十九日，诏令出征一年的邓骘班师，留下任尚屯驻汉阳担任诸军节度。诏封邓为大将军，当邓骘返回时，享受到隆重的礼遇，大鸿胪亲迎，中常侍郊劳，诸侯王及诸公主相率顶望，络绎道次，及诣阙入谒，复特赐束帛车马，真是"宠灵显赫，光震都鄙"。同时封任尚为乐亭侯，食邑三百户。出师未捷，大败而归，邓骘反而被封为大将军，这次封赏显然不公。

打了败仗而又要写颂"襃德显荣"，就难免一般化、概念化。《出师颂》被选入《昭明文选》，同时被选入的还有扬雄的《赵充国颂》，同是颂体，同是写平定羌人之乱，对比之下，很有意思。赵充国足智多谋，通晓敌情，采取屯田坚守的策略，终于获胜，所以《赵充国颂》中就有生动的描写："既临其域，谕以威德。有守矜功，谓之弗克。请奋其旅，于罕之羌。天子命我，从之鲜阳。营平守节，屡奏封章。"每一句都包含具体的故事，并且突出了赵充国"料敌制胜，威谋靡亢"的特点。可见，这不能怪史孝山，只能怪被颂者缺少可颂的东西。

从汉安帝永初元年（107年）开始的羌人变乱延续了10多年，遣兵调将，军需用去240余亿，兵士死亡不计其数。尔后东汉又爆发了两次大的羌人变乱，直到桓帝延熹年间，前后达五六十年。羌人的反抗与扰乱有时深入到河东、河内、蜀郡各地。其间，东汉政府对他们进行残酷镇压，一些豪强亦乘机攻州掠郡，残害百姓，汉羌人民均深受其害。羌人变乱最后虽被东汉政府镇压了下去，但结果不仅是整个西北地区残破凋敝，社会生产力遭受巨大的破坏，而且东汉王朝也因此财力、物力大为削弱，成为东汉社会经济衰败的原因之一。这样丰富的历史内容在千古名文《出师颂》中是不可能完全反映出的。

（原载《故宫博物院院刊》，2003年第6期）

《〈清明上河图〉新论》序言

　　北宋张择端的《清明上河图》是我国绘画史上最为卓著的风俗画长卷，她一诞生就引起了人们的关注和赏爱，自元明以来民间留传着诸多摹本和仿本。这件"百科全书式"的风俗画，生动地展现了北宋汴京的市井生活，具有珍贵的艺术价值和历史价值。《清明上河图》吸引了学术界各个领域的研究者，他们从不同的角度，运用不同的方法，对其展开了多层次的研究，揭示出作品所蕴藏的丰富的思想艺术内涵，成为中国学术史上引人注目的篇章。

　　研究张择端《清明上河图》始于20世纪50年代初。60多年来，这一研究不断深入。可以说，每一次对《清明上河图》的探讨都深化了古代艺术史及相关领域的研究。2007年，辽宁省博物馆倾力搜集了2005年以前的学术成果，在万卷出版公司出版了《〈清明上河图〉研究文献汇编》一书，为国内外研究者们汇集了丰富的参考资料。这本由故宫出版社出版的《〈清明上河图〉新论》则是在此基础上的进一步拓展和完善，也是这一领域新的研究成果的集中反映。《〈清明上河图〉新论》所收文稿来源于两个方面：其一，为2005年的故宫"《清明上河图》暨宋代风俗画国际学术研讨会"的论文成果。故宫博物院在2005年10月庆祝建院80周年之际召开了这一研讨会，力图超越和补充前人的研究，同时引导社会公众对《清明上河图》客观全面的认知，提高大众的欣赏品位。这是国内首次举办《清明上河图》的专题性研讨会，得到了海内外专家的高度关注。会议上有20余人提交了论文和发言，其主题包括《清明上河图》艺术风格、内容的再探讨以及新的研究方法等。其二，是在2005年之后陆续征集的论文，这是继研讨会之后到今年年底的跟进研究。应该说，本书所辑论文最大的成果是开拓了《清明上河图》研究的新领域和新思考，对于同时代的风俗画也展开了更为广泛深入的探讨。

本书所收的33篇论文，其作者包括中国大陆及港澳台地区以及美国、加拿大、英国、日本等国家的博物馆研究人员、大学教授和后学之士。本书根据论文内容编排为：现阶段对于《清明上河图》的全面认识，研究方法的探讨，《清明上河图》与宋代绘画的关系，《清明上河图》若干问题的再研究，留传与考辨，诸本《清明上河图》研究，宋代风俗画，海内外研究状态与思考，等等。希望这本论文集不仅能够体现现阶段诸位学者的独特见识，还能够带给读者一些相关研究的启发。

本书在出版之际，适逢中日邦交正常化40周年。在这个值得庆祝的日子里，《清明上河图》作为"文化大使"将赴日本东京国立博物馆展出。我们相信，这件早已为日本人民熟悉和企盼的中华瑰宝，一定会为日本民众了解中国传统文化打开一扇景象生动的窗口，给中日学界带来一股研究中国艺术史和文化史的热潮，推动中日文化的交流。日本学术界对于《清明上河图》的研究已经具有相当丰厚的基础，曾经不止一次召开过研讨会，并出版过论文集。我们期待各国学者们在此次《清明上河图》赴日展出期间，共同收获丰硕的学术成果。

（《〈清明上河图〉新论》序言，故宫出版社，2012年）

兰亭的研讨

今天我们在这里隆重召开"2011年兰亭国际学术研讨会"，对于兰亭的研究具有重要的意义。同时，这也是为了配合故宫的年度大展"兰亭特展"而精心组织的一次学术会议，是故宫的盛事。

书法艺术是我国特有的民族传统文化的重要组成部分，王羲之被尊为"书圣"，《兰亭序》更代表其巅峰成就。《兰亭序》真迹相传被唐太宗随葬昭陵，但自唐代起不断摹拓传播，化身可谓成千上万，对历代书家都有巨大影响。为此，我院策划了今年年度大展"兰亭特展"，届时，观众不仅能见到故宫珍藏虞世南、褚遂良、冯承素等创作的公认最接近原作的摹本和临本，还能见到乾隆集诸家大成的《兰亭八柱帖》。历史上还没有任何一幅书法作品，能如此受到膜拜、研习、传承和论辩，蔚为千古奇观。

从《兰亭序》的产生、至尊地位的确立以及对后世的影响，可以看到在皇权社会中帝王对文化艺术的巨大引导和推动作用，以及后世书法追踪的方向、文人的生活情趣、生活方式的潮流和对普通人生活的示范效应。这次展出多种珍贵的兰亭题材文物，更旁及绘画、诗文乃至工艺美术和建筑等诸多领域，体现了社会、思想、艺术的变化，也凝聚了千百年来人们情感的共鸣。

修禊不是自兰亭开始，却因兰亭而不朽。兰亭和修禊的主题表达的是人们的高远的精神追求、超逸的艺术品位、平等的人间友谊和豁达的人生态度。兰亭，已经成为中国的一种文化符号，成为延绵不衰的文化现象和广博开放的文化体系。其影响也已遍及海内外，成为人类文化宝库中的珍贵财富。

与以往不同，本次年度大展由"兰亭特展"和"兰亭珍拓展"两个展览组成，分别在午门和延禧宫展出，旨在普及"兰亭文化"和助益专家学者的研究。在图录的编写方面则更注重学术性，除了对四大类文物的综述文章外，还邀请知名学者撰文论述，加深人们对兰亭内涵的了解。

为了扩大展览的影响，我院从年初就已做了大量的宣传工作。举办了全国范围的"兰亭诗词大奖赛"、"寻找兰亭印记"、志愿者培训等一系列宣传活动。今天在这里举办"兰亭国际学术研讨会"更是把宣传活动推向了高潮。同时，此次"兰亭论辩"的成果也必将对兰亭书法和兰亭文化的研究产生积极而深远的影响。

两岸故宫博物院都非常重视学术研究并有良好的互动，互相关注，互相支持。这次冯副院长专程带队来访，使双方的交流达到一个新的阶段。最后，感谢冯副院长及各位专家学者莅临此次学术研讨会，感谢日本东京国立博物馆、香港中文大学文物馆、黑龙江省博物馆、南昌市博物馆、南京市博物馆等单位对我院展览及研讨会的鼎力支持！

（2011年10月29日在"2011年兰亭国际学术研讨会"
开幕式上的致辞）

故宫的藏传佛教研究

　　故宫作为明清两代的皇宫，至今仍完整地保留着一批清代藏传佛教殿堂，以及大量珍贵的藏传佛教文物藏品和研究资料，这些建筑与藏品资料是明清两代民族政策、汉藏文化交流等历史事实的生动见证，是以藏传佛教文物研究为重点的故宫藏学研究独有的财富和资源。故宫的藏传佛教研究有着重要的历史价值和现实意义，在整个藏学研究中具有独特的地位和作用，也是故宫学的重要内容。

　　清帝在紫禁城中修建了众多的藏传佛教殿堂。其中有10余处佛堂长期以来"养在深闺人未识"，至今仍然较好地保存着自乾隆以来的历史旧貌。这是故宫古建筑群中一个重要而又特殊的部分，不仅建筑完整，而且室内保留的清代匾联、供案、神佛造像、佛塔、供器、法器、唐卡、壁画等也基本维持原样。这些佛殿不仅如实地反映出清帝对藏传佛教的信仰实况，也对我们研究清代宫廷藏传佛教陈设思想及其象征意义有重要的价值。

　　故宫收藏的有关藏传佛教的文物共5万多件，主要有造像、唐卡、法器、法衣、经籍以及与藏传佛教文化有关的绘画、碑帖、书法等。这些文物大部分为清代蒙藏地区的民族宗教领袖进献皇帝的礼物，以及内地宫廷所造的佛教法物，汇聚了蒙藏地区以及内地的藏传佛教文物珍品。其中造像2万多尊，有金铜、玉石、木、漆、泥蜡等各种质地的佛教雕像，尤以金铜造像时代最早，最有代表性。另外，故宫珍藏着近2000轴唐卡，大部是清代皇家的藏品，汇聚了18世纪西藏与内地艺术家创作的一大批珍贵画作，是这一时期唐卡艺术的精华。这些唐卡或收藏在箱柜中，至今大多品相完好，色泽如新；或长期悬挂在佛堂中，至今仍保持着原初的状态，与原状佛堂所有陈设一起成为研究清代宫廷藏传佛教佛堂内尊神配置的主题及其象征意义的难得的实物资料。故宫还收藏有7126件藏传佛教供器、法器，数量众多，品类丰富，材质名贵，做工精良，其中不少为历代达赖、班禅进贡。故宫图书馆收藏的满、蒙古、汉、藏等多民族语言对照的佛经、奏书和信件数量不菲。古书画部还有相当数量的绘画作品反映了藏传佛教文化圈内民族、宗教、战争、文化交流、民风民俗等历史内容。这些丰富的文物藏品及资料奠定了故宫发展藏传佛教研究的坚实基础。

10余年来，故宫的业务人员着力于宫廷宗教的研究，尤其是在藏传佛教艺术史和宫廷佛教史方面已经取得了一批科研成果，形成了一个相对稳定的科研队伍，以王家鹏、罗文华、王子林、徐斌等研究员为代表，构成了故宫佛教研究的中坚。在文物整理和研究的基础上，出版的图录、论文、专著以及推出的国内外相关展览，使更多的人了解了宫廷藏传佛教的历史面貌，在学术界产生了较大的反响。近年来，我院藏传佛教文物研究更加活跃。从1992年以来，故宫博物院参与了布达拉宫、罗布林卡等西藏重点文化遗产的维修保护工程。2005年故宫设立为期5年的重大科研项目，与四川省文物考古研究院合作对四川甘孜藏族地区进行考古和民族学调查；同年，与美国基金会合作共同维修西藏名寺夏鲁寺，同时由多部门合作，共同展开对该寺壁画的研究。2006年与首都师范大学和法国科学院合作召开了"第三届西藏考古与艺术国际学术研讨会"，吸引了国内外著名学者60余人参加。今年，故宫与首都师范大学美术学院共同建设汉藏佛教美术研究中心，开展对汉藏佛教美术的田野调查和研究工作，同时加强对中青年研究人员的培养。2008年，故宫还要成立"藏传佛教文物研究中心"，更好地整合研究资源，开展积极主动的学术研究活动，扩大国内外学术交流。这些学术活动稳步扎实地推进，给故宫的藏传佛教研究注入了新的动力。

四川幅员辽阔，是我国的文物大省，四川省文物考古研究院承担着全省的考古发掘与研究、古建石窟的维修、各类文物保护等一系列繁重的任务。该院的前身四川文物考古研究所自1953年成立以来，经过几代考古人的努力，取得了丰硕的成果，先后调查发现了从旧石器时代到明清时期的文物点4万余处，发掘出土文物100余万件，发现了巴蜀大墓和举世震惊的三星堆遗址，规划维修重点古建石窟100余处，发表考古报告、专著和论文1000余篇，对于四川省文物事业的发展做出了贡献，在全国文物考古界也颇有影响。近年来，在保持传统优势的同时，四川省文物考古研究院的一批中青年学者还积极探索，锐意进取，勇于创新，努力拓宽研究领域，时有新成果问世。尤其是在整理历年积压的考古报告、联合国内外科研院所开展大型科研项目、美术考古、走出国门考古、考古探险等方面都屡创佳绩，给全国同行留下了深刻印象。

同时，四川也是一个多民族聚居之地，西部的康巴地区自古以来就是藏文化圈的东部，汉藏结合地带，文化面貌复杂多样，文物、文化资源丰富，是汉藏文化交流史、藏传佛教艺术史研究中一个重要的区域。四川文物考古研究院占有天时地利人和的优势，又有丰富的考古资料和学术研究底蕴；故宫经过近20年的研究，涌现出了一些研究人员，积累了丰富的研究经验和成果。通过这样的合作形式，既可以将故宫已有的研究成果直接运用于康巴地区的民族学、宗教艺术和文化史的田野调查之中，发掘更多的研究资料，发现新的研究热点，又可与四川考古研究院优势互补，互相促进，开拓康巴地区民族与考古研究的新亮点。二者的合作可谓优势互补，珠联璧合。

自2005年以来，故宫与四川省文物考古研究院的田野调查已经取得了突破性的进展和丰硕的成果。现在双方的合作考察已经完成了第二个年度的任务。双方的研究人员为此付出了艰辛的努力。两年中，他们克服了强烈的高原反应、恶劣天气的影响以及身心的疲乏，行程1万多公里，跨甘孜、阿坝两州10余个县（市），调查了寺庙、石窟50余处，鉴定文物1000余尊、唐卡300余幅、壁画10余处。他们在甘孜、阿坝的4个县范围内，首次发现了9处明代佛教和苯教内容的壁画。这些壁画除了具有浓重的本土特点之外，从其风格、壁画内容以及画面结构上还能强烈地感受到来自西北地区藏传佛教艺术的影响。在汉藏佛教艺术史上第一次将西南与西北地区联系起来。这是康巴地区考古调查中的重大发现，在学术史上有着重要的意义。

故宫与四川省文物考古研究院的合作虽然刚刚开始，但已取得了令人欣慰的成果。现在正是坐下来好好整理和消化这些成果的时候。四川省文物考古研究院和我院共同编辑的这本书就是对第一年工作的总结和回顾，希望此书的出版能促使我们将以后的调查工作做得更好、更完善，收获更大。

科研上的交流与合作是促进科研发展的重要途径。故宫博物院今后会更多地支持和推动类似的合作，使合作的形式更多样化，研究方向也要更广泛。我们不仅要将故宫的学术推出去，打破"闭门"的学术风气，还要大胆引进来。我们欢迎一切有志于故宫学研究的学者、机构都参与到我们的研究中来，共同推进故宫的学术研究，提高故宫的学术水平。

（故宫博物院、四川省文物考古研究院编著《穿越横断山脉——康巴地区民族考古综合考察》序言，四川出版集团天地出版社，2007年）

应运而生的故宫藏传佛教文物研究中心

在北京秋高气爽的日子里，在皇家宫廷的红墙黄瓦环绕之中，中外学者济济一堂，共同见证故宫博物院藏传佛教文物研究中心的成立。

站在这里，大家能深切地感受到历史的厚重。大约在500年前，我们所站的地方就是明代宫廷重要的藏传佛教活动场所，到清代这里已经成为宫廷藏传佛教的中心，宗教法事的举办、佛像的铸造、唐卡的绘制以及佛经的抄写等都集中于此。在这里，不同的民族、不同的文化和谐地统一在佛教的旗帜之下；也是在这里，许多来自蒙古、西藏和汉地的高僧大德与帝王们一同见证了当年藏传佛教在宫廷中的繁荣和王朝几个世纪的强盛。

从青藏高原到蒙古高原的佛教高僧和世俗贵族来到王朝的中心北京，觐见皇帝，呈进各种名贵而神圣的礼品，于是大量的佛造像、唐卡、佛典、法物，源源不断送进宫来，陈设在皇家佛堂之中，成为宫廷圣物的一部分，甚至成为皇帝顶礼膜拜的对象。数百年来，宫廷藏传佛教藏品的数量达到数万件之多，如今成为故宫博物院藏传佛教文物的珍贵典藏。我身后的宝华殿和眼前的雨华阁仍然保存了清宫佛堂的原始形式与内容。

1923年，一场突如其来的火灾，将这一区域北部很多的建筑和内在的珍贵陈设化为灰烬。2006年，在香港中国文物保护基金会的独资赞助下，将此中正殿一区按照其清代原貌进行了复建，我们将成立的藏传佛教文物研究中心设置于此处，可谓得其所哉。

故宫之所以有勇气成立这样一个机构，是因为我们不仅有品质良好、数量众多的藏品，也是故宫研究人员共同努力的结果。在此之前，我们经过20余年的努力，把故宫的此类藏品通过展览和学术出版的方式介绍出去，我们的研究成果也得到学术界的认可。同时，我们以更为长远的眼光，不断开拓与国内、国际学术界的交流与合作。我们先后与四川文物考古研究院合作在四川甘孜、阿坝地区开展长期的田野调查；与首都师范大学合作在西北地区开展汉藏佛教美术的调查。同时，我们已经开展了西藏夏鲁寺的项目，希望能更多地参与到西藏本土藏传佛教文物的调查和研究工作中。我们已经支持和参与组织了两届"西藏考古与艺术国际学术研讨会"在北京的举行。我们与美国特拉华大学合作保护阿坝州苯教遗迹的项目也正在申请程序中，以后还会有更长期而深入的合作。此前与法国科学院的部分合作也已经取得了初步的成果。

随着我们对于故宫藏传佛教研究的深入以及对藏传佛教田野调查工作的广泛参与，我们将积极推动与国内外学术机构的合作，在未来进一步加强与国内外学术界的沟通与交流，促进学术信息的共享。我们研究中心的调查成果，也将会对学术界开放，将邀请学者们共同整理、共同发表，而且也欢迎相关的学者利用我们的资料进行学术研究。

我们非常高兴地看到，故宫藏传佛教文物研究中心的成立得到了国内外学术机构和学者们的积极响应和支持，对此我们表示衷心的感谢。我们还要特别感谢美国西藏佛教资源中心（Tibetan Buddhist Recource Center）将其藏文文献数据库无偿提供给本中心研究使用，以及瑞士学者冯·施罗德（Ulrich von Schroeder）先生向本中心捐赠了其全部著作。

为共同促进学术发展，我们将与一些国内外学术机构签订合作框架协议书，同时聘请一些国内外学者作为我们中心的客座研究员。我真诚希望，我们的这个中心能够成为一个动态的平台，跨越紫禁城的宫墙，直接与国内外学术界对接，我们将不断吸收著名的学者、研究人员作为本中心的客座研究员，如果条件成熟，我们也将会与更多的学术机构达成合作意向。

（2009年10月16日在"故宫博物院藏传佛教文物研究中心成立仪式"上的致辞）

大有作为的故宫明清宫廷史研究中心

今天，故宫博物院明清宫廷史研究中心成立大会在建福宫隆重召开，我谨代表故宫博物院向参加明清宫廷史研究中心成立大会及国际学术研讨会的中外学者表示热烈的欢迎，向承办单位以及关心研讨会的各界人士致以诚挚谢意。

故宫是中国封建社会后期明清两代的皇宫，也是世界上现存规模最大、保存最完整的古代宫殿建筑群，更是中华民族辛勤劳动和卓越智慧的结晶。故宫藏品包括了古代艺术品的所有门类，其历史文化内涵更涉及建筑、园林、历史、民族民俗等诸多学科，在我国历史文化遗产中具有突出的历史价值、科学价值和艺术价值，是中国皇家收藏传统的延续，与故宫的不可移动文化遗产共同构成了世界遗产价值。

在日益开放的现代社会，作为中华民族文化的载体，故宫越来越多地承担起对外宣传的重任，成为世界其他民族了解中国的一个重要窗口。故宫辉煌的建筑以及深厚的中国文化底蕴吸引了众多国内外游客的到来。

无疑，这一切都为故宫走向世界、为民族文化的传播创造了良好的条件，但是仅有这些远远不够。因为，归根结底，只有依赖于我们自身学术的发展，深化故宫学的研究，我们才能更好地理解传统文化，更好地继承传统文化的精髓，更好地向祖国各族群众、向世界宣传中国文化。

今天，我们相聚于此，也正是为了这一个共同的目的——故宫学术的发展，这也是故宫博物院明清宫廷史研究中心成立的目的之所在。

今天，我们成立这个中心具备了较为成熟的条件。故宫拥有优秀的学术传统。故宫博物院建立之初，领导就很重视学术研究。中华人民共和国成立后，故宫曾创办了《故宫博物院院刊》。改革开放后，故宫学术进入大发展时期。1989年，故宫博物院与中国第一历史档案馆等5家单位成立了"中国史学会清代宫廷史研究会"，此后又陆续有4家单位被增补为会员单位，研究会至今已经召开了9届学术研讨会，明年将举办第十届学术研讨会。其研究已经大大超越了以往的政治、宫廷生活等领域，在文学艺术、学术思想、科技、宗教等方面，都取得了前所未有的丰富成果。不仅如此，故宫学人还把研究视野拓展到与之关联的历史、文博、考古、艺术、古建等多个学术领域，积极参与博物馆界、历史学界、美术界的文化、学术活动，故宫成为活跃的学术研究重镇。故宫与中国紫禁城学会、中国玉学玉文化学会、中国古陶瓷学会等建立了良好的学术合作方式，定期举办学术活动，并成为其中的领军单位。并且，故宫博物院一大批中青年学者逐渐成长起来，为中心的成立奠定了深厚的基础。

明清宫廷史研究中心的成立更得益于以"故宫学"为核心的故宫学术研究体系的确立。故宫不只是古建筑群，它与宫廷的珍藏及大量档案、典籍等连在一起，其中蕴含了丰富的宫廷历史文化内涵。从故宫建院开始，几代故宫专家学人致力于故宫研究，拓展故宫学术领域，不断地努力与积累，终于在2003年提出了"故宫学"的概念，故宫的学术研究由此获得了核心支撑点。为了进一步推动故宫的学术研究，故宫博物院树立开放的心态，吸引社会学术力量介入。于2005年成立故宫博物院古陶瓷研究中心、故宫博物院古书画研究中心，2008年成立故宫博物院古建筑保护研究中心。今年10月，明清宫廷史研究中心的成立则是这一思想的延续和发展。

故宫成立明清宫廷史研究中心后，将积极推动与国内外学术机构的合作，进一步加强与国内外学术界的沟通与交流。我们聘请了一批国内外学者作为中心的客座研究员。我们将在研究场所、研究设备、文物资源的利用与保护、学术成果的出版与管理方面制订一套完整的章程和办法，为故宫的学术研究创造良好条件，从而使我们的研究中心为国内外专家学者开展合作性课题提供学术平台，这必将极大地推动故宫学术的发展。

我们也将不断吸收著名的学者、研究人员作为本中心的客座研究员，如果条件成熟，我们也将会与更多的学术机构达成合作意向。

（2009年10月20日在"故宫博物院明清宫廷史研究中心成立大会"上的致辞）

明清宫廷史研究的一次盛会

　　2009年10月20日，故宫博物院明清宫廷史研究中心正式成立，揭牌仪式在故宫博物院建福宫花园内敬胜斋隆重举行。参加仪式的有国家清史编纂委员会主任戴逸教授等国内外著名大学与研究机构的专家学者近百人，还有中国第一历史档案馆、沈阳故宫博物院等与明清宫廷史研究相关的各单位的领导，台北故宫博物院周功鑫院长也派员参加了仪式。

　　故宫博物院明清宫廷史研究中心的成立，是故宫博物院在新世纪大力加强学术基地建设、提升学术水平的又一举措。

　　故宫博物院自1925年建院伊始，即以开放的胸怀，延揽学界精英，共同打造故宫学术。进入21世纪，为了进一步推动学术研究，故宫博物院更加开放地吸引社会学术力量介入。2005年成立了故宫博物院古陶瓷研究中心、故宫博物院古书画研究中心，2008年成立了故宫博物院古建筑保护研究中心。2009年10月，明清宫廷史研究中心（同月成立的还有故宫博物院藏传佛教文物研究中心）的成立则是这一思想的延续和发展。

　　故宫博物院成立明清宫廷史研究中心后，积极推动与国内外学术机构的合作，进一步加强与国内外学术界在明清宫廷历史方面的沟通与交流，并在研究场所、研究设备、文物资源的利用与保护、学术成果的出版与管理、院外学者延揽等方面建立了一套完整的章程与办法，主要汇集在《故宫博物院明清宫廷史研究中心章程》中。这些将为故宫博物院的学术研究创造良好的条件，从而使研究中心成为国内外专家学者开展合作性课题的学术平台。

该中心主任由故宫博物院副院长陈丽华研究馆员担任，秘书长由时任故宫博物院宫廷部副主任任万平研究馆员担任。在成立仪式上，中心聘请戴逸、南炳文等中外著名的对明清宫廷史研究卓有建树的客座研究员等30余人担任相关科研课题的学术顾问。同时，在成立仪式上，该中心又与3家研究机构签署了学术合作意向书。随着条件的成熟，故宫博物院将会与更多的学术机构达成合作意向。

揭牌仪式之后，随即于10月21日至22日在北京鑫海锦江大酒店召开了以"宫廷历史学研究对象、范围与方法"为主要议题的"明清宫廷史研究中心第一届国际学术研讨会"，来自北京、上海、天津、黑龙江、吉林、辽宁、河北等省市以及港澳特别行政区、台湾地区，美国、英国、新加坡等国的正式代表及列席代表近百人参加了学术研讨会。

本届学术研讨会是近年来举办的具有较高水准的一次学术盛会，体现在以下几个方面：

第一，与会专家学者人数多、水平高，可谓群贤毕至。本届研讨会邀请到了海内外最著名的一批明清史研究专家，他们的研究成果深具影响力与代表性。本次会议在筹备期间即收到论文30余篇、提要40余篇，其议题广泛，富有深度，涉及明清宫廷史研究的理论与方法、宫廷史个案研究、宫廷原状恢复、中外宫廷对比等多方面的问题。

第二，研讨议题紧扣明清宫廷史研究的中心主旨，首先研讨了宫廷史研究的对象、范围与方法，这对于未来明清宫廷史研究中心的学术发展至关重要。南开大学的冯尔康教授提出宫廷史研究要走出帝王崇拜的阴影，关注宫廷史与中国社会走向的大题目，认识宫廷决策对中国社会政治经济文化与社会生活的影响作用，着眼于文化史更有意义。北京大学徐凯教授介绍了国外宫廷史的研究方法，提出我们国内的明清宫廷史研究不应仅凭借唯物主义方法，还应借鉴西方宫廷史学的研究经验探讨出其特有的研究方法。中国人民大学毛佩琦教授首先提出宫廷史不同于宫闱史，宫廷文化与宫廷物质生活等都是宫廷史研究的对象。尽管其腐朽的一面不可否认，但依然是中国文化的精华，是社会文化的引领。他还指出，宫廷事件不仅仅指在宫廷之内发生的事件，有时甚至波及社会底层和国家的边陲等。故宫博物院刘潞研究馆员基于20余年的宫廷史研究实践，从学科建设的角度对清代宫廷史研究的对象进行了阐述，通过时空角度界定其研究对象，进而提出了清代宫廷史研究对象的4个层次：事实—沿革—规律—方法。对于宫廷史研究的对象、范围与方法这样的理论问题，当然不可能仅通过这样一次会议就得到解决，以后我们还将对这一问题进行深入探讨。

第三，本次会议提出了很多富有建设性、开创性的议题，对于今后进一步深入开展明清宫廷史研究提供了很好的切入点与思路。台北故宫博物院庄吉发研究员在掌握大量原始档案的基础上，以其深厚的满文功底辨析了沈阳故宫博物院与故宫博物院匾额的翻译问题，以《上谕档》的记载分析清宫陈设等。国家清史编纂委员会朱诚如教授从儒家的"中和"思想解读了康乾盛世，给我们以思想的启迪，令人耳目一新。北京大学王天有教授提出对明代宦官问题需要重新审视的新观点，认为明代宦官在中国历代王朝中文化水平最高，但不能把文化水平高归结为与其专权有直接的因果关系，而是要看当时的皇权与内阁处于强势还是弱势的不同情况来分析，并且分析了明代宦官专权只有20年左右的时间，因而也不能以偏概全。台北师范大学朱鸿教授通过对十三陵空间布局的分析，从新的视角解读了明代迁都问题与"正统"年号的由来及内涵。

除上述几家之言外，提交会议的论文还涉及宫廷典制、人物、事件、文化艺术、档案资料等多方面。

第四，本次研讨会的举办，增进了两岸故宫的学术交流。除了故宫博物院正式邀请的与会代表外，还有多名台北故宫博物院的同人列席了会议，这促进了两岸故宫的学术互动。

除以上几方面的特点外，此次会议把明史、清史两个断代史的学者，通过明清宫廷史研究中心的成立而团结、汇聚到一起，这样更有利于展开历史沿革领域的探讨与研究，可以做到瞻前顾后。此次会议的形式，全部安排为大会发言形式，便于全部参会学者的聆听与讨论，给年轻学者安排了青年论坛，提供了宣读论文的良好机会。令我们感动的是，很多德高望重的学者，尽管公务与学术活动甚为繁忙，还是全程参加了研讨会，这也是近年来学术会议很难得的现象，为年轻学者树立了良好的学术风范。

总之，本次会议，促进了学术交流，拓宽了研究视野，增强了研究深度，为故宫博物院明清宫廷史研究中心未来的研究工作有了一个良好的开端，是一次成功的学术会议。

故宫博物院第一届明清宫廷史国际学术研讨会结束后，与会学者根据会议的研讨，对其论文进行了一定的修改。修改稿汇总后，故宫博物院明清宫廷史研究中心组织专家组进行了审稿，汰除了个别学术性有欠缺的稿件，对一些稿件提出了进一步的修改意见，然后返回作者再次修改或调整论述角度，最终再次汇集，进入出版的各项程序。

本次论文集共收录论文37篇，因是第一届研讨会论文集，故编为第一辑，名为《明清宫廷史学术研讨会论文集》。根据《故宫博物院明清宫廷史研究中心章程》，中心每3年召开一次国际学术研讨会。嗣后，将根据研讨会召开的情况，陆续编次论文集，以促进学术交流与发展。

[《明清宫廷史学术研讨会论文集》（第一辑）序言，紫禁城出版社，2011年]

中国古陶瓷研究的国际性视野

在人类文明的发展进程中，陶器的出现、瓷器的产生，对文明的进步发挥了重要的作用。世界上最早的陶器，是人类的先民们在万年以前创造的第一种自然界本不存在的东西。它的出现，对农耕社会而言，为人类进入新石器时代揭开了新的篇章。世界上最早的瓷器，则诞生于中华大地的东汉晚期。以越窑为代表的南方青瓷的烧制成功，使世界从此有了瓷器，有了这一种新的材料。中华民族以她特有的勤劳和智慧，在其后近2000年的古陶瓷发展过程中，在隋唐时期的青瓷、白瓷，宋代"五大名窑"的钧、汝、哥、官、定，元、明、清时期的青花和釉里红，明、清时期的颜色釉瓷和彩绘瓷器等方面取得了令世界瞩目的成就。瓷器的发明作为中国古代文明的重要组成部分，对人类古代文明的发展做出了重要的贡献。

我们高兴地看到，烧制历史悠久的中国古陶瓷，成就辉煌，承载着博大精深的内涵，并给我们留下了一个数量庞大、种类繁多的古陶瓷宝库。同时我们也清醒地认识到，研究它的发展历史、揭示它的丰富内涵、传承它的辉煌，其任务也极为艰巨。

在中国，对古陶瓷的研究可以追溯到20世纪。1928年陈万里先生发表了第一篇古陶瓷窑址考察报告，1931年周仁先生则发表了第一篇古陶瓷科技研究论文。在两位学者的带动和指引下，故宫博物院和上海硅酸盐研究所几十年来不断将古陶瓷研究推向深入，在古陶瓷研究方面形成了两支重要队伍。

中国科学院上海硅酸盐研究所高举古陶瓷科技研究的大旗，于1982年主办了第一届古陶瓷科学技术国际学术讨论会。讨论会至今已连续举办了8届，每一届都吸引了众多的国内外学者参加，取得了很好的效果，受到了高度评价。第九届古陶瓷科学技术国际学术讨论会由中国科学院上海硅酸盐研究所和北京故宫博物院联合主办，主会场设在故宫博物院。作为主办方，作为东道主，故宫博物院欢迎来自国内外的各方朋友。

本届国际学术讨论会在故宫博物院召开，既是故宫人的光荣，也是故宫人的责任和义务。故宫博物院有35万件（套）古陶瓷收藏、有3800多件器型基本完整反映8000年连绵不断古陶瓷发展过程的陶瓷实物、有150多处窑址的残片标本3万多片。作为世界文化遗产的重要组成部分，这些珍贵的古陶瓷收藏不仅是故宫的，是中华民族的，同时也是全人类的共同财富。故宫博物院拥有得天独厚的古陶瓷藏品资源，同时，故宫博物院近些年来建成了现代化的古陶瓷检测研究实验室，在古陶瓷科技研究方面已经基本上构成了一个完整的分析检测体系。故宫博物院愿以开放的工作思路，与国内外的学者开展广泛的合作和交流，携手共创古陶瓷研究的新局面。

在本次大会提交的论文当中，有些论文所涉对象是中国以外的古陶瓷，这些论文为大会展现了不同民族、不同国家古陶瓷发展的多样性，同样是古陶瓷研究的一个重要方面。

（2009年3月25日在故宫召开的"古陶瓷科学技术国际学术讨论会"

开幕式上的致辞）

永宣时代艺术及其影响的研究

　　2010年是紫禁城落成590周年和故宫博物院成立85周年，为纪念这一特殊年份，故宫博物院举行了一系列有关活动。2010年11月18日至19日召开的"永宣时代及其影响——两岸故宫第二届学术研讨会"，即是重要内容之一。

　　众所周知，任何时代的文化，总是与当时社会政治、经济等诸多因素密切联系并不断发展的。作为明代历史上颇有作为的帝王，永乐、洪熙、宣德三朝皇帝（1403—1435年）所施行的一系列大政国策，使当时的中国成为遥领世界之先的东方强国，对后来中国历史的发展演进产生了深远的影响。我们今天所熟知的中国历史上的一些重大事件，如肇建紫禁城、郑和下西洋、纂修《永乐大典》等，都发生在这一时期。不仅如此，在帝王本人的直接倡导和参与下，明代前期宫廷文化艺术多姿多彩，取得了令后世瞩目的成就。其中，装饰简洁明快的御窑瓷器备受后人推崇，当时这种瓷器曾随着郑和下西洋的宝船远走西洋各国，享誉世界。色泽润美的雕漆，工艺技术之娴熟可谓臻于极致，令后世难以企及。婉丽飘逸的台阁体书法、笔墨工谨的院体绘画，尽开一代书画之新风。而形象慈祥和美、雍容秀逸的佛教造像，是元代以来藏汉佛教艺术密切交流的硕果，不仅代表了明代宫廷造像的最高水平，也达到元代以来佛教造像艺术的巅峰，在明清佛教雕塑艺术史上影响深远。还有数百年来一直为人们津津乐道，又一直未成定论的"宣德炉",作为那个时代留下的文化之谜,激励着今人以科学的方法去探索、去解答。这些门类各异而又成就斐然的艺术品,无不反映出当时的社会思想与审美意识。

举办"永宣时代及其影响——两岸故宫第二届学术研讨会",正是力求通过以物证史的方式和严谨的学术研究,再现这一历史时期在工艺美术、人们的审美意识和文化建设等方面所取得的辉煌成就。

2009年二三月间,我曾与台北故宫博物院周功鑫院长各自率团成功进行了互访,就两岸故宫开展实质性的合作交流达成多项共识,打开了分隔60年的两岸故宫博物院交往的大门。"雍正——清世宗文物大展"的合作举办及两岸故宫首届学术研讨会——"为君难——雍正其人其事及其时代"的圆满召开,不仅是两个故宫博物院合作的硕果,也是两岸文化交流的盛事。根据两岸故宫博物院的合作计划,围绕北京故宫博物院举办的"明永乐宣德文物特展"而举办的研讨会,就成为两岸故宫博物院第二届学术研讨会。

出席本次学术研讨会的50余名代表,分别来自中国以及美国、英国、日本等国家的博物馆、研究院(所)、高等院校等。研讨会共收到论文42篇,内容涉及明代永乐至宣德时期的政治、艺术、文化、外交、经济、民族、宗教等诸多领域的热点问题,代表们围绕这些问题从多个层面展开了热烈讨论。为了使各类问题都能讨论得更加充分,研讨会分为5个专场分别进行。

在明史专场讨论中,代表们依据各自的专业研究领域,围绕明代永乐、宣德时期的政治、文化、宫廷礼仪变化的原因及其特点等阐述了各自的最新观点。

在永宣瓷器专场讨论中,代表们围绕国外博物馆收藏中国瓷器的情况、永宣御窑瓷器的时代特点及艺术成就、永宣御窑瓷器与伊斯兰文化之间的相互影响、永宣御窑厂遗址考古发掘成果以及永宣时期具体文物名称的定名、功用、造型渊源及对后世影响等,宣讲了各自的最新研究成果。

在明代工艺美术史、工艺类器物专场讨论中，代表们既有对永宣时期各门类器物如漆器、珐琅器、"宣铜"等的综合论述，也有对某些具体类别器物的详细探究。

在明代书画史和书画类文物专场讨论中，所涉及的内容主要包括明代永宣时期台阁体书法产生的原因及其在书法史上的地位、宫廷文化娱乐生活的特点、宫廷绘画风格的转变、吴门画派的渊源等。

在明代民族关系史、宗教史类专场讨论中，代表们围绕永乐年间出版的佛教经典编排之旨趣、人物活动、佛教造像的艺术成就及分期等问题，发表了自己的见解。

本次学术研讨会尤为引人注目的是博物馆界和明史界的专家学者们聚在一起讨论问题，这对于相互取长补短、深入研究探讨中国历史上某一时期各方面问题具有重要意义，因而深受两方面学界代表的欢迎。

一项大型国际研讨会的成功举办，离不开社会各界和各有关方面的支持与配合。2010年9月26日至2011年1月4日，故宫博物院在午门展厅举办了"明永乐宣德文物特展"，在展览的筹备过程中，首都博物馆、西藏博物馆、青海省博物馆、湖北省博物馆等兄弟博物馆慷慨借出珍贵藏品，使展览大为增色。在展览大纲的起草过程中，国内外诸多专家学者曾给予大力支持，他们从各自专业角度对展览大纲提出了中肯的意见和建议，既保证了展览在学术上的规范和严谨，也使展览的内容更为丰富、完善。在本次研讨会论文集即将付梓之际，我谨代表故宫博物院，向为本次学术研讨会成功举办而付出心血的各有关单位和个人表示衷心感谢！

在两岸故宫同人的共同努力下，双方所达成的交流合作项目正在顺利地向前推进，今年10月将在台北故宫博物院举办"康熙大帝与太阳王路易十四特展"，并召开"两岸故宫第三届学术研讨会——

十七、十八世纪中西文化交流"，在此预祝展览和研讨会均取得圆满成功。我深信，两岸故宫博物院专家学者的再度聚首，一定会成为促进两岸学术交流、弘扬中华文化的新的起点。

（《永宣时代及其影响——两岸故宫第二届学术研讨会论文集》序言，故宫出版社，2012年）

两岸故宫博物院学术交流的新篇章

值此"两岸故宫第三届学术研讨会——十七、十八世纪中西文化交流"召开之际，首先想到并深感欣慰的是两岸故宫博物院的合作和学术交流的美好历程。

本届学术研讨会是继"雍正其人其事及其时代"与"永宣时代及其影响"之后两岸故宫博物院联合举办的第三届学术研讨会，也是落实两岸故宫博物院去年11月视频会议所达成共识的重要项目，说明两岸故宫博物院多方面的密切合作和交流已经进入了互动和常态阶段。与以往不同的是，此次"康熙大帝与太阳王路易十四特展"以两院藏品为主，扩大到上海博物馆、沈阳故宫博物院和法国凡尔赛宫、卢浮宫、吉美博物馆、法国国家图书馆、赛佛陶瓷博物馆等13家文博机构以及中国香港的一位收藏家，得到了台湾旺旺中时媒体集团、富御集团等的鼎力支持，这是一个多方合作展览的成功范例。展览的成功举办为我们今天的学术研讨创造了良好的条件。由此，本届的学术研讨也扩大到海内外的更多学者，来自法国的学者与两岸故宫博物院和兄弟博物馆的同人们共同讨论在康熙大帝和路易十四时代中西文化交流的重大课题。

中华民族和法兰西民族分别屹立在欧亚大陆的两端，都曾有力地推进了人类文明的发展进程。中国与法国的科技文化交流，可以追溯到路易九世派遣使者访问蒙古汗国的13世纪中期，到康熙大帝与路易十四互赠礼品书籍的17世纪末期达到高潮。在此前后，有数以百计的法国传教士来到中国，不少还进入了宫廷，他们带来了西方的科技文化，同时也将中华文化传播到了西方。中西文化的交流，不仅对帝王产生了重要影响，也给两国的宫廷生活带来了显著的变化。

说起有关太阳王路易十四的文物展览，2005年"法国凡尔赛宫珍品特展"就曾经在北京紫禁城成功展出，它是2004年"中法文化年"期间在法国展出的"康熙大帝展"的回访。如今，有关这两位神交已久的皇帝及中法文化交流的珍贵文物又在台北汇聚一堂，并围绕该展览举办学术讨论会，实在是一件历史性的文化盛事，说明两岸故宫博物院对康熙大帝与路易十四的重视，对当时中法科技文化交流的重视，对中法两国古代宫廷史研究的重视。

今天的学术研究也是对我们所倡导的故宫学研究的有力推进。围绕宫廷文物文化进行中西比较研究，可以使我们开阔学术视野、开阔研究思路、开辟探索方向，这是历史性的机遇，也是现实性的课题。研究历史的目的，一方面是要解决历史真相的问题，另一方面则是启迪当今的发展问题。对于像故宫这样的博物馆来说，学术发展的一个重要问题就是要在充分掌握历史文化实证的前提下，讲求理论创新、方法求新、成果出新，使学术研究的个性化与受众者的普及化达到高度统一，以开拓新的学术领域的努力实现自身的价值，完成肩负的使命。

文化交流是人类文明发展进步的必由之路。这些年来，经过周功鑫院长和我以及两岸故宫同人的不懈努力，两岸故宫博物院之间搭建的文化合作交流桥梁已经成为现实，并取得令人瞩目的成效。我们的这座文化桥梁正在延伸为沟通东西方文化交流的桥梁。我相信两岸故宫博物院的携手合作，明天会比今天更好！谢谢大家！

（2011年11月14日在台北故宫博物院召开的"两岸故宫第三届学术研讨会——十七、十八世纪中西文化交流"开幕式上的致辞）

附：开幕式引言

明末至清前期西方传教士来华，是基督教自唐代以来的第三次传入中国。15世纪至17世纪欧洲发生了两件大事：一件是宗教改革运动，一件是"新航路"的开辟，它们都直接促进了天主教向海外的传播。而传教任务又与殖民活动结合在一起。大批传教士来华，带来了西方国家的科学文化，也向西方传播了中国文化。这一时期的中西文化交流史，是中国史和世界史研究的重要课题，又因涉及宗教、民族、交通、文化、艺术、科技、经济、贸易等多个方面，有着深厚的内涵，其中尤以中法之间的交流最为引人注目。研究这段历史，不仅可以认识文化交流与国力盛衰的关系，而且对于我们今天探讨文化冲突与文化对话、文化理解，也会有诸多启示。台北故宫博物院举办"康熙大帝与太阳王路易十四特展"，两岸故宫博物院又联合召开学术研讨会，对于这一课题的深入研究必将起到积极的推动作用。

周功鑫院长为本次研讨会提供了《法国路易十四时期中国风尚的兴起与发展》的论文，我认真拜读，感受最深的有三点：一是题目选得好。周院长作为此次特展的策划者，对这段中法文化交流史有着深刻而独到的体会，围绕这个主题，论文以展览的丰富文物以及相关文献为依据，介绍了法国君主与宫廷接受中国文化乃至影响欧洲的过程，小中见大，从一个侧面反映了当时中西文化交流的盛况，也突出了这个特展的主旨。二是文字简洁，结构严谨，篇幅不长，既有宏观的勾勒，也有细节的说明，且把人物、关系、过程交代得十分清楚。三是语言有特色，重在叙述，使人觉得作者在"娓娓道来"，但又注重文献资料的运用，言必有据，例多有注，是一篇耐读的学术文章。

现在，我们就请周功鑫院长做主旨讲演。

实地考察与学术眼光

如果说一般博物馆都有科学研究的任务，那么对于故宫博物院来说，科学研究更具有特殊的意义。这主要是由故宫的价值与故宫博物院的内涵所决定的。作为明清两代皇宫，紫禁城是中国历代宫殿的集大成者，并有着丰富的宫廷收藏与遗存，蕴含着深厚的宫廷历史文化，而这一切又是一个相互关联的文化整体。文化整体的特点也是故宫学得以提出的重要基础。

故宫遗产的丰厚与博大，使其许多方面的研究都是中国文化史、中国艺术史、中国政治史、中国明清史的重大课题。这一特点也要求故宫学研究必须有宽广的学术视野，重视多种研究方法的结合，加强多方力量的合作与交流。

以藏传佛教为例，故宫藏有明清两代大量的藏传佛教文物，有10余座保存完整的佛堂，因为藏传佛教与明清两代特别是清代的民族宗教政策以及治国方略有关，对其研究就有着十分重要的意义。为了适应故宫学建设的需要，故宫博物院成立了藏传佛教文物研究中心。我们认识到，要把故宫藏传佛教文物研究深入下去，不能就宫廷研究宫廷，而要放在更为宽广的范围和背景中去考察。例如藏传佛教的发展源流，格鲁派与其他教派的关系，清代与明代藏传佛教的关系，宫廷与地方藏传佛教的关系，藏传佛教在不同地区的传播状况，等等。正是基于这一认识，多年以来，故宫博物院积极与国内外大学、研究所、考古所等机构合作，进行田野考察、考古发掘、文物保护、资料整理等，拓展了学术视野，扩大了研究领域，取得了明显的成绩。

故宫博物院与四川文物考古研究院合作，在四川甘孜、阿坝地区进行民族学考察，就是一个很有意义的研究项目。自2005年以来，双方的考察人员多次深入高原，不避艰险，先后在当地发现了一批重要的藏传佛教和苯教遗存，填补了当地艺术史和宗教史的一些空白。实地的考察，与合作单位的充分交流，也使故宫博物院的研究人员对于藏传佛教有了许多新的收获和体会，为进一步开展研究打下了良好的基础。2008年，作为考察成果之一的《康巴地区民族考古综合考察》已出版，近日，罗文华同志又拿来即将问世的《四川甘孜地区民族与考古调查报告——木雅地区明代藏传佛教经堂壁画》文稿。事实证明，当初走出的这一步是对的，符合故宫的学术发展方向，这些考察报告的出版就很好地说明了这一点。

学术的发展，是一个不断积累的过程，是一个没有尽头的事业。作为才崭露头角的故宫学，更是如此。我相信，开放的胸怀，长远的眼光，合作的精神，不竭的探求，将推进故宫学持续发展，也将保证故宫博物院的学术之树茂盛常青。

（《四川甘孜地区民族与考古调查报告——木雅地区明代藏传佛教经堂壁画》序言，故宫出版社，2012年）

故宫以及丰富的文物藏品的内涵需要研究、发掘、整理，这也是文化传承、扬弃的过程。

在故宫博物院80多年的岁月里，有一些积极参与博物院筹建并把自己一生贡献给博物院的人士，他们的辛劳，他们的业绩，他们的造诣，使他们也成为人所共仰的『国宝』。

永怀国士

　　庄蕴宽（1866—1932年），字思缄，号抱闳，晚年号"无碍居士"，江苏武进人。武进清属常州府，常州旧称毗陵，故常州人又称毗陵人。毗陵庄氏为江南望族，瓜瓞绵绵，其来有渐，清代以儒学精湛著称于时。《清史稿》载有武进庄存与、庄述祖伯侄二人，均为乾隆进士，存与曾遍注"五经"，述祖亦名列"儒林"，均为毗陵庄氏之先祖。庄蕴宽一生虽然经历曲折，极富传奇，但要在肯堂肯构，无坠先绪。尤其值得称道的，是他与故宫的渊源和对故宫的贡献。

　　庄蕴宽早年曾就学著名的江阴南菁书院。后历任广西百色厅同知、平南县知县、梧州府知府、太平思顺兵备道兼广西边防督办。其间，光绪二十七年（1901年），筹备广西武备学堂；光绪三十年（1904年），创办广东武备学堂。国民党元老李济深和李宗仁、白崇禧等均出其门。宣统二年（1910年），任上海南洋大学（今上海交通大学）教导主任。武昌首义成功，与张謇、汤寿潜、赵凤昌等筹划革命，为上海光复做出贡献。民国建立，经孙中山、黄兴同意，临时政府任命其代理江苏都督。1913年，任北洋政府肃政厅都肃政史。曾上书反对袁世凯称帝。后任审计院院长。1928年，辞官回乡，任《江苏通志》编委会总纂。最后终老于乡，私谥为"贞达先生"。

　　庄蕴宽任审计院院长期间，曾任"清室善后委员会"委员，参与故宫博物院的创建。1925年10月10日，故宫博物院宣告成立，并在乾清门前举行隆重的开院典礼，庄蕴宽任开院典礼主席，同时还兼任故宫图书馆馆长。1926年"三一八惨案"后，段祺瑞临时政府通缉故宫博物院的负责人李煜瀛、易培基，二人潜离京师避难，此后直至1928年6月，庄蕴宽作为故宫"维持会"的副会长，成为故宫博物院的实际负责人。其间，庄蕴宽以个人名义向东方汇理银行借贷3万元平息"索薪工潮"，多方斡旋成功阻止直鲁联军进驻故宫，为防国宝重器流失公开发表启事，要求组织清点故宫文物，作为故宫博物院的创始人和杰出的早期领导人，为故宫博物院的创建和发展做出了卓越的贡献。

庄蕴宽爱护故宫和重视文物，与其家学和素养关系密切。毗陵庄氏家学传承有序，自成一脉。其学以经学为基础，兼及文史百家。庄蕴宽继承家学，兼擅书画。书法融汇汉隶魏碑，尤精于草书。绘画以梅花见长，骨韵清劲，有如其人。可以说，庄蕴宽的家学和素养，决定了他的喜好和价值取向。可惜的是，长期以来，这样一位中国近代史上的风云人物，竟然没有一部关于他生平事迹的传记问世。这部《国士无双——庄蕴宽传》的出版，终于可以弥补这个缺憾。相信读者看了这部传记，一定会对庄蕴宽的风雨人生和爱国情怀，以及他为中华传统文化所做的贡献，有更加深入的了解。

（《国士无双——庄蕴宽传》序言，上海锦绣文章出版社，2012年）

吴瀛与故宫

　　回顾故宫博物院的院史，不能不提到吴瀛先生。

　　吴瀛先生投入清宫文物点查，开始只是以内务部官员身份来兼顾这项工作，此后竟离开了自己的本职，完完全全加入到故宫博物院的事业中，而且一干就是10年。这10年，故宫博物院经历了创办的艰难、成立初期的曲折、短暂的辉煌以及文物南迁等阶段。先生为之付出了全部心血，倾注了深沉感情。已成为经典的《故宫博物院前后五年经过记》一书，既使我们看到一幕幕惊心动魄的斗争场面，又使我们感受到先生的辛勤努力与重要地位。

　　中国近现代以来，有些名门望族以其显赫的世家地位、深厚的文化底蕴以及名门的联姻交友，加上时代的风云际会，在中国近现代史上占有一定的地位。吴氏家族就是这样，许多重大历史事件、国共两党许多重要人物，都与吴家有着这样那样的关系。而谈到故宫博物院的创建，吴瀛的舅父庄蕴宽先生更是做出了伟大贡献。

　　庄蕴宽是中国近代政治家，曾任民国审计院院长，做过清室善后委员会委员，参与故宫博物院的创建，兼任过故宫图书馆馆长，而在1926年至1928年故宫博物院处于风雨飘摇、命悬一线之际，庄蕴宽更是与故宫同人奋力支撑，坚持到最后的胜利。他是故宫博物院的创始人和杰出的早期领导人。

　　天有不测风云。所谓"易培基盗宝案"，不仅使这位故宫博物院首任院长受冤含恨，抑郁而终，也使吴瀛受到牵连，成为被告。吴先生豪爽、热情、憨直，是个汉子，又是为朋友两肋插刀的人。虽然他的受冤受害，完全是由于"同患难而观点各异，亲而不信的总角之交"的易培基所引起，但他对易培基却一往情深，至死不渝。他在有生之年，念兹在兹，一刻也没有停止为易培基院长申雪。直到中华人民共和国成立之后，他还给毛泽东、董必武等写信呼吁。他所著《故宫盗宝案真相》，对这一案件做了详尽的记录。这一冤案得以大白于天下，吴先生功不可没。

尽管如先生哲嗣吴祖光所认为，故宫博物院"以它本身具有的特性注定了是一个不祥之地"（《故宫盗宝案真相·序》），尽管吴瀛先生在服役10年后被迫离开了故宫，但他对故宫始终充满了感情。因为这个由皇宫变成的博物院，有着他的辛劳；他又是一个极其酷爱艺术而且有着深厚艺术造诣的人，故宫无与伦比的迷人魅力始终吸引着他。在他晚年时，仍然把一生珍藏的200余件精美文物无偿捐献给了故宫博物院。

吴瀛先生不仅有深厚的国学基础，且于西画及国画颇有造诣，诗文、书画、篆刻皆精。其绘画擅山水兼工花鸟，多以西画构图，隽永飘逸，意境高远。他的诗，沉郁雄奇，慷慨悲怆。他的主要著作，有《中国语文法》《故宫博物院前后五年经过记》《故宫盗宝案真相》，以及诗文《风劲楼诗草》《蜀西北纪行》，剧作《长生殿》《章台柳》等。在他那些落寞的日子里，在他郁闷、愤激乃至困惑的时候，这些业余爱好曾给他带来很大的慰藉。

吴瀛先生还活着，活在他颇有建树的学术著作中，活在他气韵生动的笔墨中，活在他情思斐然的诗文中，更活在他为之奋斗、付出心血的故宫博物院不断发展的伟大事业中，青山常在，先生不朽！

最后，谨以小诗四首纪念吴瀛先生：

其一

洪业堪称第一篇，乾清门内忆流连。

波云诡谲几多事，须借如椽史笔传。

其二

谁铸奇冤惊宇中？但呼咄咄懒书空。

直披真相慰亡友，哪管人生如转蓬。

其三

远水遐山写雅怀，长生殿曲喜而哀。

谢家玉树风流在，不负峻嶒一代才。

其四

十载峥嵘曾自雄，余生困顿叹秋风。

胸中块垒终消否？依旧珍藏献故宫。

（原载《文化月刊》，2013年第1期）

一个家庭与故宫的命运

　　梁匡忠先生于近日辞世，告别了他一生相伴、守护的故宫国宝，也带走了一个时代——海峡两岸两个故宫博物院最后一个见证故宫文物南迁的老故宫人离去了。

　　梁家与故宫颇有渊源。梁匡忠的曾祖父曾经是清宫画室如意馆的掌管，祖父和父亲都在那里画画。算到今天，最少已有150多年了。逊帝溥仪1924年被逐出紫禁城后，临时政府成立了"清室善后委员会"，清点宫里的物品，梁匡忠的父亲梁廷炜成为其中一名工作人员。正好在这一年，梁匡忠出生了。第二年即1925年10月10日，故宫博物院宣告成立。历史的因缘，使得梁匡忠的一生及其一家与故宫博物院的命运紧紧地连在了一起。

　　如果从梁匡忠的父亲梁廷炜算起，梁家祖孙三代人亲身经历了故宫国宝颠沛流离的迁徙。后来跟随国宝的转移，一家人又不得不分隔海峡两岸。

　　1931年，日本发动"九一八事变"，东北沦陷，华北告急，为了保存民族文化的精粹，故宫博物院选择精品文物南迁到上海。梁廷炜跟随文物于1933年南下，9岁的梁匡忠和母亲还有两个弟弟则留在北平。转眼过了三年，故宫博物院南京分院成立，暂存上海的文物又分批转运到南京新建的朝天宫库房，梁匡忠一家人才在南京团聚。

　　"七七事变"后，南京形势日趋紧急，南迁文物又被迫疏散到大后方，梁家人随同文物开始了动荡的迁徙生活。由于每个地方停留的时间都不长，一直在路上，梁匡忠的书念得断断续续。这批文物最终到达四川后，因家庭经济的困难，梁匡忠中断了学业，于1941年7月正式进故宫博物院工作，看管库房。这一年，他才17岁。

在守护国宝中长大的梁匡忠，耳濡目染父辈的言行，梁匡忠深知肩上责任的重大。他每天都要去检查库房，看房子漏不漏雨，文物是否受潮，还要防火防虫。他跑遍了位于四川的所有故宫文物库房，运输文物的时候还要跟着押车，不敢出一点差错。押车途中会面临各种险情——车况、路况和天气状况的突变，甚至遭遇土匪打劫。押运过程中，除了艰辛，随时可能面临日军轰炸的危险。碰上车坏了、路塌了，又前不着村后不着店的，经常挨饿受冻。对梁匡忠来说，年纪不大，这一切却已习以为常。

终于盼来了抗日战争的胜利。1947年故宫博物院奉命复原，分置在峨眉、乐山和巴县库房的所有文物分水、陆两线转运南京。梁匡忠也随文物回到南京。逐鹿中原，风云再起。国民党当局因大势已去，遂将故宫博物院南京分院存放的部分文物运往台湾。运台文物共三批，梁匡忠的父亲于1949年1月6日做了第二批运台文物的押运人，乘坐着招商局的"海沪轮"，押送着1680箱文物在海上颠簸三天后，到达基隆港。他还带走了梁匡忠的母亲和两个弟弟，以及梁匡忠的长子。梁匡忠则留在南京看守剩下的文物。自此，海天茫茫，故宫国宝一朝分散两岸，梁家一家人也只能隔海相望。等到20世纪80年代梁匡忠辗转打问到台湾家人消息时，才知父母已经双双去世。

梁匡忠一家的悲欢离合，见证了故宫博物院的坎坷历程，见证了国宝的命运，见证了中华民族一页悲怆的历史，这是大时代的一个缩影。

这里不能不提到梁匡忠5个子女的名字，因为这些名字都深深打上了故宫国宝辗转流离的历史烙印。四川峨眉是故宫文物存贮的一个重要地方，梁匡忠在这儿守护文物时，娶了个川妹子，成了家，有了第一个儿子，遂取名"峨生"；后来他到乐山管理库房，第二个孩子在此出生，因为乐山古称嘉定府，便取名"嘉生"；抗战胜利后，他到南京，工作了六七年，"金生"和"宁生"两个孩子就留下了南京（旧称金陵、江宁）的影子；最小的儿子是梁匡忠一家随南迁文物最终回到北平以后出生的，所以叫"燕生"。峨生、嘉生、金生、宁生、燕生，峨眉—乐山—南京—北京，真真切切地勾画出故宫国宝南迁、部分回归北京的历史时空图。看着这些名字，我们感慨万千，怎能不感受到隐藏在其中、裹挟着故宫博物院命运的历史风云的激荡！怎能不体会到近代中国多舛的民族命运下以梁匡忠为代表的故宫人与故宫国宝同呼吸、共命运、悉心守护的艰难和执着！

中华人民共和国成立后，梁匡忠继续在故宫从事库房文物的保管工作，一直干到1994年70岁离休。离休后，又被院里返聘了8年，其间还帮助国家文物总店鉴定文物。梁匡忠的二儿子金生，现在故宫博物院继续做着文物管理的工作。这样，从梁匡忠的曾祖父、祖父、父亲到他，还有他的儿子，一家五代都与古老的皇宫、与故宫博物院结下了深深的缘分。

梁匡忠是故宫博物院的一名普通职工。正是这些普通职工的默默奉献，才使故宫国宝得以很好地保护与传承。人们不会忘记他们。他们身上体现的忠于职守的故宫精神激励着、泽被着后来的人。在梁匡忠遗体告别仪式上，当我看到那么多的同事、朋友满怀敬意地向他鞠躬、为他送别时，我想，大家的心情、感受与我是一样的。

（原载《文汇报》，2008年1月29日）

吴仲超院长的贡献

　　现在我们来看，吴仲超院长在当时的故宫环境下工作确实不容易。他于1954年上任，遇到的困难是不小的。故宫博物院在1925年成立，其本身已有一套严格的制度，有一套工作程序。1933年故宫文物南迁，一部分人也随文物南迁，留下的人在北平沦陷期间为维持故宫做出了努力。但是1952年一场"三反"运动，使许多人被迫离开故宫，受到批判，这对于故宫队伍是一次严重的伤害。而且，马衡院长于1952年离任后，在两年多时间里故宫博物院没有院长，所以吴院长来了以后，不仅院内殿宇待修、垃圾成堆，而且面临着人才缺乏等各方面问题成堆的局面。吴院长本身又是一个革命家，他要从一个革命家转变为一个文物专家、博物馆管理者，而且是中国最重要的、已经有30年历史的故宫博物院的管理者，这对他无疑是一个严峻的考验。

　　从这个大背景来看，其意义是很大的，我感到吴院长的了不起之处在于，他在工作如此千头万绪、处理难度如此之大的情况下接手工作，并很快扭转了局势。所以我很赞同前几年有一篇文章中说的：吴仲超院长是一个开拓者。我感到他对故宫的开拓有以下几个方面，这些开拓性成就为我们故宫今天规模的形成，以及以后继续的探索，打下一个良好的基础。

　　首先是古建筑维修队伍的建设。过去故宫并没有自己的专业维修队伍，从博物院成立到解放初期，维修工程都是采取社会招标，由社会上的专业公司来承担。马衡院长在日记中就提出故宫博物院要有自己的队伍，没有队伍是不行的。1953年故宫成立了工程队，吴院长上任后，更加重视古建维修，提出了修缮保护方针，多方招募和培养技术工人，逐步健全了维修保护机构和专业施工队伍。这对故宫古建筑保护和古建技艺的传承，具有重要意义。故宫10年来的大修工程，这支队伍发挥了重要作用。

其次是文物的清理。解放初期，故宫仍有堆积如山的物品未认真清理，吴院长1954年上任后，就开始了整理历史积压库存物品以及清理非文物物资的工作。参照1925年的《故宫物品点查报告》和1945年的《留院文物点收清册》，逐宫进行清点分类、鉴别划级，建立了故宫博物院藏品总登记账。经过严格的审批程序，处理了大量"非文物物资"。有人担心50年也干不完，但10年时间就基本完成了。对于当时的文物清理，我在《天府永藏——两岸故宫博物院文物藏品概述》一书中做了充分的肯定。当然以今天的理念，我们会感到这其中也有值得我们吸取的教训，但这是我们认识的一个必然过程，反映着一个社会对文物的认识，这是当时文物观念的反映。当时文物的清理，从总体上讲是成功的，经得起历史的检验，我认为这是很了不起的。

再次是对展览格局的调整。故宫展览的是皇宫的文物，它的藏品的特点、宫殿的特点，决定了它不能用一般的其他博物馆现成的模式。故宫的展览要有原状陈列，还有专题展览，还有一些临时的展馆。由这几大系列构成的展览格局，我们现在仍然沿用。

最后就是对人才队伍建设的重视。这个我们感触最为深刻，我曾经和朱家溍、王世襄等先生谈过，他们对吴院长感受最为深切的就是他对人才的重视。他认为故宫不光要有珍贵的藏品，还要有一支队伍——专家队伍。这支队伍凝聚着吴院长的心血，他的眼光是很长远的，考虑到当时的背景，这真的是相当了不起的。现在故宫的地位和影响，其中就与这批人才在社会上的影响有关，一提起故宫大家就会想到这一批专家。这批专家也是国宝，我认为当时的人才建设为以后故宫的发展打下了很好的基础，所以其开创意义很大。

另外，我要谈到的是，吴院长从1954年任故宫博物院院长到1984年去世，整整30年，时间跨度上几乎从新中国的初期一直到改革开放初期，这一时段有一个很大的特点，就是故宫博物院与中国整个文博事业有着密切的关系，故宫的发展与全国文物系统的支持分不开。我举个例子：现在文物出版社的印刷厂，就是在当年故宫博物院印刷所的基础上组建的，故宫博物院的印刷设备则是从上海引进来的。郑振铎局长派谢辰生等先生到上海，将鹿文波开文制版所和戴圣保申记印刷所的职员与设备全部迁入京城，成立了故宫博物院印刷所。中华人民共和国成立后一直到80年代，中国博物馆界发生的一系列大事件，大都与故宫分不开。故宫的发展得到了各省文物部门、博物馆的大力支持，同时故宫也对文物、博物馆事业做出了应有的贡献。

我很重视故宫院史的整理与研究。近年来，院内一些老一辈专家学者，如耿宝昌、郑珉中等，院里都在协助他们写回忆录或口述历史。但我们对吴院长主持工作的30年院史并不是很清楚，资料还不够多。吴院长主持工作的这30年是相当重要的历史时期，有一系列的课题值得认真研究，所以我建议故宫博物院能够把这30年院史作为一个重点研究课题，我觉得现在还来得及。这一历史时期的研究，对我们今后事业的发展有着很重要的意义。

（2012年5月31日在故宫博物院举办的"纪念吴仲超诞辰110周年座谈会"上的讲话，原载2012年第7期《紫禁城》）

"国宝" 单士元

　　在故宫博物院80多年的岁月里，有一些积极参与博物院筹建并把自己一生贡献给博物院的人士，他们的辛劳，他们的业绩，他们的造诣，使他们也成为人所共仰的"国宝"。单士元先生就是其中有代表性的一位。

　　单士元先生1907年12月出生于北京，自幼家贫，矢志于学。1924年11月，逊帝溥仪出宫，"清室善后委员会"成立，开始清点清宫物品，单先生作为北京大学的旁听生当了一名书写员，参与到当时的文物点查工作中。1925年10月故宫博物院成立，单先生赓续供职在院，先后在文献馆、图书馆工作。中华人民共和国成立后，单先生以饱满的热情投入到故宫博物院建设和新中国文博事业中。1956年，单先生光荣地加入了中国共产党，1962年任故宫博物院副院长，1984年任故宫博物院顾问。从17岁投入故宫工作到91岁辞世，单士元先生在故宫博物院整整工作了74年。

　　单士元先生是中国古代建筑史研究特别是紫禁城宫殿建筑历史研究的开创者之一，是清代历史档案研究的开拓者之一，也是明清历史研究领域中卓有贡献的著名学者。他的学者、专家的人生道路，起始于他青年时代的勤奋。一边工作一边求学，几乎是他整个青年时代的主要生活。他在故宫博物院工作期间，于1925年进入北京大学历史系学习，1929年又考入北京大学研究所国学门，进行清代文字狱的专题研究。当时，赵尔巽等编撰的《清史稿》已问世，单先生于是对该书进行研究，利用文献馆的大量历史档案，1934年完成了《总理各国通商事务衙门大臣年表》的毕业论文，1936年经北大研究所诸教授审定，评予优良成绩，孟森教授认为此书"可以补旧史之阙，可以拾《清史稿》之遗，可以助研讨外交史者知人论世之力"，评价颇高。自1938年起，单先生曾先后在北平师范大学、中国大学、中法大学、女子文理学院等校任教，主要讲授中国通史、明清历史、中国近代史等。单先生还撰写并发表了许多明清史方面的著作和论文，是一位学识渊博的明清史专家。

单士元先生长期在故宫博物院文献馆工作，在清代档案的编目、整理、编辑出版等方面做出了重要贡献。在我国档案学界，他是最早提倡档案目录学的学者。他说："故宫所藏明清历史档案浩如烟海，持一卷不识其内容。间尝思之，中国图书目录学由来已久，而档案目录学尚付阙如。"在1936年中国图书馆博物馆会议上，单先生宣读了《档案释名发凡》一文，提出了上述观点，中国档案始建目录。他还着手为档案"释名"，如把清代档案按袭古的、因特设机关而新创的、因满文而译为汉文的这三种进行分类，后人只要据名查阅即可。从此，清代历史档案的研究进入了规范整理时期。

整理文献的同时，单士元先生还参与了故宫博物院接收内阁大库流散档案，主要是军机处档案的初始整理工作，对其中明末清初档案择要写出若干介绍文字，又将清代军机处档案、档簿等写出提要，并摘录其原文举例说明。这期间，单先生在沈兼士先生指导下，与同人一起共同编辑了《文献丛编》《掌故丛编》《史料旬刊》等民国时期故宫博物院的重要出版物，并陆续撰写和发表了不少有关明清档案的论文。中华人民共和国成立后，单先生曾受聘在中国人民大学档案系做历史档案学讲座，在北京大学历史系讲授《中国档案史》，对中国档案事业的建设做出了重要贡献。

单士元先生作为中国古建筑专家，更是建树颇多。1930年，由朱启钤先生发起的中国营造学社的成立，开始了建立在现代建筑学、美术史、文献学的基础上，把中国古代建筑作为一项专门学术的研究。中国营造学社所开创的古建筑法式和文献研究、古建筑实地调查测绘和古建筑修缮保护的方法和原则，对今天故宫的保护修缮仍然具有指导意义。单士元先生当时对外国学者在中国古代建筑研究领域贬低和轻视中国学者的倾向深为不满，在民族自尊心的激励下，1930年加入营造学社，1933年担任编纂。他以搜集和整理文献史料为开端，注重古代建筑的历史沿革、工艺材料，兼顾造型艺术、结构功能，与王璧文先生合作，1937年出版了《明代建筑大事年表》。这部书是中国人写的第一部中国建筑历史断代工具书，多次重印，至今仍然是建筑历史研究者的必备书。在此期间，单士元先生还多方搜集史料，草成《清代建筑年表》书稿数十万字。

中华人民共和国成立后，单士元先生以研究紫禁城宫殿建筑的深厚学术根基，开始了他参与并负责管理、保护这一重要文化遗产的使命。在20世纪50年代后期，他为故宫古建筑提出了"着重保养，重点修缮，全面规划，逐步实施"的修缮方针，并先后主持了三大殿保养油饰、角楼落架大修、高大建筑安装避雷针等重要工程。为了传承古建筑的工艺技术，单士元先生深入实际，注重传统工艺技术的研究，还聘请了一批在社会上享有盛名的匠师，充实到故宫工程队。这是一个具有远见的举措，不仅可以确保工程质量，而且通过口传身授，培养出了一批批技术骨干。这种古建筑传统工艺技术的有序传承已成为故宫博物院宝贵的无形文化遗产。

单士元先生把自己的一生完完全全、无怨无悔地贡献给了故宫。他钟情故宫，热爱故宫，以他求实谦虚、严谨负责的平民学者风范，在保护紫禁城这一人类文化遗产的74年风雨行程中，特别是在晚年，呕心沥血，奔走呼吁，向各级领导和中央政府提出保护故宫以及其他文化历史名城古代建筑的重要建议和议案，赢得了故宫人和社会各界广泛的尊敬与爱戴。

在2007年单士元先生诞辰百年之际，故宫博物院开始陆续出版《单士元集》，以资纪念。《单士元集》全四卷，第一卷《明北京宫苑图考》，第二卷是与王璧文先生合作的《明代建筑大事年表》，第三卷《清代建筑年表》，第四卷《史论丛编卷》，收入目前能够收集到的单先生其他已刊未刊著作、文章和讲话。第一卷和第三卷是单先生的未刊著作，现在经过多年整理，予以刊布。

《单士元集》的出版，是对单先生一生学术成就的总结。单先生在世时常说："故宫的砖瓦草木都是宝。不怕不知道，就怕不拿它们当成宝。"我理解，这种珍惜人类文化遗产的信念，是支持单士元先生为保护故宫、保护文物而不遗余力的精神动力。我们今天纪念单士元先生，最重要的就是要学习他的这种精神，传承前贤薪火，为保护好珍贵的中华文化遗产而坚持不懈。

（《单士元集》序言，紫禁城出版社，2009年）

"蜗居"中的奉献

在缅怀朱家溍先生的座谈会上，我们每人都得到了一本刚出版的朱先生选编的新书——《养心殿造办处史料辑览》（第一辑）。作为对先生的纪念，我认为很有意义。睹书思人，我首先想到的是，故宫是多么需要朱先生！准备组建的几个研究中心离不开先生的指导，古建筑档案建立中的文献稽考、沿革探寻需要先生的指点。不久前我拜访王世襄先生，谈到故宫一些资料的整理时，王先生说，还是去找朱家溍先生，他对这些情况是了解的。

在与病魔顽强的搏斗中，朱家溍先生走完了人生最后的历程。先生的逝世，不仅是故宫博物院与我国文博界难以弥补的损失，也是我国文化艺术界、史学界的重大损失。我们今天怀着沉痛的心情深切怀念这位品德高尚、成就卓著的老一辈文物专家和清史专家。他的学识，他留下的许多著作，作为宝贵的精神财富会继续惠及后人；他的工作实践，他的人生经历，也给予我们很多启示。

故宫有个小报叫《故宫人》。"故宫人"是个颇令在故宫工作的人员引以为自豪的称呼。怎么算是故宫人？我想，这不只是指行政关系在故宫，它应该有更为丰富的内涵和严格的要求。我认为，朱先生用自己的一生对什么是故宫人做了最好的诠释，也使故宫人的形象得到了提升。朱先生的父亲就是故宫博物院成立初期的专门委员，朱先生自己又在故宫工作了整整60年。他对故宫有种特殊的感情。这种感情，既与他的家世有关，更主要的是他对中国传统文化深入骨髓的热爱及对其深入研究、积极弘扬的坚持与执着。这种热爱与执着，又倾注在对故宫的建设和发展上。朱先生做了大量的研究工作，一些体现在他的著作中，但更多的是为故宫的实际工作，为陈列展览服务。特别是在太和殿、养心殿、坤宁宫和储秀宫原状陈列中，他详细查阅清宫内务府档案及历史文献，深入各文物库房查找有关文物，亲自设计和布置出符合历史真实的原状陈列。这些大量的默默的工作，他甘之如饴，一丝不苟。朱先生在做好故宫工作的同时，还从事多方面的社会工作，做出了重大的贡献。在朱先生身上体现出来的故宫人的特点，就是热爱故宫，以故宫为荣，为故宫的发展无私贡献；严谨认真，努力做好本职工作；面向社会，为大众服务。这是一代又一代故宫人在近80年的岁月中磨炼并逐渐形成的可贵精神，是故宫发展的基础。我们纪念朱家溍先生，就是要学习和弘扬这种精神，做一个真正的故宫人。

朱先生是个博学多识的人。他在故宫工作60年，曾做过征集、保管、陈列、图书馆和宫廷原状恢复各个部门的工作。就专业门类而言，他先后涉及书法、绘画、碑帖、工艺品、图书典籍、宫殿建筑、园林、清代档案。他还当过两年梅兰芳的秘书，不仅对戏曲深有造诣而且擅长表演。中华人民共和国成立初期，他本来做古书画鉴定征集工作。后来，院里调进徐邦达、王以坤、刘九庵几位专家，使书画力量增强。但院里的工艺研究力量依然很弱。遵照领导的安排，朱先生转到了工艺组，工作实践和刻苦钻研使他成了这方面的专家。1992年国家文物局成立了一个专家组，任务是去各地博物馆和考古所鉴定确认各省市呈报的一级文物。这个组里有专看陶瓷的、专看青铜的、专看玉器的，三类以外的文物则由朱先生一个人来看。由于工作需要而将一位原有专长的业务人员调换专业岗位，在20世纪五六十年代是很经常的事，许多人都有这样的经历。但要调一行专一行，那就不是许多人都能做到的了。朱先生的难能可贵之处就在这里。他是多方面的专家，是故宫博物院的通人。

对于朱先生能有如此多的成就，人们容易看到的是他的家学渊源、扎实的根基以及他的悟性和对艺术的触类旁通，但有一点我们不能忽视，这就是朱先生的勤奋与努力。看《养心殿造办处史料辑览（第一辑）》的"后记"，就可知为了这本史料集，朱先生花了多少的精力！朱先生的治学经验告诉我们：在故宫，只要有心，任何东西都有研究价值，都有学问可做；只要肯下功夫，就会有收获、有成果；长期坚持，就会成为某方面专家，就会干出大事业来。

乐于奖掖后进、帮助青年，是朱老留给我们的又一个深刻印象。在故宫工作的人，与朱老有所接触的都会感到他的为人谦和、俭朴纯真，对生活通达乐观，对晚辈热情相助。几十年来他一直是专家，"文革"之后他在社会上的名望日渐升高，然而在他身上却看不到那种架子。待人处世，他也不讲究论资排辈，不论是老年、中年还是青年，他都一视同仁、平等相待，给人的印象总是坦诚率真、和蔼平易。与他共过事的人很多，向他请教各种问题的人更多，特别是参加工作不久的年轻同志。

他为有志于清史研究的年轻人指出途径："要了解清代历史和清宫史，最好把《清史稿》读一遍。当然有个次序，首先读本纪，其次读后妃列传、诸王列传，再次是职官志、选举志、舆服志等，其余可以后读。在这个基础上再读《国朝宫史》及《国朝宫史续编》。这样就可以从整个清代史转入宫史部分了，《大清会典》和《大清会典图》需要看一遍，以便随时查考。"

对于管理文物的同志，他以自己的体会给予启发："开始接触，会觉得文物太多，情况复杂。怎样将它们从生疏变成熟悉呢？先向书中求教，同时也向熟悉它的人请教。还要多看文物，文物看多了自然会有所认识。只要抱着一种深入研究的态度，对一件文物的认识肯定会有变化。先是图书和档案帮助我们了解文物，慢慢地我们对文物的知识多了，就可以补充图书和档案中的空白。"

这些朴实的话语都是朱老的亲身体会。他是这样走过来的，又用来告诫一代又一代的年轻人。院内也好，文物局、文化部团委也好，邀请他做讲座或讲话，不管多忙，他都欣然接受。有的人拿着自己写的稿子请他指教，他就会鼓励你修改之后投稿。

我到故宫博物院工作不久，曾登门拜访朱先生，向他请教。记得他谈到要重视文物对外展览，做好准备工作。后来我知道1935年故宫文物首次出国，去英国伦敦展览，展出的书画即由朱先生的父亲、时任故宫博物院专门委员的朱翼庵先生负责挑选。朱先生的室名为"蜗居"，启功先生题写的，挂在屋子正中，给我留下了很深印象。今年5月，因为"非典"，我在家待过半个月，这半个月，我认真拜读了朱老赠我的他的大作——《故宫退食录》，这部书内容相当广泛，有宫廷掌故，有对故宫所藏书画典籍、竹木牙角、剧本戏装等几乎各类文物的研究，还有红楼梦研究、治学经验、人际交往、故宫博物院历史等，文章都不长，但内涵很丰富，使我加深了对他作为朱文公后人的认识，当时写了首《贺新郎》，特向先生致意：

> 一帙余香袅。数家珍、角牙竹木，旧闻稽考。信手拈来言娓娓，曲尽宫闱秘奥。天不负、斯人才调。更有江山胸际溢，点染工、余事倪黄稿。腹似笥、国之宝。
>
> 素心未与沧桑老。但年年、御墙柳绿，殿堂星耀。家藏捐公名海内，三代输诚报效。喜克绍、文公遗教。名士流风何处觅？真性情、粉墨听吟啸。襟抱阔、蜗居湫。

朱家溍先生的一生与故宫博物院的发展紧紧地连在一起。失去了这样一位知识渊博和令人尊敬的师长，我们大家感到无比的悲痛。他的音容笑貌和道德风范，永远留在我们的心中。

[原载《故宫人》（内部刊物），2003年11月1日。略有修改]

从丹青大家到临摹神手

今天我们召开座谈会，隆重纪念冯忠莲先生诞辰90周年，追思她的艺术成就、道德风范，我认为是很有意义的。这不仅在于解读一代艺术大家、绘画大师成长经历的启迪，也是对老一辈故宫人敬业精神的弘扬，在如今实践科学发展观的伟大进程中，此举对文物保护事业的发展和传统技艺的传承有着积极的推动作用。

冯忠莲先生生于1918年，自幼习画，1938年她以优异成绩考入北平辅仁大学美术系，师从中国现代国画大师陈少梅先生，画艺得以精进。她的才力和勤奋精神深得陈少梅先生和美术系主任溥雪斋先生的赞赏。学习期间，她每年都以第一名的成绩受到学校嘉奖。毕业时，校长陈垣先生亲自为她颁发了奖章、奖状。冯忠莲先生被誉为辅仁大学的"女状元"。她不仅是陈少梅先生的得意门生，还与其结为伉俪，他们夫妇被画坛誉为"梅莲并蒂耀丹青"。

冯忠莲先生在绘画上有深厚的造诣，这从她的代表作《江南春》、《涛声》和其他山水、人物、佛像、仕女画中我们都能有所体会。1953年，正当她在国画创作方面大展才华的时候，却受聘于荣宝斋，开始了艺术生涯的一大转折。接下来的岁月里，她毅然放弃了创作，为了祖国的文物保护事业，去开拓中国美术的另一番天地，做着默默无闻的，但却是功德无量的古画临摹工作。

古书画的临摹，自古有之。俗语说："绢寿八百，纸寿千年。"

288

古代书画的临摹自东晋就已得到方家的重视，并兴盛于唐宋。唐代著名鉴藏家张彦远认为，临摹、拓写古书画"既可希其真迹，又得留为证验"。事实表明，晋唐以来的许多名作，都是靠临摹得以留传，使我们后人能够大饱眼福、陶冶性情。自署"天下一人"的宋徽宗赵佶，就是一位临摹大家，他临摹的唐代著名画家张萱的《虢国夫人游春图》，使早已失去的原作有幸以此摹本而留传至今。冯忠莲先生1953年受聘于荣宝斋之后，在辽宁博物馆又临摹了《宋赵佶摹唐张萱〈虢国夫人游春图〉》，自此开创了她的古画临摹事业。临摹古书画并不容易，刚开始她就遇到了颜色漂浮画面的问题，经过不断试验、研究、探索，才将问题解决。也正是这一过程，激发了她探求古书帛画临摹的热情，使她与临摹结下了不解之缘，并为它献出了几乎全部的艺术生命。

临摹是古书画复制的传统技法，临是看着原作画，摹是下面有稿子，要丝毫不差地照着稿子画下来，临摹是两者的结合，工作要求极其精细复杂，必须一丝不苟，对临摹者的体力和眼力都是严峻的考验。由于画幅大多较宽，不能坐着画，临摹者只好站着或趴在案上画，有时一趴就是几个小时，一天下来，腿疼腰酸眼睛发胀。1956年，她被任命为荣宝斋编辑室主任。在以男性为主的国画界，一个女人能任此要职，其功力可见一斑。她还临摹复制过宋《洛神赋图卷》《宋人画页》，清袁耀《万松叠翠图》，明仇英《白马如风疾图》，等等。1973年她还与陈林斋先生合作临摹了《长沙马王堆一号墓西汉帛画》。

冯忠莲先生在古画临摹上的代表性成就是临摹的北宋张择端《清明上河图》。也由此，造就了她与故宫的缘分。20世纪50年代末，故宫博物院出于保护珍贵文物的需要，也开展了古书画的摹制工作，准备复制一批高水平的摹本代替原作进行展览，其中就有《清明上河图》。1960年年初，荣宝斋接受了这项重要的任务。临摹工作要求在一年内完成，因为临摹作品将承担为1961年"七一"建党40周年献礼的重任。荣宝斋是驰誉我国书画界的百年老店，其临摹水平在国内可谓首屈一指。它的编辑室聚集着很多知名画家，即使拥有这样的实力，要在一年内完成临摹《清明上河图》的任务，依然是不可能的。荣宝斋的领导经过反复研究，始终不能确定临摹的最佳人选，最后经理侯恺做出了一个决定："比较之下，冯忠莲最为合适，因为她很刻苦，也没有其他的奢望。"历史的重任就这样落在了冯忠莲的肩上。当时的冯忠莲正处于才思焕发的黄金时期，她接受了被誉为"中国第一画"的《清明上河图》的临摹任务。

《清明上河图》是我国历史上不朽的绘画珍品。它是一幅社会风俗画，设色绢本长卷（高24.8厘米，长528厘米），描绘的是北宋都城汴梁（今开封）早春时节汴河两岸数十里物阜民丰的繁华热闹景象。全图规模宏大，结构严谨。画中人物550多个，牲畜60多匹，木船20多只，房屋楼阁20多栋。如此丰富的内容，为历代古画所罕见！可贵的是，画中每个人物、景象、细节都安排得合情合理，疏密繁简、动静聚散的关系处理得恰到好处，繁而不杂，多而不乱。临摹《清明上河图》是一项巨大的工程！要将这幅举世罕见的作品临摹下来，对临摹者的画工、眼力和悟性都有极高的要求。张择端画成《清明上河图》后的几百年间，有很多著名的画家都曾临摹过此画，但普遍与原作存在较大差距。冯忠莲先生虽然当时已经成为荣宝斋的业务骨干，但要临摹《清明上河图》这样的千古名品，仍然是一次巨大的挑战。她深知这一任务的分量，也深知这绝不是一朝一夕的事，仍全力以赴，每天早出晚归，不论刮风下雨，酷暑严寒，从不间断。不料很快就遇上了"十年动乱"，临摹工作被迫停止。1972年10月冯忠莲先生调入故宫博物院做古书画临摹工作，直到1976年才得以继续临摹《清明上河图》，这时她已年近花甲，并患有高血压和眼底血管硬化症。而且经过10年岁月，绢素、色彩以及自己的臂力都有很大变化，但她克服重重困难，使摹本保持了前后的一致，丝毫看不出衔接的痕迹。1980年9月，大功终于告成。摹本的艺术效果和古旧面貌，与原作极为相似。同时，她还努力为故宫培养古画临摹人才，不但无私地传授技艺，还传思想、传作风，真正做到了严肃认真，为我院培养了一批古书画临摹复制工作者。如今这10多人都成了中坚力量，他们正在不断努力，专力揣摩原作，于形处入神，于神处得画，继承着前人做的事业。据了解，从他们现在在这一专业上的水平和总体架构来看，在全国乃至世界可以说是顶尖的了，因为大多博物馆没有或没有这么多位古书画临摹工作者，也没有像我院这样能够临摹难度大、技法高的皇家藏品。目前，他们正在抓紧临摹清代丁观鹏的17幅《罗汉像》。但这些学生如今也大多到了退休的年龄，这一门类又出现了青黄不接的状况。

冯忠莲先生曾任辅仁大学美术研究会顾问、中国美术家协会会员、中国画研究会会员。1988年6月，冯忠莲先生的学术专著《古书画副本摹制技法》由紫禁城出版社出版。1988年12月，冯忠莲先生被聘为中央文史研究馆馆员，为当时仅有的两位女馆员之一，另一位是老舍夫人胡絜青。1991年9月，中央文史馆馆员书画展在香港举行，她有17件作品参展，备受赞誉。见过冯忠莲先生绘画的人常常感慨地说：以冯先生的笔墨功力，如果一生从事国画创作，其成就将是不可估量的。而冯忠莲对自己早年的选择却一点也不后悔，她说："文物保护是造福子孙的事业，我能用我的画笔为她奉献一份力量，我觉得心里很踏实，没有虚度此生。"当时接受香港《文汇报》记者采访时，冯忠莲谈到了30多年从事古画临摹的感受："在此期间，有机会欣赏其他人难得一见的历代珍品，亦磨炼了国画的基本功夫，熟悉历代绘画不同特征，只可惜是要忠于真迹，绝不能带半点的发挥。"恰是通过30年来对名家精品书画的临摹，汲取各家的精髓，使她的创作笔墨更加精练，眼界更加开阔。

2005年10月10日，北京故宫博物院迎来建院80周年生日。"《清明上河图》专题展——宋代风俗画展"在延禧宫古书画研究中心隆重举行，与《清明上河图》真迹同时展出的还有6件仿本和1件临摹本，这件唯一的临摹本就是冯忠莲所绘。

纵观冯忠莲先生的一生，是艺术的一生，是淡泊名利、甘当无名英雄的一生，是传承祖国古老文化的一生。正如2001年8月31日《人民日报》刊发的题为《冯忠莲同志逝世》的新华社通稿中所说的，她"在临摹复制古代书画方面有相当成就和影响"。我们将永远铭记，不能忘怀。

（2008年10月31日在故宫博物院举办的"纪念冯忠莲先生诞辰
九十周年座谈会"上的讲话）

此身曾是故宫人

　　95高龄的王世襄先生已离我们而去，文博界同人痛悼不已，作为厕身文博界仅10余年的我，也沉浸在对他的深深怀念之中。这10来年，特别是我到故宫博物院工作的七八年，常向先生请益，所获良多。在这里，拟结合我为先生写的几首诗词，记我与先生交往二三事，谈谈对先生的一些认识。

　　世襄先生是文博名家，研究门类涉及多个领域，而且又是著名的收藏家。他的收藏，除舅父、先慈所作书画及师友赐赠翰墨文物外，大都掇拾于摊肆，访寻于旧家，人舍我取，似微不足道，但他却敝帚自珍。他珍藏的目的是用于研究、赏玩。正如他所说："其中有曾用以说明传统工艺之制作，有曾用以辨正文物之名称，有曾对坐琴案，随手抚弄以赏其妙音，有曾偶出把玩，借得片刻之清娱。"他由此悟得人生价值，不在据有事物，而在观察赏析，有所发现，有所会心，使其上升成为知识，有助于文化的研究与发展。他把这些藏品集中整理，印成《自珍集》，风行一时。按先生的说法，"自珍"二字，也包括他与夫人在备受磨难中所坚守的一种人生态度，即规规矩矩、堂堂正正做人。2003年4月，我收到先生所赠《自珍集》，从中可看到他的收藏史及情趣。同年6月，我曾以《贺新郎》一阕，感谢先生赠书：

掩卷寻思久。算方知、物皆有道,物皆能究。原本人生多趣味,直待搜求参透。这玩字、天机当有。总总林林窥胸臆,唯自珍、人更珍情愫。雅俗韵、钧陶手。

天毓灵奇天应佑。笑回头、劫尘历历,此心株守。俪侣涸辙相濡沫,锦思花雕云镂。广陵散、流传今又。莫谓匆匆崦嵫近,看茂深、大树枝枝秀。人似昨、青衫旧。

世襄先生的文物研究成就,以及他对弘扬中华传统文化的贡献,近30年来,不仅为国人熟知,而且蜚声国际。国内外一些收藏中国明清家具的机构和个人都曾得到先生的指点和帮助。比利时菲利普·德·巴盖先生致力于中国家具的收藏,其收藏的大量精美的中国硬木家具更具特色,世襄先生就一直给予指导。2006年,菲利普收藏的中国明代家具在故宫展出,先生亲题展名——"永恒的明式家具"。荷兰有个克劳斯亲王奖,由克劳斯亲王基金会颁发。该基金会是荷兰王国克劳斯亲王于1996年在其70岁生日时设立,通过颁发奖金、资助刊物及创造性的文化活动等形式支持世界文化的发展,每年评奖一次,每次评出10名获奖者,其中最高荣誉奖1名。该奖主要颁发给发展中国家在广泛的文化和社会发展领域做出贡献的艺术家、思想家和文化机构。2003年,先生获得此奖的最高荣誉,也是获得最高荣誉奖的第一个中国人。这一年的12月30日,荷兰驻华使馆为先生举行授奖仪式。此前先生托人邀请我出席这个活动,我很高兴地答应了。授奖仪式隆重、热烈而又简朴,当89岁高龄的先生用流利的英语向来宾畅谈他的获奖感受时,全场响起热烈的掌声。故宫博物院80岁的古琴专家郑珉中先生操琴助兴,演奏了《良宵引》。我也发了言,向先生祝贺。会后,我又填《渔家傲》一阕,寄给先生,抒写我的感想:

末枝居然玄理蕴,锦灰堆里珠玑润。通博自能游寸刃,天降任，存亡续绝刊新韵。

五味人生齐物论，痴心未与流光泯。晚岁友邦传捷讯。调瑶轸，郑公助兴《良宵引》。

在文博界，世襄先生编著图书之多是很有名的。至2002年年底，他编著的图书已有36种，涉及中国古代音乐、明式家具、漆器、竹刻、鼻烟壶、葫芦、蟋蟀、北京鸽哨等，其中《明式家具珍赏》被译成英、法、德3种文字，连同中文共有11个版本。先生文物研究的成就，世所公认，而且有些是开创性的。先生出身世家，又受过良好的现代大学教育，知识面广，文章写得好，诗词、书法俱佳，即使是一些极专门的文物知识，他也写得文采斐然，可读性强。有次我去看望他，他拿出手写哀悼夫人袁荃猷的组诗让我看，感情真挚，一气呵成，劲健而又潇洒的行书，与诗配合，相得益彰。我收到过他的许多赠书，但我最爱读的还是他的"锦灰堆"系列，从《锦灰堆》到二集、三集，以至《锦灰不成堆》。2008年8月，我收到《锦灰不成堆》后，给他写了一封信，信中说：

朱传荣转来您赠送的《锦灰不成堆》，谢谢！您著述宏丰，多部专业大著饮誉海内外。可能因我不是专业人士，因此我更喜欢您的《锦灰堆》，内容广泛、长短不拘，更能让人看到您的心扉、您的才情，因此写了首小诗祝贺：

人自风流笔自瑰，锦灰莫道不成堆。

如思如诉动情处，庾信文章老蚌胎。

文博界的老人都知道，世襄先生有一种很深的故宫情结。世襄先生的父亲与故宫博物院老院长马衡先生是中学同学，交谊较深。抗战时期世襄先生到重庆，马院长提出让他做院长秘书，他未就职而去了李庄中国营造学社。抗战胜利后，世襄先生从事京津地区战时文物损失的清理工作。1947年3月到故宫博物院任古物馆科长。此后于1948年6月至次年7月，在美国学习博物馆管理。中华人民共和国成立前夕，他谢绝了好多人以中国政权变更要他留在美国的劝说，毅然回到了祖国。1951年5月，故宫机构改革，设陈列、保管、图书馆、档案馆、总务、院办等部门，世襄先生任陈列部主任。阅《马衡日记》，可以看到世襄先生参与院里的各种重要活动，马院长对他十分倚重。但在"三反"运动中，世襄先生被诬为大盗宝犯，经4个月的"逼供信"，10个月的公安局看守所调查、审讯，未查到任何盗窃行为，便以"取保释放"的方式放回了家，同时收到文物局、故宫博物院的书面通知："开除公职，自谋出路。"对一个把心血倾注在故宫的人来说，世襄先生认为这是奇耻大辱。

1954年吴仲超同志当故宫院长后，发现开除世襄先生是个大错误，遂要把他调回来，但当时世襄先生所在的单位却不放他走，这事便搁置了下来。1957年世襄先生因在整风鸣放中诉说自己的不白之冤，又被打成"右派"，回故宫就更遥遥无期了。虽然如此，故宫的一些专门活动，还是请世襄先生参加，而世襄先生的有些研究工作，也与故宫的藏品分不开，得到了故宫的支持。但在世襄先生的心里，被故宫开除的阴影一直存在着。世襄先生对故宫的感情太深了，故宫伤害了世襄先生，世襄先生也知道这是历史的原因。世襄先生一直遗憾自己未能重返故宫。这种爱恨交加的复杂感情，与世襄先生熟悉的人都是知道的。虽然未能重返故宫工作，但世襄先生却一直关注着故宫。每次看望他时，我们都会谈到故宫，故宫的历史，故宫的工作。去年6月的一天，世襄先生打电话约我，说要谈有关故宫的事，我去后，他提了两个建议：一是建议故宫饲养中国传统的观赏鸽；二是建议故宫在景山修展馆，用地道把故宫与景山相连接。这都是重大的设想，需要经过认真的研究。世襄先生94岁高龄，想着的仍然是故宫的发展，令我十分感动。

去年年初，原国家文物局局长张德勤同志打来电话，说他去看望了世襄先生，世襄先生又提到自己与故宫的一些事，希望我作为院长能为他写篇文章，有个全面的、准确的说法。德勤同志告诉我，世襄先生对我写的纪念马衡老院长的文章很满意。其实这篇文章我曾请世襄先生过目。我原来的题目是《其功甚伟，其德永馨》，世襄先生建议我把第一个"其"改为"厥"，因为"厥功甚伟"是个成语，我接受了他的建议。大约世襄先生看到我写这篇文章，首先是对前辈怀有敬意，资料的搜集也很认真，才希望我也能为他写篇文章。世襄先生去年给我惠寄新春贺卡，还写了"诗如江淼　词若泉流"8字，给我鼓励。

世襄先生辞世不久，我写了一首小诗以表悼念：

锦心锦翰锦灰珍，博物风云老斫轮。

感念平生无限事，此身曾是故宫人。

关于世襄先生的文章还没有写出来，但我一定会完成的，故宫永远都会记着这位老同人。

（原载《光明日报》，2010年2月5日）

风华不老

今年故宫博物院堪称喜事连连，既是故宫博物院建院85周年，又是紫禁城建城590周年，还是一代巨匠徐邦达先生百岁华诞。在庆祝建院、建城的同时，我们衷心地为邦达先生庆寿，这也使邦达先生的诞辰具有了不同寻常的意义。

徐邦达先生幼年聪颖机悟，因家中收藏历代书画不少，故很早就学习书画临摹，并从苏州老画师李涛学习山水画法和古书画鉴定，不久又先后入著名书画鉴定家赵时棡、吴湖帆之门继续深造，至而立之年即以善于书画创作和精于古书画鉴定闻名于时。

徐邦达先生的不寻常处，还表现在每当历史紧要关头，都能做出坚定正确的政治抉择：1941年，邦达先生在上海"中国画苑"举办了个人画展，声誉日隆；1942年，汪精卫六十大寿，希望他能作画庆贺，却被他严词拒绝，体现了一个爱国学者的民族气节。1949年年初，邦达先生不为西方物质生活所惑，期待着新中国的到来；上海一解放，他就被聘为上海市文物管理委员会顾问，积极投身于新中国的文博事业，展现了一个炎黄赤子的报国情怀。

1950年，徐邦达先生奉调北上，任国家文物局文物处业务秘书，在北海团城参与征集、鉴定历代书画，使3000多件历代书画精品得到有效的保护。1954年，邦达先生随着这批历代书画精品一并调到故宫博物院，为本院古书画的收藏和研究奠定了良好的基础。1983年，受国务院委托，国家文物局组织全国文物鉴定组到各地文博单位进行历代书画甄别工作，邦达先生为该组重要成员，不仅圆满完成了国家交给的任务，还培养了一批古书画鉴定接班人。此后，无论是在两岸学术交流中，还是在国际学术讲坛上，邦达先生都赢得了海内外学术界的高度景仰。

徐邦达先生是当今艺术史界唯一健在的经历百年沧桑的学术泰斗，是享誉海内外的中国古书画鉴定大家和著名诗人、书画家，是中国艺术史界"鉴定学派"的一代宗师。他既继承了传统的鉴定方法，又汲取了辩证唯物主义的方法论和现代考古学严谨的科学手段，将文献考据与图像解说有机地结合起来。他对数百件早期书画进行的鉴定考辨，对明清文人画鉴定进行的开拓性研究，在书画鉴定界确立了坦诚求实和科学严谨的学风。他系统地建立了古书画的鉴定标尺，真实地还原了中国书画史的发展脉络，将原先只可意会的感性认识发展成为可以传授的研究方法和学术思想。正在陆续出版的16卷600万字的《徐邦达集》，就是他古书画研究的辉煌成果，将永远沾溉艺林。

60多年来，徐邦达先生忠于人民的艺术事业，坚守博物馆的学术理念，从新中国文博事业的开拓岁月，到跨世纪中国文博事业的新的征程，都为中国文化遗产的保护与研究以及国家间的文化合作与学术交流做出了重要贡献。他还多次向国家捐赠书画作品和珍贵古书画收藏。他以做故宫人为荣，他的奉献精神和大家风范是对"故宫精神"的最好诠释。

国运通，人长寿，贤者与盛世同步走。在此，谨以《千秋岁》一阕向徐邦达先生祝寿：

　　　声名播早，海上先知晓。米氏韵，苏公调。丹青山水远，赏鉴地天小。多少事，期颐回首堪谈笑。

　　只眼看玄妙，健笔解深奥。十六卷，传精要。宫城犹壮伟，桃李欣繁茂。无量寿，风华不老星辉耀。

（2010年7月7日在故宫博物院举办的"庆贺徐邦达先生百年寿诞座谈会"上的讲话）

学派宗师　文博功臣

2012年2月23日8时38分，徐邦达先生永远离开了我们，离开了他奉献了60年的故宫博物院，离开了他开辟了80年的书画鉴定事业，离开了他倾心了90年的诗书画创作事业。一个百岁老人的离去给我们留下了无尽的怀念，人们常常把一位智者的离世比为一座图书馆的消失，徐邦达先生的逝世，恰恰如此，这是我国博物馆事业的巨大损失，也是我国艺术史界特别是书画鉴定界不可弥补的重大损失。

徐邦达先生字孚尹，号李庵，又号心远生，晚号蠖叟，祖籍海宁，1911年7月7日生于上海，为故宫博物院研究员、国家文物鉴定委员会委员、西泠印社顾问、九三学社社员。徐邦达先生出身于儒商之家，其父擅长收藏古书画，先生幼年即雅好临仿先贤名迹，早年曾从苏州老画师李涛学画山水和古书画鉴定，而后相继入著名书画鉴定家赵时棡、吴湖帆之门，至而立之年以善于鉴定和创作诗书画知名于上海。1941年，徐邦达先生在上海"中国画苑"举办了个人画展，声誉日增。他从年轻时起，就将学术与诗书画的创作有机地结合为一个整体。

徐邦达先生的鉴定业绩与清宫书画收藏以及博物馆收藏紧密地联系在一起。1925年故宫博物院的成立，标志着清代皇家的私人收藏成为社会共有的国宝，但是由于封建帝王的专制统治，皇家收藏的真伪鉴定过去自然是以钦定为准。这批书画本来可以在推翻帝制之后，学界对它们进行公开、民主的探讨。但是，当这个探讨刚刚开始的时候，由于抗日战争的爆发引起了文物南迁以及后来的国内战争，学界基本中断了对皇家收藏书画的鉴定工作。中华人民共和国成立以后，特别是改革开放以来，大陆学者才有充分的条件对清宫以及其他来源的历代书画进行系统、完整的鉴定研究。

1950年，不到40岁的徐邦达先生被上海市文管会聘任为顾问。同年，中央文化部文物局（今国家文物局）局长郑振铎先生调徐邦达先生到北京任该局文物处业务秘书，与张珩、启功等同道在北海团城负责征集、鉴定历代书画，他们征集、保护了散落在各地的3700多件书画珍品。1953年，徐邦达先生奉命带着这些国宝到故宫博物院开辟绘画馆；1955年，他正式调入故宫博物院，主持了历史性的古代书画的鉴定、定级和建档工作。20世纪80年代，国务院委托国家文物局组织全国文物鉴定组赴各地文博单位甄别历代书画，徐邦达先生和启功、谢稚柳、杨仁恺、刘九庵、傅熹年等先生历时8年完成此项重任。徐邦达先生还遵照国家文物局的指示和故宫博物院的安排，利用巡回鉴定之机，先后为故宫博物院和兄弟博物馆如浙江省博物馆、南京博物院、苏州博物馆等培养了新一代学人。

徐邦达先生的书画鉴定业绩在艺术史界是历史性的成就。20世纪初西方考古学的传入，特别是中华人民共和国成立后马克思主义方法论在学界的普及，使得书画鉴定这门学问更加科学化了。他继承了传统的鉴定方法，又汲取了现代考古学严谨的类型学手段特别是辩证唯物主义的方法论，将文献考据与图像比较有机地结合起来。他立足中国大陆，在全球范围内进行搜寻同一书画家的各种本子，找出原本，区别底本，指出临仿本，还以书写材料为据进行甄别，更增添了鉴定结果的可信度。如他将一些旧传为东晋顾恺之的人物画、"二王"的法书考订为临摹本，对传称唐代冯承素摹王羲之《兰亭序帖》、褚遂良摹王羲之《兰亭序帖》（天历本）加以肯定，否定了种种不实之说，在唐五代及宋元的书画中一一甄别出真赝，如确定唐代阎立本

《步辇图》卷等为摹本，找出五代周文矩《琉璃堂人物图》卷的下落、对北宋张择端《清明上河图》卷的开拓性研究、宋徽宗的亲笔与代笔之考辨、最先提出元代黄公望《富春山居图》卷（分藏于台北故宫博物院和浙江省博物馆）为真本之说……将南宋赵构、张即之和元代赵孟頫、管道昇、鲜于枢、黄公望等名家的书迹一一拨乱反正，大白于天下。像这样精深的研究成果，涉及数百件早期书画重器。他对明清文人画所进行的开拓性研究，也是硕果累累。由此，他在鉴定界确立了坦诚求实和科学严谨的学风，系统地建立了古代书画鉴定与收藏的标尺，真实地还原了中国古代书画史的基本发展脉络，为20世纪80年代以来的艺术史家撰写书画史打下了坚实的文物基础。

徐邦达先生将原先只可意会的感性经验发展成可以传授的学术思想和研究方法。他在漫漫60年间完成的皇皇巨著《徐邦达集》（600万字），是其研究古书画的心血所成，铸就了影响海内外艺术史界的经典之作和宗师之论，并上升到形成学派所必需的体系化的研究成果，具有十分重要的文化价值和学术意义。20世纪八九十年代以来，他积极推进博物馆收藏重要书画的工作，如北宋张先《十咏图》卷、明代沈周《临黄公望富春山居图》卷、清代石涛《高呼与可图》卷等等。他多次出访欧美，考察流失在海外的中国书画并与国外学者进行学术交流；在两岸文化交流中，他发挥了重要的学术影响，在世界范围内赢得了同行们的尊崇。

徐邦达先生在鉴定、研究古代书画方面有着犀利的目光和准确的判断力，他对社会历史的发展也具有过人的鉴识能力，这与他清晰的思辨能力密不可分。他一生经历了三次紧要的历史关头。1942年，深陷上海的徐邦达先生拒绝为汪精卫60岁作画献寿，而他周围的有些人纷纷趋炎附势，并劝告徐邦达先生效仿，先生当时痛斥道："他是个汉奸，我凭什么为他作画！"1949年年初，徐邦达先生的好友要移居美国，劝先生同行，先生婉言谢绝，他正在等待着新中国的成立。"文革"期间，徐邦达先生饱受摧残，以瘦弱之躯下放"五七干校"，跟大家一起参加生产劳动，还要继续接受批斗。一些同行不得不放弃了学术研究，而他却矢志不渝，坚信文化是革不了命的，未来的国家必定是要发展文化的。他在60多岁时，凭借记忆对多年来形成的古书画鉴定经验进行了科学的总结，在"牛棚"里写下了《古书画鉴定概论》一书的初稿。历史证明了徐邦达先生的远见卓识。

徐邦达先生一贯热心社会公益事业，多次将自己创作的书画作品捐献给国家，向灾区捐款。2003年，他又将100件书画精品捐给故乡，成立了"徐邦达艺术馆"。他曾在90岁寿辰时说道："我徐邦达能有今天，完全是党和国家给我提供了这么好的研究条件。"

徐邦达先生是一位坚定的爱国学者，是当今艺术史论界历经百年沧桑的学术泰斗，是享誉海内外的书画鉴定大家和著名的书画家、诗人，堪称是艺术史论界"鉴定学派"的宗师之一、"故宫学派"的巨擘。徐邦达先生在鉴定历代书画、培养人才梯队、建立学派之说以及开创博物馆书画工作等四个方面，不仅为故宫博物院而且为中国的文博事业做出了重要贡献。他的学术生涯，完美体现了故宫学者坚定的精神意志和求实的科学态度，他积数十年之功与一大批已故的故宫大家营建了坚实的学术丰碑，这座丰碑在故宫博物院的展厅内，在各类出版物里，更在每一个博物馆人的心中。

（原载《中国文物报》，2012年4月11日，署名为郑欣淼、单霁翔）

永远留在故宫的学者

5月14日传来不幸的消息，罗哲文先生溘然辞世，他那清癯的身影，也在这一天永远定格在故宫的建筑群里，定格在故宫的历史上，定格在故宫同人的心里。

罗老生前曾多次讲到，自己同故宫有缘。他谦虚地称自己是一名小卒，"60多年来，作为一名小卒在为故宫的保护奔走"。这种让人不能忘怀的奔走，从思想、形象等各个方面给故宫带来了深刻的影响。

罗老和故宫的渊源，可追溯至中华人民共和国成立前。他曾说：我记得在1948年年底，解放军已经包围了北平，为了保护故宫、天坛、北海、中南海等古建筑，共产党特别派领导同志到清华大学来与梁思成先生商讨办法。北平的和平解放，保护古都文物是重要的考虑因素之一。其后党中央又派人委托梁思成先生等编拟了一个《全国重要文物建筑简目》，把它发到解放军中，要他们南下进军解放全中国时注意保护这些古老文物。

罗老说他当时也参加了这一简目的编写工作，这是和故宫缘分的开始。保护故宫的脚步从此时正式迈出，以后就再没有停止过。

20世纪80年代，故宫开始筹划建设地下文物库房。在这之前，故宫以大量的古建筑为库房来收藏珍贵的文物。这种状况下，其一，文物的收藏条件极差，不利于文物的保护——主要是密封条件不好，库房内经常是尘土堆积，掩盖着文物或文物包装体，库房季节、昼夜温差大，夏季潮湿，冬季干冻；其二，大量文物建筑被占用，不能得到经常性的保护维修；其三，影响古建筑的开放范围和面积。因此，故宫急需建设一座具备现代化技术条件的文物库房。不过，建设地下文物库，在国内尚属首例，方方面面需要考虑的情况很多。而筹建的过程也是有起有落。由于多种原因，修建地下文物库的第一次设想不到两年就搁浅了，罗老感到很惋惜。1984年年底，故宫再次提出建设库房，罗老积极支持，从库房的方案，到现场发掘以及实施中的古建筑保护，他都多次到现场进行了指导。

20世纪90年代初，随着城市建设的提速，以故宫为中心的皇城保护开始受到人们的关注。罗老对此尤为关心。他从一个学者的高度谈到古城的保护："北京古城在历史价值、规划设计上都是独一无二的。"他不无惋惜地说，北京的外城、内城现在已经没有了，剩下比较完整的就是皇城和紫禁城，以故宫为中心的庞大古建筑和街巷、寺庙、古民居等古建筑是世界著名古都的精华。因此，他大声疾呼："保护皇城意义重大。"罗老等专家的努力，得到了政府的支持，包括故宫在内的皇城保护得到了应有的重视。

为了更好地研究、维修和保护故宫这一世界级的古建筑群，20世纪90年代，故宫博物院拟成立中国紫禁城学会。筹备学会的过程中，故宫博物院筹备人员几次征求罗老的意见，他表示积极支持，同时愉快地担任了中国紫禁城学会名誉会长。每次开会他都欣然参加，尤其是学术会议，几乎从不缺席，每次都讲话。

故宫是罗老毕生关注、研究的对象。在他的专著和讲话中，故宫是他永远的话题。

中华人民共和国成立后，罗老一直从事文物古迹、古建筑的保护和研究。他在讲古建筑重点保护、重点保存的原则时，认为经过普查、复查之后，对古建筑予以评价、鉴别，选择其中有文物价值的，予以重点保护和保存，这是中华人民共和国成立后广大文物工作者在参考国外经验的基础上，从实践中总结出的一条重要原则："现在保存下来的许多大型古建筑群和重要单体建筑物，如北京故宫、天坛、北海、颐和园、十三陵以及河北清东陵、清西陵、避暑山庄和外八庙等等，也都是加以特殊保护才保存下来的。"

关于古建筑修缮，罗老强调要遵守"不改变文物原状的原则"。在讲什么是原状、如何恢复原状和什么是现状及如何保持现状等问题时，他说："我认为问题虽然复杂，但是只要认真分析一下，还是不难解决的。"罗老举例说："如北京的故宫，是经过了明、清两个王朝几十位帝王相继不断兴建才完成的，在总体布局上可以以它的鼎盛时期为主要原状，当然不是说以后建的都无价值，而是以它内容最丰富的一个时期为主，作为代表性的时期。单组建筑和个体建筑仍以它建成时期的面貌为原状，是明代的建筑就恢复它明代的原状，是康熙、乾隆时期所建成的，就恢复它康熙、乾隆时期的原状。"

关于新材料的使用，罗老认为，新材料的使用不是替换原材料，而仅仅是为了补强或加固原材料、原结构。水泥被称为古建筑维修的大敌，要在古建筑中慎用。他举例说："绝不要把故宫大部分的地面砖换成水泥砖。"其他重要的古建筑的墙壁，绝不能用水泥砖来代替。

关于发挥文物作用的方式，罗老坚持分等分级、区分情况、分别利用的原则。"仍以古建筑为例，有些重要的古建筑，如故宫、天坛、曲阜九庙、佛光寺、南禅寺等，只能作为参观、研究之用……"并说，以故宫为例，有些价值稍次，内部陈设已无法复原的建筑，可在不改变文物原貌的情况下，做展览使用，但也只能做文化、艺术的展览；还有一些不适合大批观众进入的部位，只能有少数游人和研究人员参观，有限制地开放。

从20世纪90年代中期起，故宫开始制定故宫筒子河及周边环境整治方案，这个方案也是经罗老等专家论证后确定的。1998年，北京市政府启动了这一投资达6亿元人民币的工程，罗老称这是中华人民共和国成立初期故宫整治后的又一次具有同等意义或超过那次整治意义的工程。

在传承古代建筑技艺方面，罗老对故宫人寄予了厚望。2002年，故宫博物院遵照党中央、国务院的部署和指示，制定了《2002—2020年故宫保护维修规划》。故宫为此成立了专家咨询委员会。咨询委员会的主任委员由罗老担任。他非常愉快地承担起了这一责任。

罗老始终把古建筑的技艺传承当作古建保护事业的基础工作、长远工作看待。在有关会议尤其是专家咨询委员会会议上，他几次说："故宫可研究的东西太多，我想从现在开始，逐步把它启动起来为好。""故宫大修维修进度，不是为了赶奥运，在故宫中除物质文化遗产外，还有非物质文化遗产，应发掘出来，传承下去。维修技艺应保护并传承下去。"

这些殷切的期望，深深地烙刻在故宫人的记忆中。

建立具有东方古建筑保护维修特色的文物建筑保护维修理论和实践科学体系，是罗老的未了心愿。

古建学术界都知道，罗老以他的学识、地位、声望，对故宫、长城、大运河、历史名城的保护做出了巨大贡献，同时更知晓他对文物建筑保护基础理论的形成和发展的贡献。

关于中国文物建筑保护理论，1990年，罗老在梳理之前业界相关理论和实践的基础上，总结出文物"历史价值、科学价值、艺术价值"（又称"三大价值"论）以及"保存原来的建筑形制、保存原来的建筑结构、保存原来的建筑材料、保存原来的工艺技术"（也称为"四保存"原则）。这"三大价值"论和"四保存"原则，被广泛运用于古建保护课程、课题基础指导思想、保护规划制订、保护维修方案、工艺操作等文物建筑保护的方方面面。

然而，罗老认为，我们还需要建立东方古建筑保护维修理论与实践的科学体系。这个体系的建立是中华民族的事业，更是中国古建筑界的责任。

　　这一点，罗老在全国各地都讲过，尤其在故宫的各种场合讲得更多。罗老最初是在2001年提出的，并就此提出该体系的某些基本内容或概念；在2008年故宫的专家咨询委员会会议上，罗老建议"把故宫作为古建筑维修的理论基地。昨天胡锦涛总书记在大会上提出来中国特色社会主义的理论体系，我们完全可以总结了。我们是这个体系里面的一部分，故宫在这方面还是有些条件的……这也是东方建筑维修保护理论体系的一部分……我建议这方面故宫还要把它坚持下去，这应是我们国家对世界做出的贡献"；在2009年的专家咨询委员会会议上，罗老要求故宫在认真总结前一阶段大修工程经验的基础上，"为后人留下科学记录档案。每个工程都要有修缮报告，一定要把它做好"，"要创造一个有中国特色的古建筑保护理论与实践的综合体"。

　　罗老之所以多次在故宫讲这一科学体系，我们体会，是故宫拥有古建筑方面得天独厚的先天条件，同时他更希望故宫人付出更多的后天的努力。可以说，罗老已经为这个理论与实践体系的建立奠定了基础，我们要加倍努力，尽早了却罗老的遗愿。

　　罗老，一路走好！

（原载《中国文物报》，2012年5月30日，署名为郑欣淼、单霁翔）

博爱的力量

　　今天我们欢聚在这里，庆祝耿宝昌先生90岁华诞，我这里代表故宫博物院学术委员会向先生谨致贺忱！

　　耿先生以非凡的专业造诣，成为蜚声海内外的古陶瓷研究鉴定大师，更以其卓异的道德人格，成为文博界的一面旗帜。

　　故宫是中华传统文化最重要的结晶与载体，是中华古代艺术品的宝库。故宫以及丰富的文物藏品的内涵需要研究、发掘、整理，这也是文化传承、扬弃的过程。我们的工作人员，尤其是专家学者，从事的就是这一重要的工作。专家学者因此发挥着特殊的作用，其中专业水平极其精湛并做出杰出贡献的一些人，也被称为"国宝"。我院多个专业领域都有过"国宝"级的大家，在古陶瓷研究领域，冯先铭先生是"国宝"，孙瀛洲先生是"国宝"，耿宝昌先生也是"国宝"。"国宝"难得。他们受到社会的尊敬，甚至在海内外都享有崇高的地位。这是我们文博事业兴旺发达的一个反映，也是故宫博物院近90年发展积累的结果，是故宫的"软实力"。

　　在当今古陶瓷界，耿宝昌先生的地位与影响是人所共知的。可贵的是，先生具有真才实学，为世共仰，为人却十分谦和、低调。他经常受邀到全国各地包括港澳台的许多博物馆，帮助鉴定，出席学术研讨会，进行学术交流，都严谨认真，一丝不苟。1980年1月，国家文物局应中国银行美国分行邀请，派耿先生赴美，鉴定清皇室抵押在美国花旗银行的瓷器，先生很好地完成了任务，中国银行美国分行向故宫博物院赠送康熙冬青瓶一个。此后数十年来，先生又受外交部邀请，先后到我国30多个驻外使馆进行古陶瓷鉴定。外交部的主管领导为此曾专门向故宫通报并表示感谢。对耿先生来说，他是努力认真去完成的，但他又认为这是自己应该做的，因而从不张扬。特别是在当今市场经济大潮中，文物市场混乱，耿先生则守身如玉，从不参加那些不符合国家规定与要求的活动，不说违心的话，因而更是受到业界、学界的高度赞扬。耿先生所坚守的这些原则，其实也是故宫博物院学术队伍的优良传统。

故宫博物院的特殊地位以及故宫学术水平的整体实力，使故宫专家在文物鉴藏界享有盛誉，具有相当的话语权。"故宫专家"四个字也因此成了金字招牌，影响巨大。在当前市场经济条件下，许多名为"鉴宝"及其他文物鉴定等活动，都可能与商业利益有关，布设了陷阱，充满着名与利的诱惑。希望我们的专家学者向耿宝昌先生学习，发挥故宫的传统作风，遵守有关科研人员的规定，坚持学术精神，坚守学术底线，爱惜自己的羽毛，抵制诱惑，不做任何影响、亵渎"故宫专家"名号的事，静下心来，好好做学问，好好做人，为故宫学术的繁荣继续努力，为中国文博事业的发展做出贡献！

院办建议我给耿先生写首祝寿诗，我昨天随全国政协长城保护调查组才从甘肃回来，来不及写，但在前年10月，耿先生写了"博爱"两个大字，亲自送到我办公室，我十分感动，遂写了一首《浣溪沙》回赠。昨天特请张志合同志将此诗书写，今天再次送给耿先生：

延埴风云一柱擎，人生有幸对青莹，依依弥老故宫情。

眼底功夫惊宇甸，腹中锦绣岂明清？但怀爱意自如冰。

词的意思是，在古陶瓷界，耿先生似擎天一柱，是一面旗帜。他有幸此生面对、摩挲这些精美的瓷器，感受着创造之美，心灵也得到

311

净化。而当晚景暮岁，更增强了对故宫的深情厚意。耿先生鉴赏功力为世所公认，他造诣精深，不仅是已发布的《明清瓷器鉴定》一书。他澄怀达观，为人笃厚，就是因为心底存有"博爱"两个字。

最后，再次祝贺耿先生天保九如，寿享期颐，也祝各位前辈、先生康乐长寿，柏翠松苍！

["耿宝昌先生诞辰90周年祝寿会"上的祝词，原载《故宫人》（内部刊物），2012年7月25日]

缅怀徐苹芳先生

我这里谈谈徐苹芳先生为故宫保护所做的努力和贡献。

2002年故宫开始大修，成立了包括徐苹芳先生在内的专家咨询委员会。除了每年召开专家咨询会，还通过具体的维修项目论证，向专家们求教。徐先生非常关心故宫古建筑的维修，今年5月11日，还抱病参加了专家咨询会。

他不但关注故宫古建筑维修，新时期以来，还与谢辰生老等文物专家一起，对故宫整体保护倾注了很大的热情和努力。通过他们不懈的呼吁、反映，大高玄殿得以回归故宫，从而使故宫能得到完整保护。出于对文化遗产的这种热爱，徐苹芳和张忠培等先生一起，在工作实践中形成了他们的原则和底线，例如对于故宫维修中要保持的对古建筑最少干预和真实性原则，他们一直严格进行把关。

他这几年身体不好，但对于来自故宫方面的请教，如报告的出版等，都积极给予指导帮助。

他保护文化遗产的行动，他的学术著作，会永远滋润后学。

（2011年6月22日在中国考古学会举办的"追思徐苹芳先生座谈会"的发言，原载《中国文物报》，2011年6月24日）

附：

悼徐苹芳先生

盛会方聆教，俟闻噩耗惊。[①]

蜚英传大著，醒世护名城。

纵乏回天力，犹存掷地声。

欣看桃共李，斯道有新赓。[②]

[①]5月11日，故宫修缮工程专家咨询委员会会议，先生尝莅指导；22日，先生病逝。

[②]先生的学生散居海内外。近年指导之一韩国女博士，论文为中国佛教研究，紫禁城出版社正在编印，11日先生还曾催问，谓欲亲读校样，不幸竟成遗愿。

如玉人生

我们今天在这里欢聚一堂，庆贺杨伯达先生80岁华诞，这是因为他的学术研究成果已经成为祖国文化财富的一个部分。此后，我们要为每一位为学术事业做出重要贡献的耄耋专家学者祝寿，让每一位有志于博物馆事业和学术研究的中青年同志从中受到良好的教益。

50年前，杨伯达先生从中央美术学院展览工作室来到故宫博物院，担任陈列部、美术史部副主任，从那时起，故宫博物院的展览工作不断出现新的发展。在此期间，由于历史的原因，他经历了种种风雨，也沐浴了改革开放的春风。在长期的陈列工作和文物管理工作中，他练就了文物通才的鉴定研究能力，如他在书法、绘画、陶瓷、珐琅器、玻璃器、玉器、清宫史、地方贡品等方面都形成了既独到又系统的研究成果，在故宫博物院乃至国内外文博界，杨伯达先生是十分难得的文物通才。

20年前，杨伯达先生在副院长的重要岗位上完成了他对故宫博物院的文物管理和展览工作。从他离休之日起，又开始了新的人生历程，杨伯达先生集中精力专攻玉器，他在玉器研究方面发表了许多富有真知灼见的专著和论文，他对玉器的鉴定研究不拘泥于一事一物，而是从玉文化的高度来进行科学探索，最终形成了为学界认同、被大众接受的"玉学"，构建了相当完整的理论框架和学术体系，推动了学术界对玉器的深入研究，这是他在耄耋之年向故宫、向社会的最佳奉献！

"君子比德于玉"，我们在玉石中感悟到文物工作者应有的冰清玉洁般的品格，杨伯达先生面对当今商海的种种诱惑，他立定精神，从不为此牵累，为学界所称道。

我们在玉石中体味到专家学者必有的坚如磐石的恒心，杨伯达先生在60余年的学术生涯中，孜孜不倦，务实求精，终被学界誉为玉学泰斗。

我们在玉石中领会到仁贤睿智者才有的温润柔美的品性，杨伯达先生从不恃才傲物，他宽以待人，努力培养后学，被中青年学子奉为谆谆长者。

这就是我们常常赞美的"如玉人生"。今天，我们要构建和谐社会，就必须寻找一个文化存在的基本方式，那就是和谐文化，它讲求宽厚、包容和质朴，玉文化所包含拟人化的德行和赋予的审美观即"知、仁、圣、义、中、和"，正是和谐文化的真谛，从玉文化里走出来的贤者，是长寿的、幸福的、睿智的和成功的！

（2007年12月20日在故宫博物院"庆贺杨伯达先生八十寿诞"活动上的讲话）

短简小诗忆旧游

一

　　20世纪40年代末，在中国大陆政权鼎革之际，故宫博物院南迁文物中的1/4被运到了台湾。于是，在台湾也有了一个故宫博物院——台北故宫博物院。

　　海峡两岸两个故宫博物院的同时存在，颇为当今国际社会所关注。这因为，两个博物院的藏品都主要来自清宫旧藏，原本是一个整体，都是一脉相承的中国传统文化艺术的精华。从这个角度上看，故宫已成为源远流长的中华文明的象征。两岸故宫博物院的交流与合作，就有着更为深刻的意义，也格外引人注目。但长期以来，由于人们都知道的原因，两岸故宫博物院的在任院长却无缘访问对方。

　　2002年岁末的最后一天，我作为在职的北京故宫博物院院长，来到了台北故宫博物院。在地下库房，我考察了文物保管状况。那着意保留的当年文物南迁时用过的包装箱伤痕斑斑，把我的思绪引入到几十年前的艰难岁月。在展览大厅，我看了许多文物珍品，有毛公鼎，有翠玉白菜，等等。翌日，也就是2003年元旦，《中国时报》头版刊登了我在台北故宫观看毛公鼎的照片，并以《当故宫遇见故宫　两岸历史性一刻》为题对我的访问做了报道。舆论普遍认为，这次访问是两岸故宫之间交流的良好开端，在两岸文化交流中也具有标志性意义。

到了台湾，来了台北故宫博物院，有一个人是要拜访的，这就是前任台北故宫博物院院长秦孝仪先生。

2003年的第一天，台北是冬季常见的那种多云天气，颇觉宜人。在凯丽饭店，我与秦孝仪先生见了面，作陪的还有原台北故宫博物院副院长张临生女士。这一年先生82岁，刚遇丧偶之痛，所幸心情渐已平复。他面慈目祥，说着我不能完全听懂的湖南话。我送先生两册北京故宫的文物图录，先生则送了我几种礼品。一套《故宫跨世纪大事录要》，书名为他所题，分上、下两卷，上卷从1924年11月驱逐溥仪出宫、清室善后委员会清点清宫物品开始至1982年，下卷从1983年起至1999年。秦孝仪先生从1983年1月出任院长至2000年4月离职，任职长达18年，为1965年台北故宫博物院成立后的第二任院长。这本书的下卷即记录了先生署理故宫博物院时的业绩，概括起来有三个方面：一是"以第一流科技，护惜七千年华夏文化"；二是"结合国人集藏，开启大陆联展"；三是"把故宫推向世界，将世界引进故宫"。以他书法作品制作的2003年挂历，则十分精巧。令我感动的是，初次见面，先生带来他书写的六体"千字文"，还有他在大陆访问期间写的诗歌，让我欣赏。秀美的书法，隽永的诗意，我读之再三，不忍释手。先生长我26岁，我想之所以对我如此厚爱，就是因为我们都从事着保护中华文化遗产这一特殊的机缘。他虽离开了工作岗位，但还是心系文物，心系故宫。

我向秦孝仪先生介绍北京故宫博物院的情况，他听得很认真。2001年，先生回大陆，去了西安、南京、北京等地，参观名胜，凭吊遗迹，感慨处多化作缕缕诗情。在南京朝天宫，他看了当年故宫南迁文物存放的库房。在北京，"入故宫周视"，发出"十八年间柱下史，客来仿佛是黄初"的感叹。他重视两岸故宫博物院的交往。在先生任上，两岸故宫博物院合作也有了突破。1992年两岸故宫博物院各选具有代表性的艺术珍品76件，合152件，汇编成《国宝荟萃》一书，在香港梓印，长河一脉，璧合珠联，比较全面地反映了5000年中华民族历史文化的成就与贡献。他人在台湾，却时刻关注着北京故宫。2002年，澳门举办北京故宫的"怀抱古今——乾隆皇帝文化生活艺术展"，展出的大多为故宫一、二级文物，弥足珍贵，秦孝仪先生专程赶赴澳门观赏。有意思的是，台北故宫博物院此时也举办了"乾隆皇帝的文化大业展"。2002年11月，北京故宫与上海博物馆、辽宁省博物馆联合，在上海博物馆举办"千年遗珍国宝展"，故宫拿出了晋王珣《伯远帖》、隋展子虔《游春图》、唐韩滉《五牛图》、唐阎立本《步辇图》、五代顾闳中《韩熙载夜宴图》、北宋张择端《清明上河图》、元黄公望《天池石壁图》等22件书画巨品，海内外为之轰动，先生亦专程到上海观看，并作诗纪念。故宫的渊源，故宫的事业，故宫人的责任与担当，使我与秦孝仪先生虽是初交，却一见如故，话颇投机。

在我离开台湾的前一天，细雨蒙蒙，我应邀去林百里的广达计算机股份有限公司参观。林先生是台湾知名企业家，也喜好文物收藏，特别是珍藏的一批张大千黄山绘画很有特色，也藏有清宫流失出去的文物。当我到广达计算机公司珍藏室时，惊喜地看到秦孝仪先生也在那里。原来先生退休以后，任广达文教基金会荣誉董事长，做些社会文化公益事业。珍藏室在高楼上，面积也不大，但布置得很雅，我们在这里不知不觉又谈了两个多小时。

当我与秦孝仪先生第一次见面，看到他带来自己的书法及诗作时，十分喜爱，曾不揣冒昧，请先生复印一份寄我，以便慢慢地品赏。我回大陆不久，即收到他用快件寄来的信及一沓诗稿影印本，这令我深为感动。来信如下：

> 前日良晤，谭燕甚欢。紫芝眉宇，长萦梦寐。小诗原不当大雅一笑，仍如命驰陈数页，跂望指疵。高咏正切思慕，尚乞因风寄声为感。此候欣森先生院长道祺。
>
> 孝仪再拜 元·九

　　北京故宫博物院紫禁城出版社编印了一册2003年周历，选用清宫玺印，名曰《历史印迹》，缎面精装，典雅大方，我随即寄了一册给秦孝仪先生，他也来信致意：

　　　　远贶历史印迹，既佩护惜之殷，尤感注存之盛。拙作附请清诲，并博莞尔。

　　　　　　　　　　　　　　　　　　　　秦孝仪拜　元·十一

二

　　2003年中国大陆发生的一场"非典"疫情，其来也忽，去也速，但一时曾弄得人心惶惶、草木皆兵。现在看来一些荒唐的做法，当时却似乎合情合理。4月下旬，当我从国外出访回京时，因随行人员体温偏高，我虽一切正常，但仍被迫在家"休息"了半个月。蛰伏小室，无所事事，忽然想到了在台湾所写的一些诗词草稿，现在不是有了推敲的时间吗？于是，我对这些诗词做了修改，并把其中4首词寄给了秦孝仪先生。

　　心波先生：

　　　　年初台湾之行，怅触甚多，爰有诗词若干，现寄上四首词，两首是赠先生的，请哂正。近来两岸"非典"肆虐，望先生珍摄。专此，敬颂

　　　时祺

　　　　　　　　　　　　　　　　　　　　　　郑欣淼拜
　　　　　　　　　　　　　　　　　　　二〇〇三年五月二十七日

　　所寄4首词如下：

贺新郎

在台北怀故宫文物南迁

往事堪回顾。叹陆沈、国之瑰宝，烽烟南渡。万里间关箱过万，黔洞川途秦树。说不尽、几多风雨。辗转西行欣无恙，故宫人、辛苦凭谁诉。十七载、无双谱。

从来中土遗存富。更明清、琳琅内府，萃珍瑶圃。蓦地离分无限憾，默默思牵情愫。永保用、文明步武。热血殷殷浓于水，中华心、一海焉能阻。统一业、本根固。

百字令

参观台北故宫博物院

青山碧水，有高楼云耸、奇珍堆就。禁苑精华惊并世，今且匆匆消受。翡翠雕工，毛公鼎古，偿愿看琼玖。恁多书画，氤氲华夏灵秀。

遥想抗虏当年，风云变色，国宝暌离久。但有故宫名两岸，一脉相传深厚。贝库村边，外双溪畔，文教称渊薮。潇潇冬雨，却如畅饮清酎。

苏幕遮

赠秦孝仪先生（二首）

谢先生宴请

不群才，良匠手。六体皆工，满纸龙蛇走。更有诗心如锦绣。新赋三都，个里乡情透。

杖头鸠，张绪柳。善目庞眉，且喜犹抖擞。绮席清欢元旦又。似故初逢，娑尾倾樽酒。

在广达计算机公司珍藏室遇先生

小庭幽，冬雨悄。偶入琅环，偶见公辛劳。题跋行行求曲奥。百面黄山，件件连城宝。

　　展长才，呈雅好。效力民间，承教说玄妙。呵护珍藏忘渐老。应葆童心，缘在山阴道。

　　秦孝仪先生收到我的信及词后，于6月8日、16日先后两次复信，并寄来他的诗和词。

　　6月8日的信及诗如下（原信无标点，标点为笔者所加）：

欣淼先生院长道右：

　　非典肆虐，正蛰居无聊，忽奉赐视高韵，且以新词见贶，虽褒嘉过当，而安翔骀荡，自是才大如海。不图绳绝书焚之后，天尚留先生大笔支拄中兴，佩幸，佩幸！仪以眼疾，作字每如雁阵，看书则如笼纱。故医嘱少安自靖，未及结撰和韵，惭悚，惭悚！附奉小诗二绝，聊以见鄙怀耳！入夏加爱，即候着苇。

　　　　　　　　　　　　　　　　　秦孝仪拜　六月八日

　　行行字字尽斜斜，篆隶支吾不一家。
　　花笑江淹真梦笔，先生袖手看笼纱。

　　斗大矾红记学书，寸光老去目模糊。
　　平生海岳都寻遍，莫笑孤儿不出湖。
　　（乡人讥蠖屈无用者谓之不出湖，盖湖南北限洞庭也）
　　病目卧磁核共震榻中三十分钟成二绝句

　　　　　　　　　　　　　　　　　　　时年八十三

　　我的诗词创作，亦为"遣兴"而已，偶一为之，缺少根基，先生的话，足见奖掖之意。

　　6月16日的信及词如下：

欣淼先生院长道右：

　　前札计先此入察。北京台北皆陷于非典肆虐之中，莫往莫来，念念蕴结。久不填词，奉读百字令、苏幕遮、贺新郎诸阕，弥美清才丽句，不惭君家板桥。以眼疾习静，遂亦填鹊桥仙四韵，自嫌荒落，聊寄左右，一博莞尔。即候着莃。

　　　　　　　　　　　　　　　秦孝仪拜　六月十六日

　　故都如梦，流光似水，张绪当年风柳。撼山填海亦何尝，犹自记倚楼搔首。

　　结绳中绝，余燔渐熄，谁是补天高手？几时日月复光华，须先是河山重绣。

　　（欣淼先生见贶新词，爰报以鹊桥仙一阕，且冀贤者为补天手也。秦孝仪心波呈稿）

　　但不知什么原因，6月16日的信，我是6月26日收到，而第一封信却迟至6月30日才收悉。

三

　　人不可以无癖。秦孝仪先生喜好收藏，尤用心于文房清玩，诸如牙、骨、竹、木雕等各类文房用具，颇多精品，驰誉台湾收藏界。2000年，他在卸任故宫博物院院长之际，将这些毕生的收藏以及明清善本旧籍等，悉数捐献给台北故宫博物院。这是一种通达的收藏态度，一种令人起敬的情怀。2004年，他在台北举办了个人诗文书法文房展览，而后打算到大陆展出，并先后联系过几个地方，也有人找到我，询问在北京故宫举办展览的可能性，我一口答应，但先生最后还是选择了在自己家乡的湖南省博物馆举办，这是凝结先生心头的一份深沉的故园之情，我是充分理解的。

　　2005年10月10日，故宫博物院建院80周年。一系列令人紧张难忘的纪念活动后，我赶赴长沙，应邀出席"笔力诗心——秦孝仪诗文书法文房展"。10月20日，我们在湖南省博物馆典雅的会客厅见了面，握手寒暄，互道契阔，都很高兴。时间如过驹，3年不见，先生步履蹒跚，又衰老了不少，但思维清晰，情致不减。当时，我送他宋人赵昌《写生蛱蝶图》的复制品，还有几本故宫的文物展览图册。

"'未老莫还乡，还乡须断肠'，这就是孝仪迟迟未思还乡的隐痛。"先生在展览会开幕式上的这个开场白，让到会的宾客为之动容。他满怀深情地说，"虽然个人读书、为学、任事，都行役于三湘之外，以至于行役于海峡对岸，但个人的区区根器，还是或多或少得之于'岳峻湘清'的灵淑之气。"

长沙国际会展中心的午宴，自然又成为我们欢谈的好机会。两岸故宫是总会触及的话题，但先生这一天最感兴趣的似乎还是湖南，这个令他日思夜想而又实实在在回到了的家乡。这个家乡，是和潇湘的灵秀、衡岳的高峻、巴陵的胜状以及屈子的行吟、范仲淹的忧乐等联系在一起的。这次回乡，不也是文化寻根吗？有所触发，我曾作了一首小诗：

游子忽焉老，故园秋亦深。

湘兮岳麓气，楚些汨罗魂。

文笔惊殊域，收藏富宝珍。

忘年情谊重，相见语谆谆。

四

2005年暮春，我收到秦孝仪先生托人转送的他的两部作品集——《玉丁宁馆诗存》《玉丁宁馆剩墨》。先生旧学根底深厚，才华横溢，喜好吟咏，所作多为七绝，佳句迭出，无论记游还是感事，喜用典而又贴切，诗情盎然且深意寄焉。先生的书法，笔有刀趣，字有篆意，他虽不作画而字有构图，墨色丰富，独具风貌。在他身上，笔力诗心，互为表里；儒情雅致，相得益彰。读先生两本书，收获很多，出席先生的展览回京后，我写了一首诗，抒发了自己的读后感：

万样心波两怅凝，洋洋盈耳玉丁宁。

文房清玩个中趣，书道雅怀底事名。

若有萦思梦九县，颇多逸兴赋三京。

此生何者堪铭记？文物彬彬故国情。

这首诗我没有寄去，而是准备去台湾时亲自送给他，但天不慭遗，先生遽然仙去，留给我的是痛惜和遗憾。

前不久，广达文教基金会向同秦孝仪先生"相交笃厚"的人士征稿，拟在2008年1月，亦即先生辞世一周年之际结集印行，以为对先生的怀念。笔者有幸也在约请之列。我与先生不能说交情深厚，但那次数虽然不多却如坐春风般的晤会，那彼此间颇堪回味的文字情谊，却怎么也忘不了，即使没有约请，我迟早也会写出来的。

拉拉杂杂写了这些后，我在想，秦孝仪先生留给我的最深的印象是什么？想来想去，觉得还是充溢在他身上的那种中华传统文化的精神，这是一个信念，也是一种力量。正是这种信念与力量，使他重视民族文化的传承，重视故宫文物的保护。而这种信念与力量，无疑也激发着我们这些后来者不懈地努力，恪守文化遗产守护者的职责。

（收入2008年3月台湾广达文教基金会编印《秦孝仪先生纪念文集》，并刊载在2007年第10期《紫禁城》、2008年1月16日《中国文物报》、2008年第8期《新华文摘》）

奥巴马总统的故宫之行

　　故宫作为中华文明的重要象征，著名的世界文化遗产，也作为北京的一道美丽风景线，成为许多来北京的中外人士必去的地方。2009年，故宫博物院的观众数量达到1180万人次，其中约200万为外国游客。故宫每年接待的外国元首、重要国宾50余批次。外国客人重视故宫，是因为故宫具有特殊的价值和意义，它是了解中华文明和中国历史的一个窗口。

　　从20世纪70年代以来，多位美国总统来过故宫博物院。"文化大革命"初期，故宫关闭，1971年7月重新开放，1972年2月，美国总统尼克松就来故宫参观，成为"文革"期间第一位参观故宫的国宾。此后，福特、卡特、克林顿等美国总统，都先后到过故宫。乔治·布什总统不仅过去多次来过故宫，在其卸任后，因其夫人为香港中国文物保护基金会的成员，夫妇俩又多次来故宫，2008年还到故宫参加有关活动。近年来，美国驻华大使馆又与故宫直接联系，安排美国访华的国防部部长、财政部部长等重要客人参观故宫。

　　因此，当美国总统奥巴马2009年11月中旬到中国访问时，他的行程里有参观故宫这一安排，也就没有什么可奇怪的了。但是，他的故宫之行仍然引起海内外的高度关注。媒体普遍认为：奥巴马作为美国新任总统，上任不久即到中国访问，说明美国对美中关系的重视。奥巴马参观故宫，是对中国历史文化的尊重，也是一次具体的体验。

世界超级大国美国与日益崛起的大国中国的关系，自然会对世界产生重大影响。这样，奥巴马中国之行的每一个细节，也都会为人们所注意，当然也包括他的故宫之行。

根据上级部门要求，对于接待奥巴马总统，我们开始拟定了70分钟和90分钟两个不同时长的方案。这两个方案，实际参观路线一样，都是先从午门进，顺着中轴线，经三大殿、后三宫、御花园，然后出顺贞门，从神武门离开。90分钟的安排，只是多了一个漱芳斋，即在御花园参观后，到花园西边的漱芳斋小憩。漱芳斋是故宫接待贵宾的地方，在此赠送礼品，贵宾在此留言。后来确定用70分钟的方案。接待人员，根据惯例，由院长出面，同时常务副院长、主管安全的副院长参加。讲解一般由专业讲解员承担，特别重要的贵宾，则由院长亲自讲解，表示对客人的尊重，也便于掌握参观的节奏和时间。我们建议翻译由故宫外事人员承担，因讲解中会涉及许多专业术语，故宫的翻译人员则比较熟悉。这些都取得了共识。

奥巴马17日下午参观的时间，最后预定在13点45分至14点55分。但是奥巴马总统与胡锦涛主席的会谈时间有所延长，加上会谈后又要回饭店更换便衣，到故宫已是14时了。车队由正门午门进来，停在内金水河南边，奥巴马走下车来，由中国驻美大使周文重和美国驻华大使洪博培陪同。工作人员介绍过我后，我们便开始了故宫参观的行程。美方代表团分为前后两部分参观，总统和主要官员10余人为第一部分，由我与两位院领导陪同；其他官员和随行人员为第二部分，与第一部分人拉开一点距离。

17日下午天气晴朗，但是北京不久前下过一场大雪，屋瓦上还有残留的冰雪，空气相当清冷，所幸风不大。奥巴马穿着一件棕色夹克，双手插在衣兜里，看上去潇洒、精干，在穿着几乎是清一色的黑色或其他深色调的随行、陪同人员队伍中，他上衣的颜色很引人注目。穿过内金水河庄严秀美的汉白玉桥，很快就到了太和门前。从西侧台阶上去，进入太和门，门内西侧设有游客服务咨询处，北面墙上挂有一幅紫禁城平面图。我指着平面图，向奥巴马简要介绍了故宫的历史、古建筑的规模等，并说明因时间太短，今天只能走中轴线，但最重要的建筑物都在这条线上。

出了太和门北门，面对的是宽敞的太和殿广场和雄伟的太和殿，在阳光的照射下，殿上琉璃瓦泛着一层金光。我指着太和殿对奥巴马总统说，故宫仍在进行维修，维修后的太和殿将恢复以前庄严、肃穆、辉煌的面貌。我又向他介绍3万平方米的太和殿广场，明清两朝都曾在此举办过重大庆典活动。到了太和殿广场，我提议奥巴马留个影，他却面向北，背着光线，我向他提醒方向不对，他明白了，笑着转过身，留下了新华社后来发出的那张他站在太和殿前，头微向东侧、右手指向西侧的照片。这时已等候在广场西侧的中、美及第三方约50名记者，不断有人向奥巴马提问，或问他的感受，奥巴马回答说："漂亮！"

太和殿是故宫规模最大、等级最高的宫殿。当奥巴马一行沿着中轴线行进，经太和殿前西侧台阶上至三台后，我请大家回望广场、太和门、午门及周边建筑，感受雄伟辉煌的气象，并介绍说太和殿前的陈设都与皇权相关。奥巴马一行又在三层台基上拍照留影。出于保护太和殿的原因，进入太和殿的人数做了限制，有美方代表团主要成员和安全保卫人员19人，中方主要陪同讲解人员和安全保卫人员20人，媒体记者及摄影人员未能随行进入。代表团由太和殿前东侧门进殿参观。奥巴马问我：这个宫殿是木制的吗？我说是的，中国古代建筑大多都是土木结构，太和殿还是中国现存最大的单体木构殿宇。明清两朝的重大典礼，如皇帝即位、诞辰日以及春节、冬至等节日庆典都在这里举行。太和殿内最引人注目的是民间所谓的"金銮宝座"，我讲了宝座前一些摆设的用途。宝座后上方高悬着匾额，两旁是一副对联，奥巴马对匾额上"建极绥猷"四个字产生了兴趣，问我："这是什么意思？"我说，这个词大意是说帝王要建立好的统治，对天下百姓负责。在太和殿，我还向奥巴马介绍，皇帝宝座的清洗是和意大利文化遗产部合作进行的，我曾陪同意大利总统钱皮来太和殿考察过这一项目；我还介绍了我们脚下的"金砖"，这个质地考究、做工复杂、造价昂贵的铺在地面的砖，可惜它的制造工艺今天已失传了。

出太和殿后西侧门，是两座相距不远的中和殿、保和殿，我边走边介绍这两座宫殿的主要用途。从保和殿后西侧穿过一道小门，就到了保和殿后面的台基上。我说，我们眼底这条东西向的地方叫"横街"，是外朝和内廷的分界线。横街以南，即我们刚才走过的，是举行重大典礼的外朝；由此向北是皇帝日常办公及帝后、嫔妃居住的生活区。奥巴马听后点了点头，他说，在白宫也有办公、居住等不同功能的区域划分。横街上有名的就是保和殿后台阶上的大石雕了。大石雕重200多吨，长16余米，宽3米多，上有流云衬托的9条蟠龙和升龙。600年前，为了把这块石料从70余公里外运来，用了拉旱船的方法，即在冬季取水泼成冰道，动用上万民工几千匹骡马，才运到紫禁城的。奥巴马对这一石雕很感兴趣，仔细地端详，露出赞叹的神色。

进入乾清门，就是内廷了。内廷中轴线有乾清宫、交泰殿和坤宁宫。后三宫都未进去，我向奥巴马做了简单的介绍。透过乾清宫外的玻璃，我讲了"正大光明"匾额与清代皇帝继位制度的故事，并解释从清代雍正皇帝后，办公地点就移到了养心殿，但皇帝去世后，其遗体必须运回乾清宫停灵。坤宁宫最有特点的是殿内西侧的萨满教祭祀和东侧的皇帝大婚洞房。殿内紧挨玻璃窗的是有着漂亮花色的床铺，奥巴马很有兴味，透过玻璃张望里面的布置陈设，我解释说所看到的都是清宫物品。

御花园是最后的一个参观点。我们从坤宁宫东侧夹道经坤宁门，向北走进天一门，到了钦安殿前，这儿的连理树也是观众最喜欢拍照的地方之一，奥巴马在这儿也留了影。御花园虽已没有了盛开的繁花，但古柏苍松，亭台楼阁，太湖石砌成的高耸的堆秀山，都使这个皇帝的花园幽深雅致。奥巴马听着介绍，不时地点着头，表示赞叹。

奥巴马离开时要为故宫留言，故宫也要赠送礼品。这个地点，美方提出设在堆秀山西侧的延和门以西3米左右正中的地方，此处设了一张桌子，一把椅子。这时已快到15时。奥巴马在留言簿上用左手工工整整写下三行英文小字，译为中文："感谢你们为我安排的这次精彩的故宫之旅。故宫的确雄伟壮丽，是中华文明灿烂辉煌、长盛不衰的见证。贝拉克·奥巴马，2009年11月17日。"作为留念，我向奥巴马赠送了一幅故宫博物院珍藏的《写生蛱蝶图》复制品，以及英文版《故宫博物院》图册，国际版大型纪录片《故宫》光盘。《写生蛱蝶图》为宋代赵昌所绘，画面为群蝶恋花的田园风光。此画最早为南宋权相贾似道收藏，后入南宋宫廷，经宋、元、明至清，多次流入民间，又多次回到宫廷，后被逊帝溥仪盗出，1953年重回故宫收藏。向奥巴马赠送这幅画，一方面可欣赏这幅千年前画家的艺术造诣，另一方面也可了解此类艺术珍品留传、保存的不易。

奥巴马兴致勃勃地结束了近一个小时的故宫之旅。他对记者说，故宫的雄伟壮丽令他印象深刻，他期待携妻子女儿再来参观。在与我握手告别时，他对我为他讲解表示感谢。奥巴马一行接着走出顺贞门，从神武门乘车离去。

（原载《人民政协报》，2010年4月8日）

《郑欣淼文集》书目